ユニクロ

杉本貴司

日本経済新聞出版

紳士服店「メンズショップ小郡商事」の2階には柳井家の自宅があった

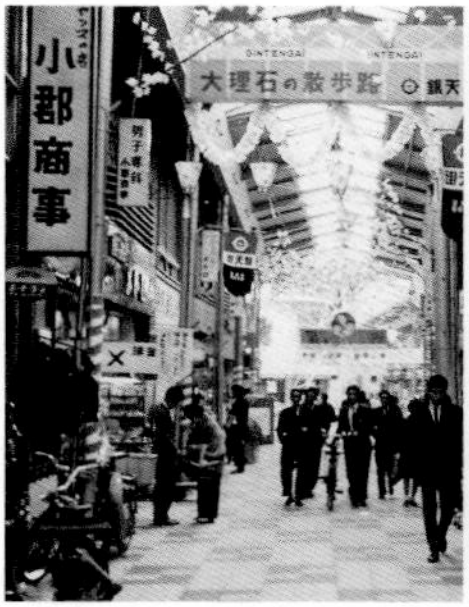

左：銀天街は1970年代にはにぎわっていた　右：今ではシャッターが並び、メンズショップ小郡商事があった場所は建物が取り壊されている（2021年12月、著者撮影）

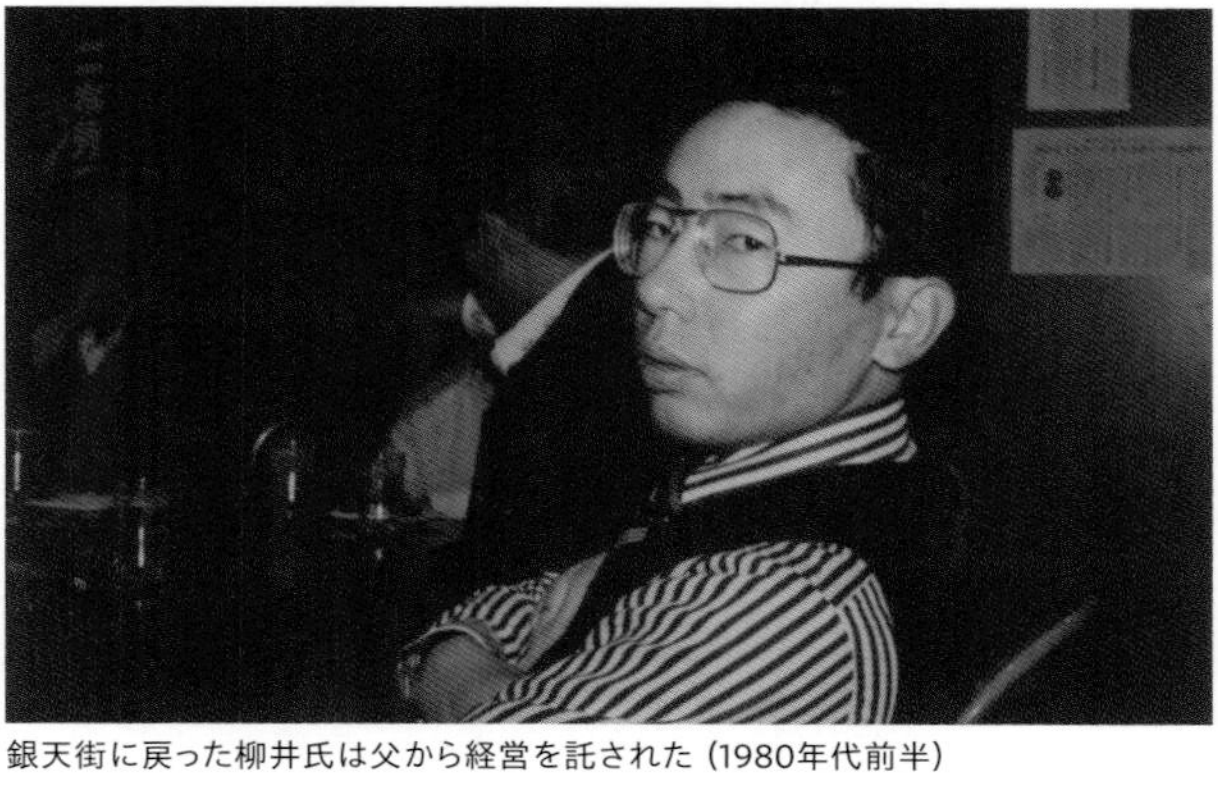

銀天街に戻った柳井氏は父から経営を託された（1980年代前半）

ユニクロ1号店。1984年6月のオープン日には多くの客が押し寄せた

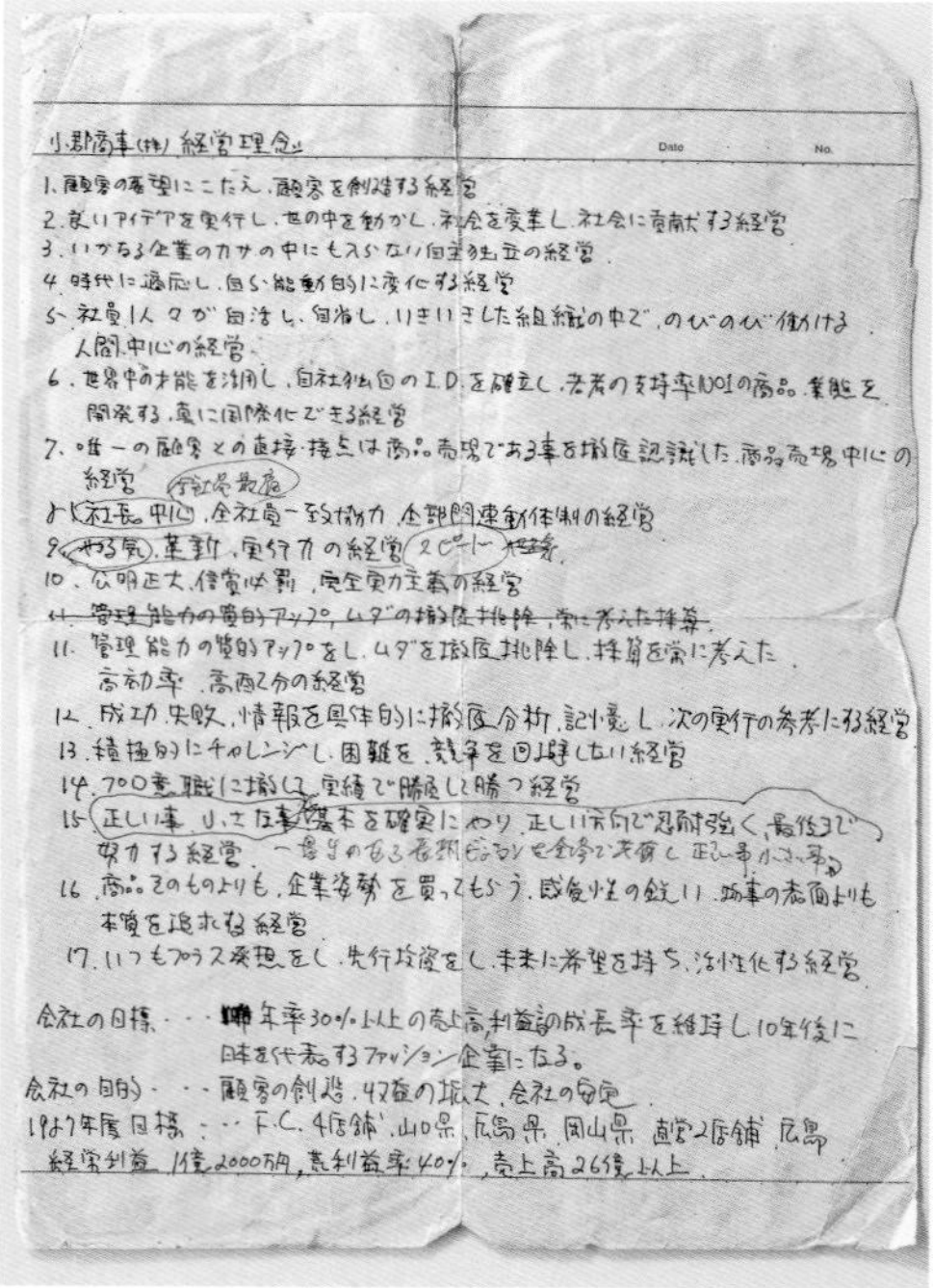

小郡商事(株) 経営理念

Date　No.

1. 顧客の要望にこたえ、顧客を創造する経営
2. 良いアイデアを実行し、世の中を動かし、社会を変革し、社会に貢献する経営
3. いかなる企業のカサの中にも入らない自主独立の経営
4. 時代に適応し、自ら能動的に変化する経営
5. 社員1人々が自活し、自省し、いきいきした組織の中で、のびのび働ける人間中心の経営
6. 世界中の才能を活用し、自社独自のI.D.を確立し、若者の支持率No.1の商品、業態を開発する、真に国際化できる経営
7. 唯一の顧客との直接接点は商品売場である事を徹底認識した、商品売場中心の経営（全社員徹底）
8. 社長中心、全社員一致協力、全部門連動体制の経営
9. やる気、革新、実行力の経営（スピード）
10. 公明正大、信賞必罰、完全実力主義の経営
~~11. 管理能力の質的アップ、ムダの徹底排除、常に考えた採算~~
11. 管理能力の質的アップをし、ムダを徹底排除し、採算を常に考えた高効率、高配分の経営
12. 成功・失敗、情報を具体的に徹底分析、記憶し、次の実行の参考にする経営
13. 積極的にチャレンジし、困難を、競争を回避しない経営
14. プロ意識に徹して、実績で勝負して勝つ経営
15. 正しい事、小さな事、基本を確実にやり、正しい方向で忍耐強く、最後まで努力する経営
16. 商品そのものよりも、企業姿勢を買ってもらう、感受性の鋭い、物事の表面よりも本質を追求する経営
17. いつもプラス発想をし、先行投資をし、未来に希望を持ち、活性化する経営

会社の目標…年率30%以上の売上高、利益額の成長率を維持し10年後に日本を代表するファッション企業になる。

会社の目的…顧客の創造、収益の拡大、会社の安定

1987年度目標…F.C. 4店舗、山口県、広島県、岡山県　直営2店舗、広島

経常利益 1億2000万円、粗利益率40%、売上高26億以上

17カ条の経営理念。第8条には当初、「社長中心」と記されていた

鳴かず飛ばずの時代を支えた浦利治氏(1960年代、銀天街で)

広島2号店にはハンバーガーショップを併設し、大失敗した

広島銀行との対立をへて1994年に上場した

玉塚元一氏（左）にとって澤田貴司氏は兄貴分だった（2005年11月、日本経済新聞社）

1998年にオープンした原宿店で「フリースブーム」が始まった

UNI-CLO

UNI-QLO

当初はUNI-CLOとしていたが、誤表記が発端で「UNIQLO」と改称。世界戦略の一環でカタカナのロゴも採用した

UNIQLO

UNIQLO

ABCDEFGHIJKLMNOPQRSTUVWXYZ

abcdefghijklmnopqrstuvwxyz

0123456789/@$%#!?&()[]'"‶‵.,:;−+_*

UNI QLO

UNI QLO

UNIQLO Soho NY
546 Broadway, New York, NY 10012
http://www.uniqlo.com

ユニ クロ

ユニ クロ

UNIQLO Soho NY
546 Broadway, New York, NY 10012
http://www.uniqlo.com

UNI QLO UNIQLO Soho NY
546 Broadway, New York, NY 10012
http://www.uniqlo.com

ユニ クロ UNIQLO Soho NY
546 Broadway, New York, NY 10012
http://www.uniqlo.com

UNI QLO UNIQLO Soho NY http://www.uniqlo.com
546 Broadway, New York, NY 10012

ユニ クロ UNIQLO Soho NY http://www.uniqlo.com
546 Broadway, New York, NY 10012

UNI QLO UNIQLO Soho NY
546 Broadway,
New York, NY 10012
http://www.uniqlo.com

ユニ クロ UNIQLO Soho NY
546 Broadway,
New York, NY 10012
http://www.uniqlo.com

UNI QLO UNIQLO Soho NY
546 Broadway,
New York, NY 10012

ユニ クロ UNIQLO Soho NY
546 Broadway,
New York, NY 10012

UNI QLO UNIQLO Soho NY
http://www.uniqlo.com

UNI QLO UNIQLO Soho NY

ユニ クロ UNIQLO Soho NY
http://www.uniqlo.com

ユニ クロ UNIQLO Soho NY

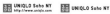

ユニクロの中国進出を託された潘寧氏（写真右、2013年4月、香港で）

ニューヨークのソーホー店には「ユニクロ」の旗を掲げた

香港のNGO「SACOM」が、中国にあるユニクロの委託先工場は過酷な労働状況に置かれていると告発した（2015年1月、日本経済新聞社）

海外の協力工場の労働環境改善にも力を入れ始めた（中国・江蘇省の工場、朝日堂 見米康夫撮影）

柚木治氏は野菜事業での失敗をバネに、GU事業を軌道に乗せた（2001年夏）

香港でジミー・ライ氏からヒントを得た柳井氏が国際分業による服の生産・調達に踏み切った（2007年6月、ロイター／アフロ）

バングラデシュの複合ビル「ラナプラザ」の崩壊事故を他山の石とすべく、現地工場の徹底調査に乗り出したが……（2013年4月、ロイター／アフロ）

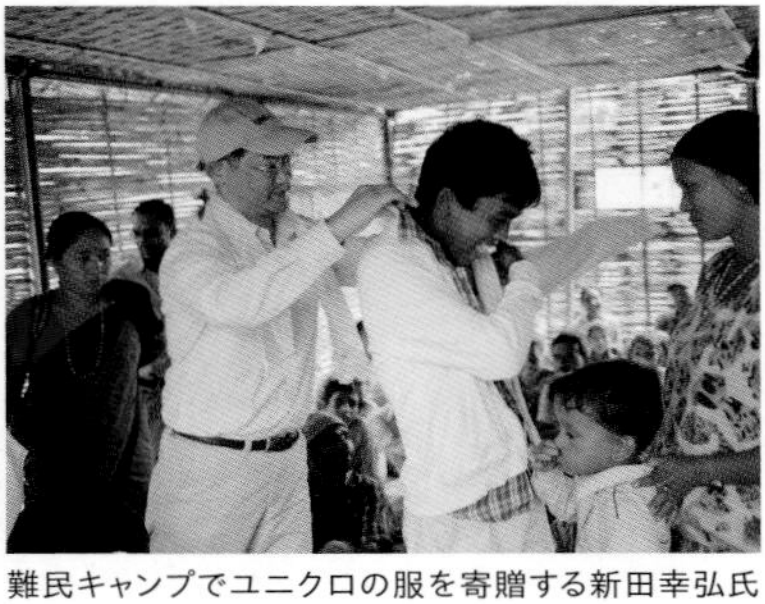

難民キャンプでユニクロの服を寄贈する新田幸弘氏（2007年2月）

北米事業の立て直しに尽力した塚越大介氏は2023年に「ユニクロ」の社長に指名された（著者撮影）

日下正信氏は長く英国と米国の事業再建に尽力し、情報製造小売業への転換という大役も任された（2011年10月、米ニューヨーク5番街店で）

Mujinを創業した滝野一征氏は「孫正義か柳井正か」の二択を迫られた（著者撮影）

島精機製作所創業者の島正博氏は「ホールガーメント」をはじめ数々の機械を発明し「紀州のエジソン」と呼ばれる（著者撮影）

有明の巨大倉庫は当初、トラブル続きだったが今では自動化技術がふんだんに盛り込まれている

柳井家の集合写真。右上が柳井正氏。前列中央が父・等氏と母・喜久子氏（福場〈旧性柳井〉幸子さん提供）

※写真の出所のないものは、すべてファーストリテイリング提供

ユニクロ
杉本貴司

主な登場人物

柳井等
柳井正の父。1949年に山口県宇部市の商店街で紳士服のメンズショップ小郡商事を始める。

柳井正
ファーストリテイリング創業者。1984年に「ユニクロ」を始めて一代で巨大アパレルチェーンを築く。

浦利治
ユニクロの最古参。中学校を卒業した1960年から柳井家で住み込みで働く。

岩村清美
1976年に入社し、紳士服店の時代から柳井や浦を支える。

澤田貴司
伊藤忠商事をへて1997年に入社。柳井から後継指名を受けるが断り、ユニクロを去る。後に弟分の玉塚とファンドを創業し、ファミリーマート社長などを歴任する。

玉塚元一
澤田の弟分。旭硝子などをへて1998年に入社。2002年にファーストリテイリング社長に就任したが、わずか3年で志半ばで退任。後にローソン社長やロッテホールディングス社長を歴任する。

森田政敏
伊藤忠をへて1998年に入社。CFOなどを歴任する。

安本隆晴
ファーストリテイリングの上場に深く関わった公認会計士。後に監査役に。

潘寧（パン・ニン）
19歳で中国から留学。ユニクロの世界展開を軌道に乗せる。後に中国事業のトップに。

ジョン・ジェイ
米国のクリエイター。フリースブームを演出する。後にファーストリテイリングでクリエイティブのトップに。

佐藤可士和
著名クリエイター。柳井から海外旗艦店戦略を託されブレインに。

若林隆弘
国内の店舗で実績を残し営業のトップや人事担当を歴任。心を病んだ過去も。

新田幸弘
日本債券信用銀行をへて財務担当として入社。海外での難民支援や労務問題対策に奔走する。

柚木治
伊藤忠商事などをへて入社。野菜事業での失敗から這い上がり、GU社長を託される。

塚越大介
風前のともしびだった北米事業を再建させる。2023年にユニクロ事業の社長に就任。

日下正信
ニューヨーク5番町店の店長に。その後、有明プロジェクトを託される。

プロローグ——人が消えた商店街

「見ての通りのシャッター街です。昔はごった返していたから、人を避けながら通りを歩いたものなんですけどねぇ」

山口県宇部市。瀬戸内海の周防灘に面した街の中心地にある宇部中央銀天街という古びた商店街を私が初めて訪れたのは、12月末のことだった。商店街にとっては書き入れ時であるはずの師走も押し迫ったこの時期、通りを歩く人影は皆無だった。

この日は雪がちらつく底冷えのする寒さだった。人のいない商店街。頭上を覆う錆び付いたアーケードのせいだろうか、乾いたカラスの鳴き声がやけに耳に響いた。

シャッター街というよりもはや商店街の残骸といったほうがよさそうな、ほとんど人の気配がしない通りの中で、ドアを開けている数少ない店のひとつが山内静香園という日本茶の店だった。

「銀天街のことを知りたいんです」と言って突然現れた私に嫌な顔ひとつせずに温かいほうじ茶を出してくれたのが、この店で生まれ育ったという山内美代子さんだった。山内さんが淹《い》れてくれた湯気が立ちのぼる一杯の茶が冷えた体にしみたのは、シャッター街で思いがけず出会った人の温かさのせいだろうか。

山内さんは趣味で銀天街の歴史を記録しているという。その冊子を見せてくれた。手描きで記した地図には、かつて銀天街に存在した店が時代ごとに描かれていた。よほど几帳面な人なのだろう。店の寸法はメジャーを手に持って実際に商店街を歩いて測ったのだという。ページをめくっていくと、かつての商店街のにぎわいとその後の衰退が手に取るように理解できた。

「私が高校生だった１９７０年代には１３０ほどのお店がありました。ここに来れば生活に必要なものはなんでも手に入ったんです。宇部で『街に行く』と言えば、この銀天街に来ることでした」

かつては行き交う人の波でごった返したという商店街は、時がたつほどに衰退の一途をたどっていった。長く続く不況の波が日本列島を覆い始めた１９９０年代の後半からは次々と店が消えていき、２０１０年を過ぎるとかつての繁華街を更地とシャッターが埋め尽くしていったのだという。

日本のどの地方の街にも存在するようなさびれた風景と言ってしまえば、それまでなのかもしれない。シャッターだけではない。かつてはスナックやそこで働く人たちの集合住宅、それになにかの店だったのであろう建物が、朽ち果てたまま放置されている。

この日がたまたま人の気配がない日だったというわけではないようだ。「もう、ずっと前からですよ。平日も週末も特に変わらないですね」。山内さんはこう話した。

今では世界的なアパレル企業として君臨するユニクロ——。その原点が、この時代の流れから取り残されたようなさびれた商店街にあった証しは、そこにはなにひとつとして残されていなかった。

山内静香園の隣にも更地になった駐車場があるだけだ。そこにはかつてメンズショップ小郡《おごおり》商事という紳士服店が存在した。もはや地元の人でもこの店の名前を記憶しているのはある程度の年齢以上の人たちだけだろう。地方のどこにでもあるようなこの一軒の紳士服店からユニクロが生まれたのだ。

人の気配がしないアーケード街——。

かつて小郡商事があった駐車場の前には古びた鮮魚店の汚れたシャッターが降りていた。あるのは、それだけだ。

ユニクロは世界中に店舗を展開する、日本が生んだ一大アパレルチェーンだ。今では欧州のZARAやH&Mと肩を並べ、世界一の座をうかがう勢いを見せる。バブル崩壊から「失われた30年」と言われる衰退の時代のなかで、日本から飛び出した数少ない世界的な企業である。

その出発点は、時代の波に取り残された地方のシャッター街にあった。

ユニクロはどうやってここから生まれたのか。地方のさびれた商店街の紳士服店は、なぜ世界的なアパレル企業になりえたのか。本書では、その謎をひもといていくことを目的とする。

では、その歩みから何が見えてくるのだろうか。現代を生きる我々に何を教えてくれるのか。

私が見つけたのは「希望」である。この国に存在する名もなき企業や、そこで働く人たちにとって希望になるであろう物語である。

日本の会社の99%以上が名もなき中小企業だ。ユニクロもまた、この国に数え切れないほど存在する中小企業のひとつだった。それも東京や大阪のような大都会で生まれたわけではない。現在のスタートアップのように「世の中を変えてやろう」という志を胸に若い才能がしゃれたオフィスに集まったというわけでもない。

店の2階に住居があるような典型的な家族経営の地方の一商店が、やがて世界的な企業へと飛躍していったのだ。しかも、それは高度経済成長期という現代の日本にとってはもはや神話のように思える恵まれた時代の話ではなく、この国から成長が失われた頃に起きたことである。

名もなき地方の小さな紳士服店がかくも稀有な成功を収めた理由の多くは、柳井正という経営者の手腕に帰するのだろう。その実績から見れば天才的な人物だろうと思えてしまうが、果たしてそうなのか。

酒も飲まず毎日早朝から仕事に取りかかる柳井は自らを厳格に律する一方で、部下にも敬語を使って厳しく接する。「泳げない者は沈めばいい」という身も蓋もないような言葉を好んで使う時期もあった。

歯に衣着せぬ語り口には直接的というよりぶっきらぼうという印象を受ける人も多いだろう。必要だと思うこと以外はあまりしゃべらない。普段から気の利いたジョークを飛ばすことも少ない。

そのため冷徹な経営者だという印象を持つ人もいるだろう。とかく誤解されやすい人だというのが、柳井との付き合いが長い者たちに共通する印象のようだ。一代でユニクロ王国を築いたというまばゆい実績もまた、どこか近寄りがたいイメージを周囲の人に植え付けるのかもしれない。

だが、今では日本を代表する経営者と称されるこの人も、もとをたどれば日本の津々浦々のどこにでもいるひとりの若者に過ぎなかった。それも、後の成功を予感させるような才気あふれるエピソードに満ちた若者と呼ぶにはほど遠い人物だった。

高校の教室では影が薄く、級友のほとんどが柳井正という同級生のことなど記憶にないと振り返るような、内気で無口な少年だった。早稲田大学に進んでからもマージャンやパチンコに明け暮れ、せっかく宇部から遠く離れた東京に出て来たというのに人付き合いも同じように上京した高校時代の友人ばかり。挙げ句の果てには働くことを放棄して数少ない友人のアパートに居候として転がりこむような無気力な青年だった。

嫌々ながら継いだ家業の紳士服店では、すぐに古参の従業員たちの反感を買ってしまう。店員たちは散り散りになり、たったひとり残ってくれたのは、付き合いが長い住み込みで働く兄貴分だった。

そこからも鳴かず飛ばずの時代が続く。運命的とも思える出会いをへて結ばれ、宇部で一緒に暮らすことになった妻からは「私の青春を返してよ」と迫られる始末だ。

ここまでの柳井正の足跡は、典型的な「中小企業のお気楽跡取り息子」と言っていいだろう。だが、ここから先が違った。

若き柳井正は、もがき続けた。

仲間が去った商店街の紳士服店でひとり思索し、答えのない未来を探し続けたのだ。

（どうすればここから抜け出せるのか……）

自問自答を繰り返し、どこに存在するのかも分からない成功への道筋を見つけようともがき続けることを、やめようとしなかった。ヒントを求め続けた20代はしかし、手掛かりさえ見つからないままにただただいつもと変わらない毎日が通り過ぎていった。

この頃の柳井にとって、忘れられない記憶がある。店頭に立っていたある日のことだった。高校時代の教師が商店街を通りがかった。

「あれ、柳井君？　キミ、ここの店番をしてるのか」

そう声をかけられて、「はあ、そうです」としか返す言葉が出てこなかった。

「君は東京の大学まで出て、なんでこんなことをやっているんだ」

その教師はそうは言わなかったものの、短い会話から露骨に伝わってきたのがさげすみにも似た視線だった。当時の柳井は「やっぱり世間の人からはそう思われるんだ」と受け止めるしかなかった。たまたま商店街を通りかかった顔見知りの教師との何げない会話だが、強烈なコンプレックスのような感情が自分自身を支配していくのを感じざるを得なかった。今でも昨日のことのように思い出すという。

地方のどこにでもいる、なんとなく店を継ぐことになった力なき若旦那――。それが柳井正という後のカリスマ経営者の偽らざる原点だった。そこにいたのはカリスマでもなければ、周囲が認める輝く才能でもない。

だが、この男は成功に飢え、その手掛かりを探し続けた。暗く長いトンネルの中で掘り当てた金の鉱脈。ユニクロの「発見」は柳井が求め続けた成功への第一歩だった。

その後も、この男は違った。もがき続けた。

ユニクロという金の鉱脈を探り当てたことに満足することなく、誰よりも貪欲にその先を求めて走り続けたのだった。現状の延長戦上にあるものを自ら否定し、それを越えるものを求めて――。そこに待っていたのは成功を約束された者が登る平凡な坂道ではなく、新たな苦悩の連続の物語だった。

私なりの解釈では、柳井正とユニクロの物語とは、足し算と引き算の積み重ねだ。坂道を登っては、時折、転げ落ちる。そしてまた坂道を上へ上へと登っていく。足を止めることなく愚直なまでに繰り返してきたその歩みの積み重ねの上にあるのが、現在我々が知るユニクロという巨大企業なのだ。

その物語にマジックはない。

あくまで、かけ算ではなく足し算。時に足し算が大きすぎるため、そこになんらかのマジックが存在したかのように見えてしまうのだが……。

数々の失敗や矛盾を結果的に成功といえるものに塗り替えてきた歩みと言い換えれば良いのかもしれない。それはデジタル全盛の現代に見られるような奇想天外なアイデアやひらめきであっという間に栄光をつかんだ、というような類いの話ではない。

それどころか生来口数が少なく誤解を招きやすい内気な男の物語である。働く意味さえ見いだせなかったというどこにでもいるはずの男の、どこまでも地道な歩み。それこそが「ユニクロ物語」の本質なのだろう。

だからこそ、思うのだ。

この物語は誰の手の中にも存在しうるものなのではないか、と。言葉を換えれば、誰もがつかめるはずの栄光が、そのチャンスやヒントが、この物語の中に存在するのだと。ユニクロの歩みを取材していると、常々そんな風に思えてくるのだ。

私がユニクロの物語を「希望」と表現するのはこんな理由からであり、この本を書こうと思い立ったのは、それを伝えたいと考えたからだ。もちろん栄光だけではない。時には社会から糾弾されるような矛盾と直面してきたこともまた、事実だ。

「ブラック企業」、あるいは「弱者切り捨て」。

そんな批判の数々にもさらされてきた。本書でもそのことには言及する。真正面から向き合わなければならないことだからだ。それに、繰り返しになるがそもそもユニクロの歩みは失敗の連続である。

そんな「引き算」から、柳井正とユニクロはどう這い上がってきたのか。数々の引き算をどう足し算に置き換えながら乗り越え、どうやって坂の上を目指して歩んできたのか。

ここから先はその物語をできる限り丹念に追うことにしたい。この本を手に取っていただいた皆さんには伝えたいことが多い。すごく、多い。だから長い物語になるだろう。

ユニクロという長い物語に、これからしばらくお付き合いいただきたい。

＊本書では文中、敬称略とさせていただきます。

ユニクロ　目次

第1章

寝太郎

無気力青年は
なぜ覚醒したのか

「ハ〜、南蛮《なんば》押せ押せ　押しゃこそ揚がる　揚がる五平太《ごへいた》のヤットコセ〜」

それはこの国が焼け跡から奇跡の復興を遂げようとしていた時代のことだ。本州の西の端に位置する山口の宇部では、人が集まればこんな歌声が聞こえてきた。終戦間際に8度にわたる空襲で雨あられと焼夷弾が降り注がれたこの街にも、平和で活気に満ちた時代が訪れていた。

五平太とは石炭のこと。この地で産出する黒いダイヤを初めて拾ったという農夫の名が、この地方ではそのまま石炭の呼び名になったと言い伝えられている。南蛮とは周防灘の海の中に埋まっているその石炭を掘り起こすために、江戸時代の天保年間に開発された木組みの大きな巻き上げ機のことだ。

南蛮を押すのは女の仕事だった。木で作られた押し車を数人で力を合わせてぐるぐると回す。そうやって地面の下で男たちが掘り当てた石炭を、絶えず吹き出てくる海水と一緒に地上に運んでいった。大変な重労働だったことだろう。その苦労をまぎらわすために女たちがつとめて明るい調子で口ずさんだ唄が、この南蛮音頭の由来だという。

銀天街

1960年（昭和35年）3月15日——。その日は、すっかり春の訪れを感じさせるよく晴れた陽気だった。

宇部の街の目抜き通りである銀天街の狭い通りには数え切れないほどの人の波が行き交っていた。すぐ近くの海岸の方に目をやれば、宇部興産の巨大なエントツからもうもうと黒い煙が上がっている。

石炭がこの国の産業史の中で最後の華を咲かせていたこの時代。かつて「世界一、灰が降る街」と言われた宇部のことだ。この日も空から絶え間なく煤煙《ばいえん》が降り注いでいたはずだが、つい2年前に銀天街にできたばかりの真新しいアーケードのおかげもあってか、特に気にならなかった。何より、この石炭の街がかもしだす「人、人、人」の活気に気押されるような感覚に陥っていた。

中学校を卒業したばかりの15歳の春に宇部にやって来た浦利治《うらとしはる》が目にしたのが、こんな風景だった。浦が生まれ育ったのは小郡と防府の間にある小さな田舎町だった。宇部からは東に30キロばかりの距離にあるが、この炭鉱の工業都市の繁華街はまったくの別世界に思えた。祭りやちょっとした催しのたびに聞こえてきたのが、この地で伝えられてきた南蛮音頭の明るい歌声だった。

兄の縁で銀天街の西の端にある「サツキヤ」という衣料品店で働かないかと言われてやって来たはずが、なぜかその店に居合わせた中年の男と話すことになった。聞けばその男は、すでに高齢だったサツキヤの店主の親族だという。年の頃は40歳ほどに見えるが、それにしてもやけに威圧感があり、話の合間にギョロッとのぞかせる眼光が異様なほどに鋭い。

「まあ、これでも食べなさい」

その男はこう言ってサツキヤの2軒隣にある食堂から取り寄せた丼メシを勧めてくれた。話の流れが飲み込めないままに浦少年が米粒をかき込んでいると、その中年の男がサツキヤの店主に「この子はうちに連れて行こうか」と話している。

男に促されるままにそのまま店を出て通りを歩いて連れて行かれたのが、同じ商店街の東の端の方にあるメンズショップ小郡《おごおり》商事という紳士服店だった。店に入ると1階の売り場の奥の階段を上がり、2階に通された。家族が住む居住スペースの中にあった応接間に腰掛けると、その男がとうとうと話し始めた。1時間ほどが過ぎた頃だろうか。

「じゃあ、住み込みでうちに来なさい」

それが後に、黎明期のユニクロの番頭となった浦の人生を決めた一言だった。15歳の浦の目にはやけに威厳と迫力があるように見えるこの中年の男は、柳井等といった。大人たちの会話で一方的に勤め先を変えられた浦はあっけに取られるような感覚だったが従うしかない。

応接間で柳井等からどんな話を聞かされたのかは、今ではまったく記憶にない。商売の心得だったような気がするし、なにか人生訓めいた話だったような気もする。

ともかく、こうして15歳の少年は実家を離れ、住み込みでこの商店街の小さな紳士服店で働くことになった。昭和初期まで日本全国で見られたでっち奉公のようなものである。

「社長のことは大将と呼びなさい」

女性の先輩従業員からはそう言われたが、今となっては、浦はあまりその呼び方がしっくりとこないという。もう長いこと「先代」と呼んでいるからだ。それに大将というより、もう一人の父親という方が正確に思える。この日からでっち奉公同然に暮らすことになったこのにぎやかな家の、同じ屋根の下で暮らす自分より4歳下の跡取り息子である柳井正との、その後の濃密な日々が自然とそう思わせるのかもしれない。

15歳のでっち奉公

こうして浦のでっち奉公生活が始まった。日が昇る頃に目を覚ますと、柳井家が飼っていたシェパードの散歩から一日が始まる。住み込みの先輩二人と、柳井家の面々とが代わる代わる慌ただしく朝食を済ませると、すぐに店のシャッターを開けた。

銀天街があるのは宇部興産の本社工場の目と鼻の先だ。宇部興産は今ではＵＢＥと改称して総合化学メーカーとなっているが、この本社工場の埋め立て地にかつてあった沖ノ山炭鉱という海底炭田が発祥だ。昭和30年代のこの当時はまだ沖ノ山から石炭を採掘していた。

浦が小郡商事のシャッターを開けるのは、３交代制の夜勤を終えた鉱山労働者たちが一日の仕事を終えてぞろぞろと帰路につく時間帯だった。狭く暗い地下の世界から這い出てきた彼らを待ち受ける店が軒を連ねる銀天街は、昼夜を問わず人が行き来していた。当時の様子を記した『坑道』という地元の炭鉱誌は銀天街の盛況ぶりについて、「異常ないんしんと繁栄ぶりをみせている」（昭和35年9月20日号）と記している。

人が集まるところに富が生まれるのはいつの時代も世界のどの国でも同じことだ。坑夫だけでなく小郡商事が売る紳士服を求めてやってくる事務系のサラリーマンたちも、人が消えた現在の銀天街では想像ができないほどの数であふれていた。

浦少年が店を開けるとひっきりなしに客がやってくる。ただ、中学を出たばかりでまだまだ見習い扱いの浦には接客は許されていなかった。毎朝、ずらりとつるされたスーツ一枚ずつにブラシをかけていく。メンズショップ小郡商事は創業当初はオーダーメードスーツも扱っていたが、既製品のスーツが中心となっていた。

仕事を教えてくれる者はいない。ブラシをかけながら先輩とお客の会話を盗み聞きしてメモを取るように教えられた。「仕事というものは耳で聞き、目で見て盗むものだ」ということは、浦だけでなくこの時代を生きた働く若者たちがおしなべて経験してきたことだろう。

そうやって毎日が過ぎていく。

休みは商店街全体が店を閉める毎月20日だけだ。ただ、休みになっても浦には宇部に知り合いがいるわけでもない。月に一度の貴重な休みの日も柳井家や先輩たちと過ごすことがほとんどだった。住み込みなので衣食住にカネはかからない。散髪代やたまの映画代も店が出してくれた。給料の使い道といえば、一本38円の瓶のコカ・コーラを買って飲むことがこの上ない楽しみであるくらいだった。

そんな浦の働きぶりを何も言わずに見守っていたのが柳井等だった。自ら接客することはほとんどなく、いつも店の奥にあるカウンターに丸い火鉢を置き、新聞を読んだり書き物をしたりしながら店全体に目配りしていた。

夕食を済ませると等はいつも早々に家を出た。等は酒を飲まないが、近所の飲み屋をはしごして回るのが日課だった。

10代の浦も夜9時に店を閉めると、遅れてスナックに呼び出されることが度々だった。昼間に店で話しかけられることはほとんどないが、夜の街でホステスたちを侍らせながら、等はまだ幼さの残る浦に商売人としての心得を説いたものだった。

「ええか、よう覚えちょけよ。利は元にありや」

最終的に利益を左右するのは売値ではなく元値、つまり仕入れ値だということだ。仕入れ値を見極めるためには、モノのよしあしを正確に見抜く眼力を身につけなければならない。お客が何を求めているのか、気づかぬうちに少しずつ変わっていく服の流行り廃りにも常に目配りしなければならない。

もうひとつ口癖のように言っていたのが「一円を大事せえよ」だった。

「もし一円玉が落ちていたら迷わず拾え。恥ずかしがる必要なんかない。商売は一円の積み重ねやけん。逆に、ない袖を振ってもつまらんぞ」

後に息子の正は「オヤジの経営はドンブリ勘定でした」と振り返っている。等が「一円を大事に」というのは、カネそのものの単位ではなく、たった一円のような小さな信頼の積み重ねを大事にせよという意味だった。

「カネ儲けは一枚一枚、お札を積むことや」

「商売人はカネがなくても、あるように振る舞え」

これも等の口癖だった。言わんとするのはカネを貯め込んでおけということ以上に、商売は信用が第一だということだ。

一枚一枚、お札を積むように信用を築いていけ――。そんな商売人としては基本中の基本ともいえる教えに、10代の浦は黙って耳を傾けた。

ちびちびと飲むコークハイの味と「利は元にあり」「一円を大事に」と言う等の声は、今も昨日のことのように脳裏に焼き付いている。たまに連れて行ってもらったステーキハウス「キングスネーク」では、普段はとても口にできないような高級ステーキの味もさることながら、食後に出されるメロンがとにかく楽しみだった。

浦は二人の先輩と同じ部屋で寝起きし、仕事が終われば正たち柳井家の者たちと一緒に広いリビングでテレビを見て過ごした。年齢が近い正とは、ほっとひと息つく時間に遊ぶことが多かった。当時は力道山がスーパースターとして君臨したプロレスブームのまっただ中だ。この時代の日本中の子どもたちがそうであったように、浦と正もプロレスに熱中したものだ。

「さあ、どうね！　ギブアップか？」

正がかけた四の字固めが浦の足を締め付けた時のことだ。渾身の力ではね返そうとした浦の耳元が「ブチッ」と鳴った。翌日に病院に行くと鼓膜が破れていた。この時は度が過ぎたかもしれないが、内気で言葉数が少ない性格だった正にとって、4歳上の浦は他愛もない遊びに付き合ってくれる良き兄貴分だった。

その浦とたった二人で、やがて世界的なアパレル企業へと至る小さな一歩を踏み出すことになろうとは、この時には思いもよらなかった。

まだ娯楽の少ない時代のことだ。漫画本を読んだり、仕事仲間と一緒にテレビを見たりした以外によくやったのが花札だった。等が参戦すると、等はいつも相方に浦を指名した。住み込みの先輩二人と2対2の勝負だ。負けるのはいつも等と浦のペアだった。「負けたから」ということで翌日には等が浦たち住み込みの三人にケーキを振る舞った。

メンズショップ小郡商事

少し長くなってしまったが、つまりは典型的な家族経営の零細企業というのが、少年時代の浦と柳井正が過ごした小郡商事だった。浦は「主と従という関係はわきまえていました」と言うが、住み込みの社員も家族同然の扱いだった。

「プライバシーなんてなかったですが、働くのも楽しくて今でも良い思い出ですよ」

少年時代に過ごした遠い昔の小郡商事の時代のことを、浦はそう言って懐かしむ。一家の「大将」である柳井等には特に心酔していたという。

「こんなことを言ったら今の社長（柳井正）には失礼ですけど、自分にとっては先代の方が大切でした。親以上のことをしてもらいましたからね」

柳井等がメンズショップ小郡商事を設立したのは、ちょうど長男の柳井正が生まれた1949年のことだ。浦が宇部にやって来た1960年春の時点ですでに開業から10年余りがたち、柳井家や住み込みの社員が暮らす店のほかに、数十メートルの場所にもう一店舗を構えていた。

ところで、メンズショップ小郡商事の「生い立ち」についてはあまり語られない事実がある。無用な誤解を避ける意味でも、ここで触れておく必要があるだろう。

もとは等の異母兄である柳井政雄が戦後すぐに作った「小郡商事」が、原点にある。政雄は戦中にヤクザ稼業に手を染め、敵対組織とのケンカ沙汰が原因で投獄されたことがある。だが出所後にヤクザの世界からは足を洗い、生きていくために始めたのが牛馬を使った運送業や材木卸を営む小郡商事だった。

弟の等は陸軍に召集されて8年ほどを中国で過ごしたが、戦争が終わり、故郷に引き揚げた際に政雄から促されて洋服を扱うメンズショップ小郡商事を始めた。その店名の通り、柳井兄弟は宇部ではなく小郡の出身だ。現在のJR新山口駅に近い。

政雄が一時ヤクザだったこともあってか、弟の等もヤクザの親玉のように描かれることが多い。他ならぬ息子の正も自著『一勝九敗』で「父は気性が激しく厳しい人だったので、できるだけ会わないようにして過ごしていた。とにかく怖かった」と回想していることも原因なのかもしれない。

ただ、実際に等の近くで長い時間を過ごした者たちの話を聞くと、ヤクザの親玉というのはやや歪曲されたイメージではないかと思われる。確かに等は豪放磊落《らいらく》な昔ながらの親分気質だったようだ。それに、息子の正が回想するようにとにかく気が短く気性が荒い人だったことも間違いない。

清濁を問わない人だったようで、地元宇部の一松組という暴力団とも付き合いがあった。ただ、組を抜けてカタギの仕事に就きたいという元組員の出直しに手を貸したというのが実情のようだ。

繰り返しになるが柳井等の兄が元ヤクザであることは事実である。だが、その政雄も服役して罪を償ってからヤクザ稼業からは足を洗い、再起を期して会社を興したこともまた、事実だ。

人の過去というものは変えることはできない。ヤクザ時代の政雄と関わりがあり、嫌な思いをさせられたという人もいるだろう。いくら時間がたってもそれをなかったことにはできない。

ただ、そこから自らの過ちに気づき、再出発を期そうという歩みもまた、なかったことにするべきではないだろう。そもそもこの国は、罪を償った者の再出発を認めている。

「過去は変えられない。だが、いまをどう生きるかによって過去は再定義できる」

これは私の個人的な信念だ。我々が変えることができるのは未来だけだ。未来を変えたいと今を生きることができれば、過去の失敗は失敗ではなく、いまをどう生きるかを支える糧になる。その時、おのずと過去というものは再定義されていく。私はそう考える。ユニクロの前史を語る上でも、同じことが言えるのではないだろうか。

断っておくが、決してユニクロの歩みを美化しようというわけではない。それなら、そもそも柳井政雄の過去には触れない。

少なくとも、弟の柳井等が作ったメンズショップ小郡商事は、ヤクザ時代の政雄とは関係がない。さらに、その等の子である柳井正たちがつくりあげていったユニクロと、その親族の過去とはなんら関係がない。

柳井等がヤクザの親玉のように描かれたのは、ちょうど2010年前後にユニクロがブラック企業との批判を浴びた時期のことだ。イメージを重ねやすいのだろうが、それとこれとは話が違うはずだ。労働問題には真正面から向き合わなければならないことは間違いない。それは本書でも言及する。だが、ファーストリテイリングの創業者の父と親族の過去は、また別の話である。

やや話がそれたが、そういうことを言いたいだけだ。こじつけのような議論を散見するため、あえてここで触れることにした。

メンズショップ小郡商事の「出自」についてはここまでにしよう。ひとつだけ付け加えるなら、柳井正はその後もこのイメージに苦しめられることになる。あえてこの話をここで蒸し返したのは、そういった論調に私なりに異を唱えたいからだ。

親族の過去をヤリ玉に挙げて今を生きる個人や企業、そこで働く人々を誹謗中傷する権利が、いったい誰にあるというのだろうか。それだけは言っておきたい。

親子の確執

後のユニクロの前身となる宇部の紳士服店の話を続けよう。

本書の主役となる柳井正の少年時代の姿を描くのは、正直に言ってちょっと難しい。本人だけでなく周囲の者たちの一致する当時の印象が、とにかく目立たないおとなしい性格の少年だったということだ。特に成績が優秀だったわけでもなく、仲間をまとめるような存在でもない。後の成功を予感させるようなエピソードは皆無である。むしろ内気で言葉数の少ない性格だった。

口数が少ないのには、実は少し理由がある。

将来はおもちゃ屋になることが、柳井が小さな頃に抱いた密かな夢だった。少し大きくなると学校の先生になりたいと思うようになったが、この夢は早々に諦めてしまった。

その原因は、生まれ持ってのどもり症だった。誰かと会話している時にはまったく問題がないのだが、紙に書かれた文章を読み上げようとすると不思議とすぐに言葉に詰まってしまうのだ。

柳井のどもりは、実は今も残っている。講演などで原稿を用意して話す時に突然言いよどみ、同じ言葉を繰り返すことが度々だ。そのため今でも講演の依頼などは断ることが多い。現在はともかく、幼い頃にある種のコンプレックスになってしまうのは仕方がないところだろう。「本を読むと（どうしても）言葉が詰まるんですよ。先生になったらそれじゃ無理でしょ。だから諦めたんです」。若いながらにそう考えて、教師になる目標はあっけなく消えてしまった。

遊び場といえば家の前の商店街だった。メンズショップ小郡商事のはす向かいにある鳳鳴館という小さな本屋で漫画を立ち読みし、たまに店主から雑誌の付録をもらうのが密かな楽しみ。柳井正はそんなどこにでもいるような、目立たない少年だった。

住み込みで店で働くようになった浦利治にとって、柳井の実父である等が父親代わりの存在になったことは先述した通りだ。だが実の息子である正の目には、父は全く違う存在に映っていた。

正には三人の姉妹がいた。姉が一人と妹が二人。同じきょうだいでも父・等の教育方針はまったく異なっていた。普段から感情の起伏が激しい等は、子どもたちの前でも声を荒らげることが多かった。ただし、手が出るのは決まって息子の正に対してだけだった。

そもそも三人の姉妹に対しては「おまえたちと正では教育方針が違うからな」と断言していたほどだ。学校の保護者会や参観日には、正の時だけ等が顔を出し、三人の娘たちは妻の喜久子に任せてしまう。厳しい口調でどなりつけられたり、手をあげられたりするのはいつも正だった。

「だから、私は男に生まれなくてよかったなと思いました」

正より2学年下で四人きょうだいの中でも一番仲が良かったという妹の幸子は、こう振り返る。「兄は父にとって期待の星でしたから」。その期待が厳しさとなって正にのしかかった。

「なんでもいいから一番になれ」

それが父が繰り返し息子に語ったことだった。店を継げとは言わないが、「いずれ跡取りに」と期待されていることは嫌でも伝わってくる。その期待の反動なのだろうが、父の怒鳴り声と暴力に対して、息子は心を閉ざすようになってしまった。

次第に正は父を避けるようになり、親子での会話もなくなっていった。私が当時のことを聞いても、「オヤジと話すことと言えば、『うん』とか『はい』くらいでしたね」と振り返った。


父を避けるようになったもうひとつの理由が、紳士服店に次いで等が手を出した土建業にあった。正が中学に進学すると等は建設会社を立ち上げた。その勢いで喫茶店や映画館の経営にも手を出し始めた。そうなるとどうしても街の実力者や政治家たちとの付き合いが多くなる。いや、等はむしろ自ら進んでそういった実力者たちとの交流に時間とカネを注ぐようになっていった。

等が特に懇意にしたのが通産大臣にもなった地元の実力者である田中龍夫で、後援会長も務めるようになった。メンズショップ小郡商事がある銀天街の通りのすぐ隣にある宇部興産の社長で、同社の中興の祖とも呼ばれた中安閑一とも昵懇《じっこん》の仲だったという。するると、どうだろう。

誰を次の市議会選で擁立しようか、あそこの工事は次はウチが取るからな——。自宅の居間からは、そんな大人たちの会話が度々聞こえてくるようになった。付き合いのある宇部興産の幹部が昇進するたびに店で扱う上等なスーツを贈る父の姿にも、言いようのない反感を覚えたという。売り物を私物のように扱うのは、その後も柳井が嫌う行為である。

そんな息子の疑念に満ちた視線を気にとめることもなく、父は正にもよく「最初からこの仕事（土建業）をやっていたら俺はもっと大成功していたはずだ」と豪語していた。

思春期を迎えていた正にとって、大人たちの馴れ合いの世界は受け入れがたいものに思えた。

付け加えるなら、それは10代だった当時だけのことではない。ファーストリテイリングの創業者として成功した現在も、柳井は政治家とはまともに付き合おうとしない。

地元の進学校である宇部高校に進んでからも、父のプレッシャーから逃れることはできなかった。成績が振るわなくなると等は息子に命じた。

「しっかり勉強せんか。明日から部活に行ったらいけんからな」

有無を言わせぬ父の一言で、正はサッカー部を辞めざるを得なくなってしまった。このいきさつについて本人に聞くと、「いや、自分から辞めたんですよ。才能がなかったから。普通にやればレギュラーになれるような（弱小の）チームなのに、そんな人たちにさえ負けてしまう。これをやっていても将来はないなと思ったんですよ」とさらりと答えたが、この日の出来事を間近で見ていた妹の幸子は、父に退部を強制されてひとりすすり泣く兄の姿をよく覚えているという。

宇部の小さな紳士服店の2階で、父からの期待とも抑圧とも受け取れる重圧の中で育った柳井正は、逃げ道を求めるように受験勉強に打ち込むようになった。そうして手に入れたのが早稲田大学政治経済学部への切符だった。名門大学への合格を聞いた等は、珍しく正のことを褒めちぎったという。

こうして柳井少年は、銀天街のしがらみから逃げるようにして東京へと旅立っていった。

無為な日々

1967年春、18歳の柳井正は解放感と希望を胸に東京へとやってきた。

初めて見る大都会・東京――。

だが、柳井が受けた印象は華やかなりし都というものとはちょっと違っていた。米国では泥沼化するベトナム戦争への反戦運動が各地で激化していったこの年、日本でも学生運動が盛り上がりを見せていた。

早稲田大学ではこの前年に、学費の値上げを発端とする「早大闘争」がピークを迎えていた。多くの早大生が徒歩で通う国鉄高田馬場駅から大学への道のりは紙くずとなったビラが散り散りになり、いわゆるゲバ文字が躍るタテカン（立て看板）の数々が目に入った。

若者の鬱屈したエネルギーが政治を標的に解き放たれた熱い時代とみることもできるだろうが、柳井にはそうは思えなかった。

ヘルメットをかぶり拡声器を手に声をからす同世代の若者たちをよく見ると、どうだろう。服装も、長く伸ばしたボサボサの髪も、無精ひげも、そのどれもがテレビや雑誌で見るアメリカのヒッピーのモノマネにしか見えない。街頭から聞こえてくる演説の言葉使いのひとつひとつもそうだ。まるでどこかに教科書でもあるかのように、なぜかみんなが判で押したように同じような調子でアジってみせる。

「何も知らない若造がステレオタイプに、書いてある通りに叫んでいるだけ。みなさんは真剣だったかもしれないけど、僕はそういう付和雷同的なものが好きになれなかった。むしろハタ迷惑だな、と」

学生運動に熱狂する同世代の若者たちを冷めた目で見るノンポリ学生の柳井は、早大のキャンパスがバリケードで封鎖されると大学から足が遠ざかるようになった。

下宿があったのは現在の地下鉄・西早稲田駅がある諏訪町の交差点のすぐ近くだった。一階に大家が住み、二階のいくつかの部屋に学生たちが住む。柳井の部屋は階段を上がって一番奥にあった。

「寝太郎」

それが、大家のおばさんが柳井青年に付けたあだ名だった。モゾモゾと部屋から起きてくるのはいつも夕方も近づく時間帯だった。それから何をやるわけでもない。思いつくままに本を読み、たまに近くのジャズ喫茶やパチンコ店にぶらぶらと出かけていく。

多くの学生を見てきたはずの大家の目にも、どこまでも無気力で怠惰な青年に映ったのだろう。実際のところ、柳井は学生運動に冷たい視線を送りながらも、自分自身には打ち込み熱くなれるなにかがあるわけでもなかった。

朝と夜が交互に古いアパートの一室にやってくるのを傍観するかのように、政治の季節に沸く東京の街の喧騒からひとり取り残されたかのように、ただただ毎日が過ぎていく。学生というこの国にあってある意味で特権階級のような身分を日々消費していく。寝太郎とは、この頃の柳井正の姿を言い表すのになんとも言い得て妙な表現だったことだろう。

2年生になると、「悪友」が故郷からやって来た。同じ宇部高校出身の山本善久だ。柳井とは高校3年の時に五十音順に並ぶ席が前後していた。山本は小野田という街の出身だが、偶然にも親族が営む果実店のフルーツパーラー・メトロが柳井の暮らすメンズショップ小郡商事の隣だったこともあり、すぐに打ち解けるようになったという。

柳井より1年遅れて早大理工学部に進んだ山本は、実家から荷物を柳井の下宿に送りつけると、すぐ近くに自分も宿を見つけてしまった。

たまり場となったのが柳井の部屋だった。山本のほかによくたむろしていた面々も宇部の出身者ばかり。山本の実家は精肉店だが、他にも眼科医院や家具店など自営業者の息子たちと気が合ったのは、やはり互いになにか相通じるものがあったのかもしれない。

ただ、仲間が増えたからといって柳井の無気力生活はなんら変わらない。むしろ仲間を得たことで無気力ぶりが加速していった。

ある日、柳井から「マージャンやろうぜ」と呼び出されて山本がいつものように柳井の部屋に顔を出したのが火曜の夜のことだった。そのまま仲間たちとコタツを囲んで夜通しのマージャンが始まった。日が昇るとそのままコタツでごろりと寝転ぶ。

「あぁ、ハラ減ったなぁ」

夕方近くになって目が覚めるといつもの店にぞろぞろと向かった。柳井の下宿から歩いてすぐの場所にあったラーメン店「えぞ菊」だ。北海道仕込みの味噌ラーメンに山盛りのもやしが柳井と山本のお気に入りだった。ラーメンを平らげ柳井の部屋に帰ると、眠りにつく前と同じようにまた卓を囲んでジャラジャラと始める……。

「あれ、そういえば今日って何曜日だっけ」

誰かがそう言うと、部屋に日の明かりが差していた回数を数えてみた。

「あ、もう金曜になっちょる！」

こうしてまた、一週間が無為に過ぎ去っていく——。

山本の目にも当時の柳井には後の成功を予感させるような資質は見て取れなかったという。

「なにかと言うと柳井が口にしたのが、『それになんの意味があるんね』でした。いつもそうだから会話が続かないんですよ。だからといって変に合理主義者というわけでもなく、一緒にいて肩がこるようなタイプでもない。ケンカになるネタもないというか。私にとってはまるで空気のような男でした」

こんな日々から50年以上後の2022年4月、73歳になった柳井は卒業生として母校の入学式に招かれた。初々しい顔が並ぶ早稲田大学の新入生たちを前に、こんなことを語りかけた。

「私は人が生きていくうえで最も大切なことは使命感を持つことだと思います。そのためにはまず、自分は何者なのか、そのことを深く考える必要があると思います」

「自分にとって何が最も大切なことなのか、絶対に譲ることができないものはなんなのか、そこを突き詰めて自らの強みを発見し、生かす。自分にしかできない、自分の人生を思いっきり生きてほしい。明確な意識があるのとないのとでは、同じ人生を送っても成果は100倍、1000倍あるいは1万倍も違うのではないかと私は思います」

原稿を用意しているためやはり訥々《とつとつ》とした語り口で、時折言葉に詰まる。それでも実に熱のこもったスピーチだった。

だが、そう言う柳井自身も実のところ目の前の学生たちと同じ年頃だったこの当時は、まだ見つけることができないでいた。

生きていく上での使命感、自分は何者なのか、これからの人生の中で譲ることができないものとはいったい何なのか、自分にしかできないこととは。そして自分の人生とは、いったい何なのか――。

そのどれひとつも、手の中になかった。

仲間たちとの他愛もない会話、マージャンの牌をかき回す音、お気に入りのジャズを聴きながら飽きるまでめくる四方山《よもやま》の本のページ……。胸の中に熱く燃えたぎる何かがあるわけでもなく、未来への野望なんてものもない。そうやって東京・諏訪町の下宿での寝太郎の毎日が、ただただ過ぎていった。

グラナダの出会い

1968年。大学2年の夏休みになる頃のことだ。19歳の柳井は思い切って父に頼み込んでみた。

「俺、世界一周してみたい」

怠惰な暮らしの中にあっても、確かめてみたいものがあった。銀天街の店の2階で住み込みの浦たちとテレビで観た広大な自由の国、アメリカ。そこで描かれているアメリカン・ドリームを体現した国とは、いったいどんなところなのか。まだ見ぬ世界の中でもとりわけ恋い焦がれたのがアメリカだった。

自由の国だけではない。柳井が生涯で最も愛する映画だという「アラビアのロレンス」。ピーター・オトゥールが演じるロレンスが見た砂漠の巨大な太陽は、どんなものなんだろうか。「世界残酷物語」で描かれる秘境の地の風景の数々は、実際のところどんな場所なのだろうか――。

宇部から出てきたものの、「何かが違う」と思いながらまるで凧の糸が切れたような無為な毎日を過ごす東京の地で、柳井は海の向こうに思いを巡らせていた。

そんな思いを、あれだけ避け続けてきた父にぶつけた。すると、父はあっけなく認めてくれた。息子が言うままに合計で200万円余りの飛行機のチケットを買ってくれたのだった。この年はちょうど国による大卒初任給などの調査が始まった年で、それによると平均の月給は3万600円。いかに土建業などで成功しているとはいえ、200万円の価値は現在とは比べものにならない。父から息子への期待の大きさが分かる。

横浜港から船でハワイに向かい、飛行機に乗り替えてサンフランシスコを目指す。そこからバスでロスに向かい、アリゾナからメキシコに飛び、そのまま東海岸をマイアミからニューヨークへと北上していく——。その道中で柳井が感じたのは、「なんか違うな」だった。

大きな道路を数え切れないほどの大きなクルマが行き交う。郊外には、日本では考えられないような庭付きの豪奢な家が建ち並ぶ。豊かなアメリカそのものがそこにあった。だが、何かが違う。少なくとも柳井の目にはそう見えた。

「なにもかもが大きいけど中身がないな。そんな感じがしたんですよ。当時はベトナム戦争への厭戦ムードが漂っていた。街で人に話しかけても、みんなフレンドリーじゃないしね。聞くと見るのとでは大違いだと思いましたね」

それも行ってみてはじめてわかることだ。むしろ柳井の人生にとって大きな出来事は「思っていたのとなにか違うなぁ」と思いながらアメリカを飛び立ち、ヨーロッパへと向かった後に訪れた。

デンマークからフランスを経てスペインに入った柳井はイベリア半島の南に位置する名勝、アルハンブラ宮殿に立ち寄った。その帰りのことだった。夕刻にグラナダ駅からマドリードに向かう夜行列車に乗ろうと切符を求める改札に並んでいると、列の前方でなにやら駅員が言っている。

何を言っているのか分からないが、列に並んでいる人々の反応を見ると、もう列車がないのかもしれない。すると列の4〜5人前の東洋人らしい若い女性が駅員に食い下がっていた。どうやら日本人のようだ。

「なんて言ってるんですか」

日本語で女性に声をかけると、「もう切符はないと言っています」と返ってきた。ただ、この女性は明朝にはマドリードにいる友人と朝食をともにする約束をしているから、どうしてもこの汽車に乗らなければならないのだという。そのために汽車が駅に入ってくればとりあえず乗り込んでしまって、汽車の中でマドリード行きの運賃を払うよう交渉するつもりだと言う。

「ああ、そういう手もありますか。じゃ、僕も乗ります」

柳井はこの気丈な女性に便乗することを決め込んだ。

女性の名を聞くと、長岡照代といった。大阪の出身だが、英国に留学しているという。どうりで異国の地でもやけに堂々としているわけだ。

やがて汽車が来て二人はそのまま乗り込んだ。切符が売りきれるだけあって車内は満員だ。二人と同じように通路に立つ人たちが大勢いた。

汽車がグラナダを発って1時間ほどが過ぎた頃だったか。座席に座るスペイン人が通路に立つ照代に話しかけてきた。どうやら、自分は次の駅で降りるから「この席には君が座りなさい」と言っているようだ。促されるままに照代は席に座ると、旅の疲れもあってかそのまま眠りに落ちてしまった。

そのままどれくらいの時間がたっただろうか。照代が目を覚ますと視線の先にはグラナダ駅で話しかけてきた細身で小柄な日本人の男が立っていた。窓の外は漆黒の闇だ。マドリードにたどり着くまでにはまだまだ時間がかかりそうだ。

「あの……、私はひと寝入りできたので、よろしければ代わりましょうか」

「え、いいんですか。ありがとうございます」

その男は遠慮する様子もなくそのまま照代と入れ替わって座席に座り、眠ってしまった。どうやら相手が女性だからといって遠慮するような感性は持ち合わせていないらしい。

こうして二人は翌日早朝にマドリードに到着した。駅のスタンドでコーヒーを飲んでいると、その男は「僕はこの後、スイスに行くんですが、いとこに靴でも買っていこうと思うんですよ」と言う。照代は友人の家に行くにしても時間が早すぎると思い、この同胞の男の買い物に付き合うことにした。聞けば生まれ年はひとつ違いだが男は早生まれのため日本では同学年になる。とはいえ共通の話題も乏しく特に会話が弾むこともない。妙に無口な男だった。

「それにしても暑いですね。コーラでも飲みますか」

男が照代に話しかけた。英国で暮らしているとはいえ、照代は日本では女子校に通い英国でも修道女の学校に留学していたため男性に対して警戒心が強かった。

「いや、いいです」

つっけんどんに返すと、男は特に気にする様子もなく「あ、そうですか」と言って自分だけコカ・コーラを買って飲み始めた。

人なつっこさのかけらもなく、他人に気を遣えるタイプでもないらしい。そんなことを考えていると、靴を手に入れたその男は「僕はスイス行きのチケットを予約しないといけないので、ではこれで」と言ってそのまま去っていった。

「あ、じゃあ、さいなら」

照代がそういう前に男が「僕はこういう者です」と言って一枚の名刺を差し出した。そこには「早稲田大学政治経済学部　柳井正」と書かれていた。

（学生やのに名刺なんか持ってるんや）

そう思った頃には、柳井正はきびすを返して立ち去ってしまっていた。

しつこい男

それから2年近くが過ぎた1970年春のことだ。4年生に進級する前に宇部に帰省していた柳井正が家族と一緒にテレビを見ていると、開幕したばかりの大阪万博のニュースが流れていた。

「あれっ、この人……、俺、見たことある」

テレビにくぎ付けになる正がボソッとつぶやいたのを、姉の広子は覚えていた。

場所は変わって大阪・吹田の万博会場。数あるパビリオンの中でもトルコとパキスタン、イランが同居する通称「ＲＣＤ館」は比較的マイナーな施設だった。それでも館の入り口付近にある喫茶店とレストランで休憩する人たちがひっきりなしに訪れる。英国帰りの長岡照代はそこで通訳兼コンパニオンとして働いていた。

するとある日、肩をトントンとたたかれた。振り返ると、細身で小柄な若い男が立っていた。

「覚えていますか。あの時の方ですか。一緒にグラナダからマドリードに行った」

「あっ！　あの時の方ですか」

そこに立っていたのは、あのグラナダの駅で出会った無愛想な学生だった。照代はすっかり名前を忘れていたが早稲田大学の学生で、柳井正といった。

正は実は、実家のメンズショップ小郡商事の面々と万博に来たのだが、自分だけ集団を外れてスペインで出会った照代に会いに来たのだった。テレビでほんの少しだけ照代の映像が映し出されたのを手掛かりにやってきたのだ。

ただ、照代はその日はＲＣＤ館の仕事に追われ、ろくな会話もできずに地球の裏側での再会はあっけなく終わってしまった。

数日後――。

「照代さん。昨日、あなたのことを訪ねてきた男性がいましたよ」

ＲＣＤ館で働く年長の女性がこんなことを伝えてきたが、照代にはピンとこない。グラナダで出会いＲＣＤ館まで会いに来たあの細身の学生のことは頭に思い浮かばなかった。

（いったい誰なんやろう）

照代がそう思案していると、その年長の女性は「あの人はまじめそうな人やったから、照代さんの家の電話番号を教えておいたから」と言う。なんと、見ず知らずの男に実家の電話番号を明かしたのだという。

それからしばらくたった日のことだ。東京の男性から大阪城のすぐ東、緑橋という町にある照代の実家に電話がかかってきた。電話を受けたのは照代の姉だった。男は大阪に来ているという。

（あっ、照代が話していたあのスペインで会った人ね）

姉はそう思い、こう返した。

「申し訳ありませんけど、照代は遅番の仕事が終わった後なんでまだ家で寝ています。よろしければ、うちに来はりますか」

そう言って姉が住所を教えると、その男、つまり早大4年生の柳井正は本当に緑橋の自宅にやって来た。

姉は照代より15歳上だ。年の離れた妹に会うためにはるばる東京からやって来るという男に、興味を持たないわけがない。どこのウマの骨ともしれないこの男を吟味してやろうと考えたのだろう。異国の地で出会った縁があるからといってしつこく追い回すかのような男への警戒心を解こうとしない妹の照代と一緒になって、自宅に現れた柳井正をじっくりと観察した。

その柳井が緑橋を後にすると、姉は照代にこんな風に話した。

「あの人はちゃんとした学生さんやないか。照代もあの人のことは『まじめそうな人や』って言うてたやろ。ほんまにそんな感じのお人やねぇ」

姉は自宅にやって来た柳井青年の足元に注目したのだという。特に高級というわけでもない古い靴を履いていたが、古くて質素な品だからといっておろそかにすることはなく、ちゃんと磨いて丁寧に使い込んでいることが見て取れたというのだ。ものを大事にする人間は信頼できるというのが姉の考えだった。

「そやから、あんたもあんなまじめな人のことをそんな風に嫌がらんでもええんやないのか」

思えば姉からのこの助言が、照代の人生を決めたのかもしれない。その後も東京の柳井からは何度も手紙が届いた。照代はほとんど返信しなかったが、めげることなく東京からは手紙が届く。柳井青年は無口でぶっきらぼうな割には、驚くほど筆マメだったのだ。

柳井は宇部の実家に帰る前には必ずと言っていいほど照代と会うために大阪に立ち寄った。待ち合わせ場所はいつも大阪・梅田の大型書店「紀伊國屋書店」の前だった。そのまま近くの喫茶店に入る。

「これ、僕が最近好きな曲なんだ」

そう言って柳井がレコードを渡し、ジャズの話をする以外には特に会話が弾むわけでもなく時間が過ぎていき、そのまま別れる。

そんなことを何度か繰り返すうちに、万博会場での運命的な再会から1年以上がたっていた。ある時、東京ではなく三重県から手紙がやって来た。「実は今、ジャスコという会社に勤めていて、四日市にいます」。そんなことが綴られていた。柳井は大学を卒業しジャスコ（現イオン）に就職していたのだった。

ジャスコでの9カ月

世界一周旅行から帰った後も特に打ち込めるものに出会えず、元のもくあみのような無気力生活に戻ってしまっていた柳井も大学4年になると就職を考えた。だが、希望した商社はことごとく落選。すぐにやる気をなくし、父に留年したいと申し出た。父・等の一喝にあい、卒業はしたものの特に何をするでもなくそのまま諏訪町の下宿でプータロー生活を始めてしまっていた。

見かねた父の斡旋《あっせん》で入社したのがジャスコだった。ちょうどこの頃に等は地元の経営者と一緒に銀天街に中央大和というショッピングセンターを作っていた。店舗兼自宅の小郡商事の建物も取り壊し、商店街の裏地も含めて当時としては近代的なビルを建てたのだが、この共同経営者が、修業を兼ねて長男をジャスコに就職させるというので、「お前も一緒に行ってこい」ということになった。今で言うコネ入社である。

実は、父は息子がサラリーマンになることには以前から猛烈に反対していた。

「ええか、正。人に使われるような人間にだけはなっちゃぁいけんぞ。例えば、お前が小便をしたくなった時に上司に『トイレに行っていいですか』と聞かんといけん。そんな人生でええんか」

高校生になった頃からこんなことを何度も言われたという。それでも等がジャスコへの就職を手引きしたのは、息子の怠惰ぶりがよほど見るに見かねるものだったからだろう。

こうして柳井正は大学を卒業した1971年の5月になってからジャスコ本店があった三重県四日市市にやってきた。

研修の後に配属されたのが包丁やまな板、ザルなどを扱う雑貨売り場だった。店はセルフサービス方式で、お客は陳列された中から必要なものを選んで買っていく。柳井の仕事といえば商品を補充するために売り場と倉庫を行き来するくらいのものだった。

数カ月が過ぎると紳士服売り場に配属された。直接そう言われたわけではないが実家が紳士服店だったことが考慮されたようだ。

ジャスコは三重県の四日市で江戸時代から続く呉服商の岡田屋と兵庫県姫路市のフタギ、それに大阪のシロが合併して発足したばかりだった。当時は新進気鋭のスーパーだった。その象徴が、柳井が働くことになった近鉄四日市駅前の本店である。

まだ3社が合併する前の1958年に「オカダヤ駅前店」としてオープンしたその店は、開店からしばらくたって「SSDDS」という妙なアルファベット表記を看板にかかげるようになった。「セルフ・サービス・ディスカウント・デパートメント・ストア」の略称である。

このSSDDSという言葉は定着することなく、この一店舗以外には使われなくなってしまったが、今から考えればユニクロの原点とも言えるアイデアだろう。店に来たお客は従業員に接客されることなく自分でカゴを持ってセルフサービスで商品を買っていく。その商品は様々な企業努力により他店と比べて安値、つまりディスカウントで売られている。

それは岡田屋の社長でジャスコ(イオン)の実質的な創業者となった岡田卓也が、1958年に1カ月をかけて米国の小売店を視察して回った経験をもとに取り入れた流通改革だった。セルフサービス方式は当初2階の肌着売り場だけで導入したが、当時の日本ではなじみがなく、誰もカゴを手にしてくれなかったという。

ところが、コネ入社で四日市へとやってきた柳井はその革新性に気づくどころか仕事の意味さえ見いだそうとしないまま、たったの9カ月でジャスコを辞めてしまった。

「これではサラリーマンになっても本当の意味で商売人にはなれないんじゃないかと思ったんですよ」

当時の心境をこう振り返るが、そこまでの深い考えがあったわけではないようだ。その後は東京に戻って元通りの無気力生活に落ち着いてしまった。決して、商売人としての一本立ちを志してジャスコでの修業を9カ月で切り上げたというわけではない。

小嶋千鶴子の教え

たった9カ月のサラリーマン生活。その後はまたしても凧の糸が切れたようなお気楽生活に戻ってしまった。この当時はジャスコでの9カ月はあまり意味のない時間だったと考えていた柳井だが、後々になってそうではなかったと気づかされることになる。

ジャスコで柳井の入社面談を担当したのが人事部長の小嶋千鶴子だった。ジャスコの実質的な創業者である岡田卓也の姉だ。ジャスコから現在のイオンへと続く総合小売チェーンの礎《いしずえ》を弟の卓也とともに築き上げた人物として知られている。ちなみに弟の岡田卓也の長男・元也がその後にジャスコを継ぎ、次男の克也は通産官僚から政治家となって民主党の代表や外務大臣を歴任している。

当時の柳井青年はまだ、そんなことは知るよしもない。ただ、千鶴子の印象は強烈だったようだ。

「入社面談で小嶋さんと何を話したかは覚えていないのですが、とにかく『この人なら信頼できる』と思ったことだけは覚えています」

その後も柳井はジャスコで千鶴子の薫陶を受けることになった。学生気分を引きずった無気力社員だったが、柳井はずっと後年になって「僕はこの人から影響を受けていたんだということが分かりました」と証言する。千鶴子の腹心だった東海友和が2018年に刊行した『イオンを創った女　評伝　小嶋千鶴子』という本をひもといてみて、はじめてつくづく実感したのだという。

確かに、知らず知らずのうちにとはいえ小嶋千鶴子から柳井が受けた影響は絶大だったのだろう。両者とも「家業からの脱却」を経営者としての初期のテーマに掲げたところからの出発だった。その後にそれぞれの会社で取り入れた施策を比較してみても明らかに類似している。

流通業の先駆者、小嶋千鶴子からの教えとはなんだったのか。柳井に聞くと「小売業をシステムとして確立しようとしたこと。そのため、とにかく教育熱心であること」と返ってきた。

では、ジャスコとユニクロの共通点とはなにか。

先述の通り、岡田卓也は米国視察で目の当たりにした現地の小売業の姿を見て衝撃を受けた。当時、全米に8000もの店を持っていたA&Pの経営を見て、「一店の売上高が小さくても鎖（チェーン）のように連携し、多店舗展開すれば大きな存在になることを実感した」（日本経済新聞「私の履歴書」）という。そのA&Pが大規模チェーンを構築できた秘訣が、当時の日本ではまだシステム化されていなかった接客しない店舗という概念だった。つまり、「セルフ・サービス・ディスカウント・デパートメント・ストア（ＳＳＤＤＳ）」である。

岡田がこのＳＳＤＤＳ方式を日本にも取り込もうとしたことは前述した通りだが、そのビジネスモデルの根幹をなす「鎖（チェーン）」を支えるのは、現場で店を取り仕切る店長の存在である。

小売業のチェーン化――。

ジャスコ（イオン）の産業史上の功績のひとつとしてダイエーやイトーヨーカ堂とともに、この国にチェーンストアというビジネスモデルを持ち込んだことが挙げられる。その屋台骨を支える店長たちを育て上げる人事制度を一手に担ったのが、岡田卓也の姉である小嶋千鶴子だった。その足跡をたどれば当時としては極めて先進的な取り組みの数々が存在し、後に柳井も知らず知らずのうちに追随していたことが分かる。

例えば、小嶋が岡田屋時代の１９６４年に導入した企業内大学のＯＭＣ。オカダヤ・マネジメント・カレッジの略である。高卒の男性社員を対象に経営学者を招聘して開校し、後にジャスコ大学に至っている。ずっと後になって柳井もまた、店長教育を目的に社内でユニクロ大学を開校している。社員教育にかける柳井の熱意を示すように、担当者に起用したのは現場で断トツの実績を示したエース級ばかりだった。

チェーンストアを構築する上で小嶋がこだわり抜いたのがマニュアルだった。店長や商品部員、販売主任など階層ごとにきめ細かいマニュアルを作成するため、各部門の優秀者を起用していった。一方で本部と地域、店舗などの間で妙な階層主義が生まれることを防ぐため、様々な社内コンテストを取り入れた。人材登用を活性化する仕組み作りにも腐心したのだ。

柳井もまた、後にユニクロでマニュアル作りにはとことんこだわった上で、逆にマニュアルに縛られない接客をどう現場で実現させるかに頭を悩ませてきた。ある時から本部主導の経営体制を180度転換し、現場の実力者を「スーパースター店長」として登用するなど、実力主義にもとづくボトムアップの人材登用にも力を入れてきた。

自らに厳しい一方で社員にも厳しい言葉をぶつけるところも、このふたりは似ている。千鶴子はことあるごとに幹部陣に「あんた、会社を潰す気か」とカミナリを落としたという。

もうひとつ付け加えるなら、いずれも「信用」を商売の根幹に置く。口で言うだけでなく制度に落とし込んだ点が共通している。

例えば、千鶴子はまだ卓也が幼かった頃に岡田屋の経営を担っていたのだが、ちょうどこの頃、空襲で焼け野原となった四日市で、「岡田屋の商品券をご持参の方は現金とお引き換えします」という紙を貼って回った。終戦直後の誰の生活も厳しかった時期のことだ。岡田屋にも現金は乏しいが、それでも信用を第一にすることで市民の信頼を得たという。

柳井もユニクロが急成長するさなかの1994年に「3つの約束」を公表した。その中のひとつが「商品に満足できなければ、レシートがなくても原則として購入から3カ月以内は返品・交換します」だった。無条件の返品を巡っては、幹部陣から猛反対されたというが、「信頼をひとつずつ積み重ねよ」というのは、父・等が商売の心得として口を酸っぱくして息子の正にたたき込んだことでもあった。

30歳以上も年齢が離れた小嶋千鶴子と柳井正。

一方はジャスコの実力者として日本の小売業に変革をもたらしたやり手の経営者で、もう一方はまだ働く意味さえ見いだそうとしないいやる気のない社員だった。当時の柳井には小嶋の哲学が理解できたわけではなかった。理解しようという気構えすらなかったというのが正解だろう。30歳以上も年の離れた小嶋の言葉に「うるさい人だなぁ」としか思えなかったという。従って、「小嶋さんから影響を受けていた」というのも、後になって気づいたことだった。

当時としては近代的なジャスコの青丘寮《せいきゅう》で寝起きしながら、人生の目標を語る先輩たちの熱意にもついていけない。それがこの当時の柳井青年の偽らざる姿だった。

居候、葛藤、「このままじゃダメになる」

結局、たったの9カ月でジャスコを辞めてしまった柳井は故郷の宇部ではなく東京に帰ってきた。9カ月間のサラリーマン生活を経験してみたものの、実際のところ中身は学生のままだった。

働く意味さえ見いだせない。何をやりたいわけでもない。

それならアメリカに留学でもしようかと考え、東京の英会話学校に入学したのだった。

さすがに親に下宿代まではねだれない。そこで柳井が転がりこんだのが、あの宇部高校から同じ早大にやってきた親友の山本善久の部屋だった。山本は大学受験で浪人したため柳井より1年遅れだったが、柳井がジャスコを辞めた1972年2月にはすでに日本コカ・コーラへの就職が決まっていた。

山本の下宿は東京・雪谷大塚の日本コカ・コーラ本社から歩いてすぐの呑川という小さな川の隣にあった。

「ジャスコで小間使いみたいに働いとってもなんにもならんけぇな」

うそぶくようなことを口にして東京に戻ってきた柳井を、山本は黙って受け入れて居候させた。六畳一間の川沿いの木造アパートに男がふたり。大家から「二人で住んでいたら部屋が傷むのが早くなるから」と難癖を付けられて上乗せされた家賃1000円分だけを、柳井が負担することになった。

朝早くに山本が出社していくと、しばらくたってから柳井は英会話学校に向かう。授業が終わると図書館などでヒマを潰して、また山本のアパートへと帰っていく。

日本コカ・コーラのコンピューター部門に配属され、新人ながらボトリング工場や営業所を日本全国のどこに置くかをはじき出していく仕事を任されたという山本は、毎晩遅くに帰ってきた。たまに仕事の話になると「コンピューターに関してはアメリカの本国より日本のほうがずっと進んでいるぞ。そもそもコカ・コーラはブランド力はすごいけど情報システムの方はまだまだなんよなぁ」と、山本は柳井に熱心に語ってきかせた。

そんな親友の言葉が、無気力青年だった柳井の胸に突き刺さった。朝起きると、とりあえず英会話学校に通い、夕方には誰もいないアパートに帰ってくる。窓の下を流れる呑川のせせらぎの音だけが聞こえてくる。英語を勉強していても、どうにも身が入らない。バリバリと働き始めたかつての悪友の姿が、ちょっと違って見え始めた。

こんな生活が半年ほど続いた。すると、柳井の中で何かが変わり始めた。

（いつまでもこんなことをしていていいのか。このままじゃ、俺は本当にダメになっちまうんじゃないか……）

柳井が結婚を考えていたのが、ちょうどこの時期のことだった。スペインで出会った長岡照代にはその後も手紙を送り続け、たびたび大阪まで会いに出かけていた。やがてふたりの間で結婚しようという話になると、柳井は実家に手紙を送った。同封していたのは結婚相手となる照代の履歴書のような紹介文と写真だった。

「家族でその手紙を読んだ時にはもう、驚きでした。兄は恋愛ではなくお見合いするようなタイプの人だと思っていましたから。『えっ、嘘でしょ』と思いました」

妹の幸子はこう回想する。高校時代までは言うに及ばず東京に行ってからも兄からはまったく女性の匂いがしなかったからだという。その手紙をいつになく真剣な表情で読んでいたのが父の等だった。等は読み終わるなり、家族の前でこう断言した。

「正が見つけた人なら間違いない。すぐに俺がもらいにいっちゃる」

柳井は宇部での青春時代には父を避けるようにして過ごしてきた。街の実力者よろしく談合めいた話し合いで土建屋の仕事を進める父への反発もあった。口うるさく「なんでもいいから一番になれ」と言われたのも、父からの期待の表れだったことは薄々気づいてはいた。それでも父と素直に向き合う気にはなれなかった。

とにかく会話の乏しい親子だったが、父は自分を避けるように育った息子のことを信じていたのだった。

柳井等は息子にも告げずに大阪に出向き、未来の花嫁と会うことにした。大阪の梅田で照代と待ち合わせすると、当時大ヒットしていた映画「ゴッドファーザー」を一緒に観に行くことになった。

そのまま場所を移して話し合うと、等は「息子も結婚したいと言うちょるんで、結納させてもらえんかな」と切り出した。一方的に結婚の話が進んでいったが、等と会ったことで照代には心境の変化があったという。縁もゆかりもない宇部に嫁ぐことには不安があった。ただ、等と会ってみてその不安が幾分か拭えたのだという。

「正直に言ってその頃は正さんのことは頼りなく見えていました。でも、こういうお父さんを見て育っている人なら、いずれしっかりされていくんだろうなと思いました。それくらいお父さんは貫禄がある人でしたから」

初めて会う柳井等はまさに「ゴッドファーザー」に登場するマフィアのボス、名優マーロン・ブランドが演じるドン・コルレオーネそのものに思えた。イタリアン・マフィアのボスだけに迫力満点のコワモテではあるが、誰よりも「ファミリー」への愛情を力説する、まさにドンである。

こうして照代は宇部に嫁いでいく腹を固めたのだった。

「結婚を認めるから宇部に戻ってこい」

父からの最後通告にも似た連絡に、とうとう柳井は無為な居候生活を切り上げて故郷に戻ることを決心した。

「しばらく田舎に帰ってくるわ」

部屋を提供してくれた山本には、そう告げて荷物を残したまま宇部に帰ったが、そのまま東京に戻ってくることはなかった。しばらくしてから山本のもとに柳井から電話がかかってきた。

「オヤジの会社で働くことになったから」

柳井は香川沿いのアパートに荷物を取りに来ると、足早に東京を後にした。この時点で山本の目に、後の成功を予感させるものはなにもなかった。ただ、汽車に揺られながら宇部へと戻る柳井には期するものがあった。

「このままやっていちゃあ、いかん。いずれダメになる」

ここから這い上がってやる

絵に描いたような地方の商店街にある家族経営の零細企業。そのままでは、いつまでたってもうだつがあがらない。いや、このままではいずれ経営も立ちゆかなくなる日が来るだろう。

1970年代前半の当時、地元の経済を支えてきた石炭産業は夕暮れ時を迎えていた。炭鉱は次々と閉鎖に追い込まれ、石炭から石油へのエネルギーシフトが叫ばれ始めていた。ならば、いまだにぎわいを保つ銀天街もそう遠くはない時期に衰退の道をたどることは必然だろう。

そこにとどまっていていいのか。

そもそも家族経営のドンブリ勘定のままで、先はあるのだろうか。

ここから這い上がるにはどうすればいいのか——。

お気楽なニート生活を切り上げた柳井の中で、少しずつ少しずつ、何かが変わり、火がともり始めていた。

そこから抜け出す答えがすぐに見つかったわけではない。商店街の紳士服店を継ぐことになった柳井を待っていたのは、大きな挫折だった。東京帰りの若旦那に愛想を尽かし、父を支えてきた古株たちがひとり、またひとりと去っていったのだ。

(なぜみんな分かってくれない。俺のやり方は間違っているのか)

自宅に帰ると何度も自らに問いかけた。その度に自分自身にこう言い聞かせた。

(いや、そんなはずはない。俺のやり方は間違っていない。でも、このままこんな商売を続けていてもなんにもならないだろ……)

その先に、進むべき道が見えない。

(やっぱり俺には商売人は向いていないのか)

こんな思考が頭の中でぐるぐると回る。何が答えなのか見当もつかない。自信喪失の中で、若き柳井正の自問自答の日々が始まった。

第2章

暗黒時代

もがき続けた

雌伏の10年

柳井正が東京でのプータロー生活を切り上げて生まれ故郷の宇部に戻ってきたのは1972年（昭和47年）8月のことだ。高度経済成長期が最後の盛り上がりを迎えていたこの年、柳井が幼少期を過ごした銀天街は往時と変わらぬにぎわいぶりを見せていた。

5年間の不在の間に柳井家にはいくつかの変化があった。まず、家業のメンズショップ小郡商事が株式会社化され「小郡商事」となっていたこと。そして柳井の生家である銀天街の店舗兼住宅はすでに取り壊され、そこから銀天街の裏手に伸びる形で「中央大和」という大型のショッピングセンターに建て替えられていた。父の柳井等らが地元の有志らと組んで建てた6階建てのビルで、当時としては珍しいシースルーのエレベーターがちょっとした名物となった。

かつては店舗の2階にある住居で、住み込みの社員たちと寝起きをともにしていたが、中央大和に建て替えられたことで柳井家は銀天街から離れることになった。

新居が建てられたのは、海に近い銀天街から車で20分ほど走った丘陵地だ。うっそうとした森が広がり、その合間を埋めるように小さな畑が存在する土地の中で、家が新築されたのは一段高くなっている場所だった。同じ敷地の山側に、等は東京から帰ってきた息子とその新妻のための新居を用意した。

再び銀天街にて

ただ、小郡商事という会社そのものの実態は5年たってもなにも変わっていなかった。店は柳井が高校時代まで過ごした当時と同じ2店舗だけ。かつて実家の1階にあった紳士服店はショッピングセンターの中央大和の1階に居を移して「メンズショップオゴオリ」となっていた。そこから数十メートルの距離にある角地の小さな店は「メンズショップOS」と名を変えていた。

「オゴオリ」の方で売るのは昔ながらの紳士服、つまりスーツだ。もう一方の「OS」も売り物は5年前と変わらない。こちらはVANというブランドを中心にマクレガーやラコステなど男性向けのカジュアルウエアを扱っていた。

VANは大阪発祥のファッション企業で、1960年代にはアメリカの「アイビールック」を日本で大流行させたという。アイビーリーグと言われる米東海岸の名門大学の学生たちが好んで着るようなジャケットを中心に取り扱い、当時の日本では「みゆき族」と呼ばれた若者たちの支持を得ていたと聞く。VANは現在も売られているが、その知名度は50年以上前の当時と今とでは比較にならないようだ。

やや話がそれるが、この当時から一貫して柳井正という人の中に確かに存在するのがアメリカという国の文化への憧れだ。柳井は戦後間もない1949年の生まれだ。幼少期には生まれ育った宇部にも進駐軍がやって来ていた。柳井が3歳だった1952年にサンフランシスコ講和条約が発効し、日本が正式に占領状態から解放された後も米軍が残り続けていた。

父がたまに米軍の連中から仕入れてきたのがコーヒーとチョコレートだった。それだけではない。まだ見ぬ大国・アメリカへの憧れをそそるものが身の回りには数多く存在していた。

コーヒーの苦みと甘いチョコレートの味。そしてテレビや映画館で流れるモノにあふれた「古き良きアメリカ」の日常生活――。そんなところから垣間見えるアメリカという国のイメージは、単に豊かな国というだけではなかった。

1950年代のいわゆる「黄金の50年代」を経て、柳井が思春期を迎える頃にテレビや雑誌で目にするアメリカ社会には、建国以来築き上げられてきた大人たちの価値観に対して若者たちが強烈な違和感を突きつけ、新しい社会の形を創っていくダイナミズムが存在していた。

長髪をポマードでなでつけたリーゼントのジェームズ・ディーンが言葉にならない怒りや葛藤、そして狂気を銀幕にぶつける。エルビス・プレスリーやチャック・ベリー、フィッツ・ドミノといった歌い手たちがロックンロールという新しい音楽の世界を創りあげていく。それが英国という伝統ある国に飛び火してビートルズやローリング・ストーンズのようなスターが世界に名乗りを上げていく。

そんな時代の波頭に立っていたのが、間違いなく1950年代から60年代にかけてのアメリカという国だった。

「若い人の文化が花開き、世界で初めて若者たちが文化の中心になった。それが当時のアメリカだったんじゃないかな」

当時の柳井の目に、アメリカという国はこんな風に映ったのだという。若者たちの鬱屈したエネルギーが一気に放出されるようにして古いものをぶち壊そうとするカウンターカルチャーの時代。そんな異国の地に強烈に憧れたのが、宇部という地方の炭鉱の街で生まれ育った青春時代の柳井正だった。恐らく同世代の日本に生きたかつての若者たちの多くにとっても共感できる部分が多いのではないだろうか。

実際には大学時代に父の援助を得て訪れたアメリカの地を自分で見聞きして「思っていたのと、なにか違うな」と考えたことは第1章で触れた通りだ。それも、強烈な憧れの裏返しだったのかもしれない。

次章で触れるが、ユニクロの店作りにも柳井が愛してやまない「古き良きアメリカ」の残像が所々に残されている。

話を戻そう。

父の柳井等がVANを気に入って取り扱ったことで小郡商事はスーツの店という戦後すぐに創業した当時からの顔とともに、「VANのメンズショップOS」というもうひとつの顔を併せ持つようになっていた。

スーツとカジュアル——。

客層はどちらも男性だが、カジュアルなジャケットが中心のVANの方が断然若い。昔ながらの紳士服と、当時の言葉でいえば「ナウいアメカジ」のメンズショップが、歩いて10秒ほどのすぐ近くに軒を連ねていたのだった。このことが後に柳井正にとって大きな意味を持つようになる。ユニクロという柳井自身が「金の鉱脈」と呼んだアイデアの誕生へとつながっていったのだ。

もっとも、東京でのお気楽生活を切り上げて宇部に帰ってきた23歳の柳井正には、そんな未来のことは知るよしもなかった。

もう一人の「兄ちゃん」

第1章で柳井より4つ上の住み込みの店員である浦利治を兄貴分と表現したが、実は柳井が「兄ちゃん」と呼んだのは浦ではなかった。柳井が幼い頃から「千田の兄ちゃん」と呼んでいたのが千田秀穂だった。柳井より13歳年上の千田は柳井の父である柳井等の姉の息子、つまり柳井正のいとこにあたる。

千田は柳井が小学生になる前から、叔父にあたる柳井等の会社で住み込みの店員として働くようになっていた。浦よりずっと先にでっち奉公生活を始めていたわけだ。正がジャスコを辞めて宇部へと戻ってきた頃には千田はすでに30代半ば。親族でもあるだけに父の等が最も信頼する右腕となっていた。

第1章で触れた通り、柳井等はメンズショップ小郡商事で財を成した後に、息子の正が中学生の時期に土建業へと稼業を広げていた。さらに喫茶店や映画館、パチンコ店などの経営にも手を出し、政治家や地元財界の有力者たちとの付き合いにも精を出すようになっていた。

オゴオリとOS、ふたつの洋服屋の仕事はすっかりおざなりになっていたのだが、それでも店が滞りなく回っていたのは、この千田に店の経営を任せることができたからだ。その千田を支えていたのが、まだ20代の浦だった。

千田と浦は、どちらも柳井等に拾われた身だ。住み込みのでっち奉公のような少年時代から見よう見まねで先輩たちの仕事を盗み、幼いながらに宇部の商店街の片隅で世を生き抜く力を身につけてきた。ふたりとも自分たちを一人前に育ててくれた柳井等に心酔する一方で、等もまた彼らのことを心底から信用していた。

千田は当時、小郡商事の専務という肩書だが、すっかり土建屋などの仕事に傾注するようになっていた等の番頭であり名代と言っていい存在だった。正にとっても「兄ちゃん」

と呼ぶように気心が知れた存在で、正が早稲田大学に合格した際に東京での下宿などを手配したのも実はこの兄貴分だった。

ふたつの店のことを隅から隅まで知り尽くした「兄ちゃん」が仕切る小郡商事。そこに、23歳になった跡継ぎ息子が帰ってきた。

東京の名門大学を卒業したというのにロクに働こうともせず、親のコネで入ったジャスコもたったの9カ月で辞めてプータローのような暮らしをしていた、放蕩息子といわれても仕方のない男である。少なくとも、でっち奉公のような身から少しずつ仕事を覚え、やがて店を仕切るまでになっていた千田の目にはそう映ったことだろう。

そんな不肖の跡取り息子が、この時点ですでに20年以上の歴史がある商店街の店をかき回し始めた。

人の群れが慌ただしく行き交う銀天街。その一角にあるふたつの洋服屋の店頭に立ちながら、若き柳井正はすぐに疑問を抱くようになっていた。

(この商売で、俺はこれからずっと生きていかなければならない。でも、本当にこのままでいいのか……)

実はこの当時、いやずっと以前から内心で思っていたことがあったという。

「こう言っちゃなんですけどね……、本当は『あんな商売は意味がないな』と思っていたんですよ。社会の役に立っていないような、そんな感じがしたんですよ」

当時の偽らざる本音を、柳井はこう振り返った。

決してやりたかった仕事なんかじゃない。それでもやるしかない。自分にはもう他に道はない――。そう考え始めた時、幼い頃からずっと眺め続けてきた小郡商事の商売のアラが見過ごせなくなってきた。

去りゆく社員

「いったい、このレイアウトにはどんな意味があるんかね。なんでこの商品をここに置くんですか。その理由をちゃんと考えた上でやってますか」

「昔からこうやっていたから？ それじゃ、話にならんでしょ」

「もっと効率を考えて仕事をしないと……」

わずか9カ月間とはいえ当時の日本の小売業の最先端を行くジャスコの売り場に立つ日々を送った経験がある柳井は、自分が生まれた頃と同じような商売のやり方をしている小郡商事の現場に、次第に不満を漏らすようになっていた。

この時から4年後に入社した岩村清美によると、当時の柳井は「店員に何か（小言を）言っているというより、いつも半分怒っているんです。パッと見てとっつきにくい人で、ぶっきらぼう。気さくに話しかけられる感じではなかったですね」と言う。

柳井も接客のために店頭に立ってはいたが、岩村によると販売員としての腕前はとても及第点と言えるものではなかったという。

店を切り盛りしていたのは住み込みの「でっち奉公」からたたき上げ、なじみの客も多く抱えていた浦だった。柳井は店に来るといつもするどい視線でじっと売り場を観察し、店員たちに細かい指示を出していた。客の前でもいかにも気難しそうな雰囲気を醸し出してしまう若い経営者に、接客がおぼつかないのも無理はないだろう。

ただ、実家の家業への疑念が募れば募るほどに、柳井が次第にひとりの商売人として洋服屋の仕事に没頭していったことも事実だった。

この当時の小郡商事は年商がざっと1億円。かろうじて赤字ではなかったものの、利益はいつもカツカツといった状態だった。

父の等は土建業や政治家の支援などに精を出し、店にはロクに顔も出さない。店には紳士服の仕事を隅から隅まで知り尽くした千田の兄ちゃんがいるものの、20年間変わらぬ商店街の仕事のままでは、その先の展望もなにもあったものではない。

もっと正確に言えば、むやみに店舗を増やして会社の規模を大きくしていこうという考えが、そもそも父の等にはなかった。

正にとっては少し前までの学生時代のように「働く意味ってなんだ」などといった甘っちょろい書生論はもう、そんなことを言っている場合じゃないというのが実情だった。

そうこうしているうちにすっかり気温は下がり、気づけば季節は冬になっていた。洋服屋にとって一番の書き入れ時である年末がやって来たのだ。

ここで事件が起きた。

当時は専務の千田や浦を含む七人の社員が小郡商事で働いていたのだが、彼らの冬のボーナスを左右するのが年末商戦の売れ行きだった。そこでの働きぶりを査定に折り込むのだが、この査定は柳井親子に委ねられることになった。

父の等は土建業の方に精を出していたとはいえ、依然として小郡商事社長の肩書を持つ。ボーナスを最終決定する権限が等にあることに文句を言う者は誰一人としていない。問題は正の存在だった。

「なんで入ったばかりのタダシが社員のボーナスを決めるんですか。それはちょっと違うと思いますよ」

当然と言えば当然といえる疑問を等にぶつけたのが、番頭格の千田だった。店に顔を出すことが少ない等に代わって、実質的にボーナスの査定は入社したばかりの正に委ねられたからだ。千田は普段は「オジキ」と呼ぶ恩人の等に面と向かってたてつくことはない。だが、この時ばかりは黙っていられなかった。

住み込みの身から自分を取り立ててくれた柳井等と真正面からケンカすることは避けたい。思い悩んだ末に千田が取ったのが、身を引くという選択だった。

東京帰りの柳井正が小郡商事に入社してわずか半年ほどのことだ。父を支えてきた番頭は住み込みで働いてきた銀天街の紳士服店を静かに去った。全幅の信頼を寄せる忠臣の離脱に、父は何も言わなかった。無言のうちにふたつの店の経営を息子に任せる意思を示したのだった。

こうして創業から23年がたっていた小郡商事は、実質的に入社したばかりの若き跡取り息子である柳井正へと実権が移ることになったのだが、事態は千田の退社にとどまらなかった。

番頭が去った後も、古参社員たちに対する正の態度や口調は変わらない。するとつかかるような若旦那を見限るように、自分たちが積み上げてきた仕事の流儀を頭ごなしに否定してかかるような若旦那を見限るように、古株たちがひとりまたひとりと会社を去っていった。

気づけば残った社員は4歳上の浦利治ただひとりになってしまった。

千田が去った後、実は浦も柳井に「自分も辞めたい」と告げたのだが、古参社員の中でも特に気心が知れている浦にだけは、柳井が珍しく感情的になった。

「浦さんは辞めればそれで済むかもしれんけど、後に残された者はどうなるんかね。残された社員や家族のことはいったい、誰が面倒を見るんかね」

第三者が普通に聞けば売り言葉に買い言葉のような投げやりなセリフに聞こえるが、柳井と浦は互いに幼い頃から同じ屋根の下で暮らしてきた仲である。その柳井から吐き捨てるようにこう言われた時、浦はハッと目が覚める思いがしたと言う。

「これは不退転の覚悟だと感じました。それからは社長（柳井）には逆らわないでおこうと思いました。イエスマンでいいと、イエスマンになろうと思ったんです」

幼い頃から柳井のことを知る浦は、この時に初めて柳井を経営者として認め、黙ってついていこうと決めたのだという。浦は「この時から主と従をはっきりと意識するようになった」と言うが、これは現代の会社での経営者と社員という関係では理解しづらい感覚かもしれない。

ともかく、これで浦は思いとどまったものの、結局、他の社員たちは全員が辞めてしまった。たったひとり残ってくれた浦と、柳井はふたりで「スーツのオゴオリ」と「VANのメンズショップOS」の2店舗を切り盛りすることになった。

自信喪失

こうして小郡商事は柳井と浦のたった二人で再スタートを切った。浦はこの時に柳井が自信なさげにぼそっと口にした言葉を今でもよく覚えているという。

「とりあえず、やろいね」

山口弁で、とりあえず二人でやってみよう。それだけだった。浦は黙ってうなずいた。父が築いた小郡商事を支えてきた先輩たちが店を後にしたことに対して、20代前半の柳井からはそれ以上、何も言えることがなかった。ただ、決して言葉や表情には出さなかったが、実のところ柳井も内心では大きなショックを受けていたのだという。

「そりゃ、もう、グサッときますよ。そうじゃなかったらおかしい。あれで『うわ、やっぱり僕には（経営者は）向いていないんだ』と思いましたよ」

後に柳井は私の取材にこう答えている。もともと内向的な性格で人付き合いがうまくないことは自覚していた。それでも、これほどあからさまに人心が離れていくと自信喪失になってしまうのも仕方がないというものだろう。口下手な柳井は、そんな感情を子どもの頃から身近にいた浦にさえ打ち明けることはなかった。

一方、グラナダでの運命的な出会いを経て結ばれることになった照代は、柳井に少し遅れてちょうどこの時期に花嫁として宇部の新居へとやって来ていた。どんどん人が離れていく小郡商事の事情について、照代にもさらっと話す程度だったがよほどショックだったことは照代にも容易にうかがいしれた。

照代はこの時から、柳井の妻として宇部の銀天街からユニクロを世界的なブランドへと育てる旅をともにすることになる。山あり谷ありの柳井の経営者人生に伴走することになるのだが、自宅に戻った柳井が仕事のことを口にすることはまれだし、苦しい胸の内を明かすことは今も昔も皆無だ。

ただ、ごくまれに夫がこんなことをこぼすことがあるという。

「人って分からんもんだなぁ……」

何ごとかと思って聞けば、信用していた幹部が突然会社を去ると告げてきたのだという。

「裏切られたと思うんでしょうね。そういう時に、柳井は一番落ち込んでいるような気がします」

もちろん、それは柳井の側からの見方である。辞めていく者たちにはそれぞれの思いがあり、人生の選択を自分で下すのは当然の権利であることは言うまでもない。

部下にはとかく厳しく接するのが柳井の経営スタイルだ。「この人にはついていけない」と考える者がいるのも仕方があるまい。この点でも辞めていく者にも言い分があるのは当然だ。ただ、少なくとも柳井に言わせれば厳しい言葉も期待の裏返しであり、それを理解してほしいと思う気持ちがあるのだろう。

これはなにも経営者人生の最初期にあたる1970年代前半の出来事だけではない。後にユニクロの店舗が急拡大する時期を迎えてからも幹部人材の離脱は後を絶たなかった。人の新陳代謝は今も昔も急成長企業にはつきものと言ってしまえばそれまでだが、自分をそばで支える照代にも、思わずこぼさずにはいられなかったのだろう。

そんな夫の姿をそばで見ていた照代にも思うところがあった。1990年代末に東京に進出した頃までは、店に顔を出す度に現場で働く新顔を見つけてはこう言って聞かせたという。

「柳井は一生懸命に仕事をしてくれる人のことは必ず認めます。だから、あの人にお上手なんて言う必要はありませんよ。ただひとつ、どうか柳井のことを信じてください。信じるだけじゃなく、信じ切ってください」

ノートに綴った自己分析

また話が脱線してしまった。

兄弟のようにして育った浦利治だけを残し、古参社員がことごとく去ってしまった銀天街の小郡商事。柳井の周囲には相談できる人もいない。その代わりに柳井は自宅に帰ると自分自身と向き合うことにした。

柳井が自室でペンを握ると、自分の世界に閉じこもってしまう。妻の照代もその空間に立ち入ることはできない。銀天街の喧噪から離れて森の中の高台に立つ新居では、暖かくなる頃には虫の鳴き声しか聞こえてこない。静寂の中で、たった一人で過ごす自省の時間。この頃だけではなく、その後もこの習慣が変わることはない。

机に座ると、柳井は大学ノートに自分自身の性格について思うことを書き記していった。

(俺の短所はなんなのか。逆に長所はなんだ)

長所だと考えたのは「正義感があること」と「自分を客観的に見ることができること」だった。あくまで自分なりの考えなのだが、正義感の裏返しが歯に衣着せぬストレートな物言いとなって時には相手を傷つけてしまう。言わなくてもいいかもしれないことまで口にしないと、どうしても気が済まないのだ。

自分を客観的に見ようとする一方で、他人のこともつとめて客観的に見ようとする。それを遠慮ない直接的な表現でぶつけるものだから、確かに言われた方はたまったものではない。従って、周囲の人たちから自分は自己主張の強い冷たい人間だと思われてしまう。それこそが自分の短所なのだ……。

酒を飲まない柳井は自宅に帰ってから机の前で悶々とこんなことを考え、ノートに書き記していった。

どこまでも内省的な柳井らしい作業だが、こんなことを続ける中で、今でもことあるごとに社員たちにも勧める、ある思考法にたどり着いたのだという。

それは「できないことはしない」、「できることを優先順位をつけてやる」という極めてシンプルな思考法だ。悩みというものは、悩めば悩むほど出口が見えなくなってしまう。それならいっそのこと「いくら悩んでもできないこと」と「よく考えれば、悩むまでもなくできるかもしれないこと」に二分してしまうのだ。そして割り切る。エネルギーを割くのは後者だけだ。

そもそも解決できないようなことについて悩んでいる時間がもったいない。それを最初に割り出してしまう。その先は難しく考えることなく、「できそうなこと」から順番に片付けていけば、いずれトンネルの出口が見えてくるはずだ。古参社員たちの離脱騒動を通じて、柳井はそんな考え方を身につけていったのだ。

「当時はそこまで（割り切れたわけ）でもなく、無我夢中でしたが」

開き直りにも似た発想だが、もうひとつ重要な考えに至る。

「長所だけの人間になろうなんて考える必要はない。そもそも長所だからといって他人に誇るようなものでもないし、短所だからと劣等感にさいなまれる必要もない」

要するに、ありのままの自分で良いということだ。ありのままの自分でしかいられないと言った方が良いのかもしれない。

かつて銀天街の店舗兼自宅で寝起きをともにしてきた古株たちを失った柳井正が行き着いたのは、こんな極めて単純な経営者としてのあり方だった。

柳井が自室にこもって大学ノートに書き記したのは自己分析だけではなかった。ちょうど若い女性スタッフを採用することができたため、仕事の内容を正確に伝えるために日々の仕事でやってもらいたいことをひとつずつ文章化してみたのだ。

仕入れはどうやればいいのか、品出しのタイミングは、店頭での接客のポイントは、採寸から先の流れは、在庫整理はいつどのような手順で進めるべきか、掃除はどこに気をつかうべきなのか……。

その作業のひとつずつを文字にしていった。柳井は後にユニクロをチェーン展開するにあたって詳細なマニュアルを作ることにこだわってきたが、思えばこの時の自筆の「仕事の流れ」がマニュアルの第一歩だった。もっともこの当時は、自分が口下手であることを認識しているが故の工夫でしかなかったのだが。

マニュアルの作成が終わると次に取り組んだのが、日々の商売の「見える化」だった。どの商品のどのサイズ、どの色が売れたのか――。そんなことを毎日店を閉じてから自らノートに詳細に書き記していった。

この当時は紙とペンでのアナログな作業だったが、柳井はこの時に始めた「商売の見える化」には、ずっとこだわり続けてきた。ユニクロを始めてからいち早くＰＯＳシステムを導入したのもこのためだし、後々になって戦友と呼ぶソフトバンク創業者の孫正義と出会うのも、見える化の方法を探し求めていたことがきっかけだった。

こんな地道な作業を進めていると、小郡商事の業績は少しずつ持ち直してきた。

託された印鑑と通帳

こうして柳井は、幼い頃からの付き合いで互いの性格を知り尽くした浦利治との二人三脚で再スタートを切った。浦が千田秀穂に代わる番頭として店先に立ち、なじみの客と世間話をしたり、ちょっと傷んだスーツの補整を頼まれたりと忙しく立ち回る一方で、柳井は店の全体に目を光らせる。そんな役割分担のコンビが機能し始め、人が去った小郡商事の利益は相変わらずカツカツの状態ながらも、なんとか再び軌道に乗り始めていた。

もともと商売にはまったく関心がなく、そもそも自分には向いていないと思っていた柳井が「もしかしたら自分は向いているのかもしれない」と思い始めるようになっていた、ちょうどそんな頃のことだった。

スーツを売る「オゴオリ」の店が1階に入るショッピングセンター「中央大和」の一角にあった小郡商事の事務所に、社長の肩書を持つ柳井等がやって来た。

土建屋を掛け持つ等が普段ここに来るときは信頼する浦を呼び出して店の売れ行きなどを聞くのだが、この時は息子で専務の柳井正を呼び出した。狭い事務室で親子ふたりだけで向き合うと、等はおもむろに銀行の預金通帳と印鑑を差し出した。

「今日からこれをお前に預ける。そやけぇ、これからは会社のことは全部お前がやれ」

それ以上の説明はない。差し出された通帳は店の出納管理に使うものだけではなかった。等個人のものも含まれていた。その意図を、父は息子に伝えない。だが、正には父の思惑が理解できた。

「カネ儲けは一枚一枚、お札を積むこと」

「商売人はカネがなくても、持っているように振る舞え」

「カネがないのは首がないのと同じ」

そんなことを幼い頃から何度も息子に言って聞かせてきた父だ。「商売人は信用が第一」。そのことを父なりの表現で伝えようとしていたことは、自らも商売人となった今となっては染み入るように理解できる。

実際、父は信用の源泉ともいうべき銀行預金を積み上げることに執念を燃やしてきた。

そんな商売人の魂であり、信用を積み上げるための「一枚一枚」の記録が刻まれた銀行通帳を今、自分に丸ごと託すという。

等の定期預金は最終的に6億円になるのだが、今となっては父がそのための一円ずつをどんな思いで積み上げていったのかがよく理解できる。お気楽学生の頃には「あんな仕事なんかやりたくないし、やる価値もない」と思っていた土建屋の仕事が成功したのも、今思えば父なりに商売人としての信用を積み重ねた結果だ。思春期には「オヤジの趣味は貯金かよ」と毒づき、嫌悪感に近い感情を抱いたこともある。

その集大成を、まだ25歳の自分にポンと預けてしまった。特になんの説明もなく、である。正には父の真意がうかがい知れない。息子が黙っていると、父はこんなことを付け加えた。柳井は今でもその言葉が、鮮明に耳に残っているという。

「ええか。失敗するんやったら俺が生きているうちにせえよ」

これからはお前が思うように経営しろ。万が一、それで失敗したら俺がケツを拭いてやる――。それは、どこまでも親分肌の父らしい表現での禅譲だった。

通帳と印鑑を手渡された時には正直なところ、父が心血を注いで育ててきた家業を託されたという実感がなかった。だが、時間がたつにつれて言葉数が少ない父の思いが伝わってきた。すると、ひりひりとした感覚が背筋を走る。

「潰せない」

後にこの禅譲劇について柳井に問うと「あれは『(商売人としての)命をお前に預ける』

ということでした。それまでも覚悟はしていたけど、あの時にこれは逃げられない、失敗できないなと気づいたんです」と答えた。

父の真意を悟ると、これまでに感じたことのない重圧が25歳の若者の両肩にずしりとのしかかってきた。

暗黒の10年間

父から銀行通帳と印鑑を手渡された柳井正。今になって思えばこの静かな禅譲劇が、お気楽学生が一個の確たる意志を持つ経営者になっていく、まさに変曲点だった。ただ、経営者として銀天街にふたつの小さな店を持つだけの小郡商事をどう導けばいいのか。その答えがこの時点で柳井に見通せていたわけではなかった。

ここから新米経営者・柳井正の暗中模索の日々が始まった。それは柳井自身が「金の鉱脈」と呼んだユニクロの「発見」にいたるまで、10年ほどの暗く長いトンネルの中でもがき続ける日々の始まりでもあった。

「いつまでも銀天街で街の紳士服屋を続けているようでは、お先真っ暗だ。でも、じゃあ、どうすればいいいんだ……」

そんな自問自答がこの後、実に10年間も続くことになった。暗いトンネルの出口に至るまでのストーリーはこの後に書く。

唐突かもしれないが、あえてここで問いたい。柳井正という人の凄みはどこにあるのか。経営者としての軌跡を追うのなら、それはユニクロというビジネスモデルを発見し、さらにそれを後に「ＬｉｆｅＷｅａｒ（ライフウエア）」と呼ぶひとつの産業といえるだけの高みにまで持っていくため、アジアにヒントを求めて大規模な国際分業を実行に移し、さらには情報産業との融合を目指していったダイナミズムで語ることができるだろう。もちろん、それは一人のアントレプレナーとして大きな足跡であり、本書でも詳細に再現する。

だが、そういった後に誰もが知ることになる成功へと至る物語の以前に存在したこの長い時間にこそ、経営者としてのこの人の本質を垣間見ることができるのではないかと思う。要するに、まったく結果を出せなかったこの「暗黒の10年間」に、柳井正という人の凄みが凝縮されていると、私は思うのだ。

解なき問いと向き合い続けた10年。

こんな風に言い切ってしまうのが、我ながら陳腐な表現だと思える。この10年間は後のユニクロの物語と比べると実に静かに過ぎていく。

この間、柳井が率いて浦が支える小郡商事は少しずつ地元で店舗数を広げていった。会社としての当時の過程に関しては正直に言って、あまり書くべきことはない。だが、この間に柳井が向き合った「解なき問い」こそが、その後のユニクロの爆発的な成長をもたらす原動力となったことは間違いない。そこに焦点を当てていきたい。

このままでは潰れる

紳士服のオゴオリとVANショップのメンズショップOS。銀天街にある2つの店を切り盛りする中で見えてきたのが、当時のこの業界が抱える構造的な課題だった。これは先述したノートに書いて日々の商売を「見える化」することから把握していったことだ。

まず祖業である紳士服は、一着が5万円から10万円はする。単価が高いのは良いが一方で、なんと言っても回転率が悪い。はやり廃りはそれほど大きいものではなく定番の商品の売れ行きは計算しやすいものの商品単位での回転率を考えれば、良くて年に3回ほどになる。平均すれば同じお客が買ってくれるのは年に2回が良いところだろうか。

しかもスーツを売るには丁寧な接客が不可欠となる。並べておけばお客が手に取って勝手に買っていってくれるというものではない。スタッフには単にお客に服を勧めるだけでなく採寸や裾の直し、ネーム入れなどを求められることも多い。極めて労働集約的なのだ。

一方のカジュアルウエアは、基本的に黙っていても売れる。陳列棚からお客が気に入った服を選んでくれるからだ。ただし、こちらにも短所があった。メンズショップOSで主に扱っていたVANはこの当時、販売価格の65%が卸に入るように決められていた。しかも全額をキャッシュで支払う必要がある。小郡商事に残る利益は極めて少ない。

実際、浦と二人で再出発してからしばらくして小郡商事の経営は軌道に乗り始めたとはいえ、利益面では綱渡りのような状態が続くことになった。

毎シーズンのように期末になるとセールをするのだが、そこでそれまでに蓄えてきた利益が飛んでしまうということも度々だった。それでもセールで売らないと資金繰りが途絶えてしまう。柳井は「毎年、おかしいなと思いながらやっていました」と振り返る。

日々食いつなぐだけならなんとかなるかもしれないが、その先の展望は見えてこない。いや、いつまでも「なんとかなる」が続く保証なんてどこにもなかった。

ちょうどこの頃、石炭の街として栄えてきた地元・宇部の経済は転換期を迎えていた。すでに炭鉱を運営する宇部鉱業所は閉鎖され、1970年代の2度の石油危機を経て石油へのエネルギーシフトは不可逆にして揺るぎないものとなっていった。

その余波が、かつてあれだけ栄えた銀天街にもじわりと押し寄せてきていた。日々店頭に立っていると、人の波をかいくぐるようにして歩いた昔日のにぎわいが目に見えてしぼんでいくのを実感せざるを得ない。宇部の商店街で産声をあげた牧歌的な家族経営が通用しなくなる日がじわじわと、そして確実に近づいている。そんな恐怖心が決して思い過ごしではないことを嫌でも思い知らされるのだ。

「こんな商売をしよったら先はないよなぁ……」

柳井は浦にこんなことをつぶやくようになっていた。店の敷地がもともと家族の持ち物だったからなんとかやりくりできたが、そうでなければとっくにたち行かなくなっていたことだろう。

柳井はこの頃、店が潰れる夢を繰り返し見たという。うなされるようにして眠りから覚めると、まどろみ混じりの中で「まだ潰れていないか……」と確認してホッとひと息つく。そんな朝を何度も経験した。

柳井の右腕となって店を切り盛りしていた浦は、当時の小郡商事の経営についてこう証言する。

「社長は自分の家も銀行の担保に入っていたし、そういう夢を見るのも仕方がなかったのだと思います。もし自分だったら気がおかしくなっていたんじゃないかな、と」

生き残るために、できることはなんでもやった。浦がこう続ける。

「閉店セールも何度もやりましたよ。閉店だとチラシを打って、大阪の業者に頼んで店を少しだけいじるんですよ。でも、お客さんからすれば『またかいな』ですよね。それでもやらないよりはやった方がまし。少しは売れますから」

柳井はユニクロを経営するようになってからも「チラシはお客様へのラブレター」と言って、チラシの出来栄えにはとことんこだわってきた。この当時もチラシには並々ならぬ情熱を注いだというが、経費を節約するためにチラシの写真のモデルには浦や他の社員を起用することも多かった。

小郡商事のふたつの店には何が足りないのか。どこかに縮小均衡を打ち破るヒントはないものか。柳井の模索が続いた。黙考するだけではなく、出口につながる何かを求めるように飛び回った。

柳井はバイヤーの仕事も兼ねていたため関西まで買い付けに行くと、問屋たちにこれから売れ筋になるかもしれない服のことをしつこく聞いて回った。大型の展示会にはなるべく足を運ぶようにした。同業のベテランバイヤーたちから情報を仕入れるためだ。

期末セールの時期になるとメーカーなどから宇部にも派遣されてくるのがルートセールスの営業マンたちだった。店頭に立って即席の販売員として手伝ってくれるのだが、彼らが来ると決まって自宅に誘って食事の後にはマージャンの卓を囲んだ。

今、他の地域では何が売れているのか、何が売れなくなっているのか。銀天街のふたつの店には何が足りないのか――。応援販売員として店頭に立っている時には彼らが明かさない本音を聞き出そうとしたのだ。

言うまでもなく宇部の商店街はアパレル業界の中心地とは遠く離れている。東京にいれば当たり前のように入ってくるような情報も皆無だった。今の言葉で言えば情報弱者だ。周囲を見渡しても手掛かりのようなものは皆目見当たらない。それどころか生まれ育った銀天街の商売仲間たちの姿に違和感を覚えるようになっていた。

「毎年、同じことの繰り返し。洋服屋は洋服が好きだからやっている。そういうのはビジネスというのとは何か違うんじゃないかなと思っていました」

そんな圧倒的な弱点を柳井は痛感していたからこそ、自分の足で補おうとした。足を動かすだけではなく、世界の叡智《えいち》と会話することができる本にもそのヒントを求めた。

皮肉なことに、この弱点を補おうとする情熱こそが、ユニクロ誕生の原点となったのだ。逆説的ながらユニクロが日本にはなかったアパレルの形を創りあげることができたのは、創業者である柳井がアパレルの本場から遠く離れた場所にいたことも要因と言えるだろう。もし柳井家の小郡商事が東京の繁華街にあったらユニクロは生まれなかったのではないかとさえ思える。

暗中模索の日々の中で、柳井は経営者としての決意を一枚の紙に書き記した。黄色い便箋に手書きで「今後10年間の経営方針!!」と題されている。

冒頭に記されているのが「家業から企業への転換」だ。次が「科学的経営の確立」。これらは言葉を換えれば「銀天街での家族経営の小郡商事からの脱却」ということになるだろう。その下には、具体的な施策が列記されている。原文をそのまま引用する。

「紳士服のトータル専門店としてのチェーン展開をはかる（三年以内に人口10万以上の都市に出店を目指す）」

「年率20%アップの売上、荒利益、純利益の確保をはたす」

この一枚の便箋が柳井にとっての初めての経営計画となった。この時点では「これを一生やって30店舗で年商30億円くらいにできればいいなと思っていた」と言う。そんな柳井の目線を大きく持ち上げてくれたのが、ヒントを求めて尋ね歩いた問屋でもルートセールスでもなく、本を通じての偉人たちとの対話という静かな時間だった。

憧れだった松下幸之助

柳井の読書好きは当時も今も変わらない。自宅に戻り食事を終えると、書物を通じて世界の叡智と向き合う時間を大切にする。

いくつもの本を手に取ってきたが、その中でも特に強く影響を受けた人物が何人かいる。日本の経営者の中では、松下幸之助と本田宗一郎には強く感化されたという。

ここでまた少し余談になる。

柳井は松下幸之助のことを「経営者としてのモデルというより僕のアイドルだった」と言うほど心酔している。子どもの頃に小郡商事の住み込みの従業員が毎晩、幸之助の著作を読んでいるのを見て「幸之助さんというのは偉い人なんだなぁ」と思っていたというが、店の経営を託されてその著作を実際に読むことになり、幸之助の経営哲学に傾倒するようになった。

幸之助翁と言えば「水道哲学」が有名だろうか。

「産業人の使命は貧乏の克服である。そのためには、物資の生産に次ぐ生産をもって富を増大させなければならない。水道の水は加工され価《あたい》あるものであるが、通行人がこれを飲んでもとがめられない。それは量が多く、価格があまりにも安いからである」

「産業人の使命も、水道の水のごとく物資を豊富にかつ廉価に生産提供することである。それによってこの世から貧乏を克服し、人々に幸福をもたらし、楽土を建設することができる。わが社の真の使命もまたそこにある」

その言葉を、柳井はこう解釈する。

「やはり幸之助さんの言葉には社会観がある。決してきれいごとじゃない。彼は本心でそう言っているんだろうなと思うんです」

そして自らの境遇を重ねた。松下幸之助はわずか9歳で火鉢店にでっち奉公に出されてから己の才覚ひとつを頼りに道を切り開いていった。

「逆説的な言い方ですが、幸之助さんが恵まれていたのは、恵まれていなかったこと、つまり何もなかったことなんじゃないかと思うんです。何もなければ全部自分でできるでしょ。恵まれていないからこそ創意工夫でなんとでもできるから」

それは戦後すぐに会社を興した本田宗一郎も同じである。こちらもやはりでっち奉公から這い上がり、苦心の末に創り上げたピストンリングというエンジン部品の会社をおこした。それを、とことん気があわなかったというトヨタ自動車に売り払い、終戦の焼け野原の中で「人間休業」と称して無為な日々を送りながら温めたのが、自転車を改良した二輪車の会社だった。

正真正銘の「無」から始めた、偉大な先人たちから何を学ぶべきか――。自分にも同じことができないはずがない。できないと、誰が言えるだろうか。ファッションという世界から見れば辺境の中の辺境と言える宇部の商店街からでは、何かを創り上げることができないなどと、誰が言えるだろうか。

コンプレックスとも反骨心とも言える感情の中で、柳井の中に芽生えたのが、偉大な先人たちの足跡をただの成功物語という史実として学ぶのに終わらせるのではなく、自らの形で再現できるのではないかという希望だった。

「こいつアホじゃないか」

柳井にとって憧れの存在だったという幸之助翁の話を続けよう。

時代はぐっと下って2018年。パナソニック創業100年を記念したフォーラムの講演に呼ばれた柳井は、パナソニックの社員たちを前に語りかけた。

いつものように訥々《とつとつ》とした口調が、次第に熱を帯びていく。敬愛する幸之助翁の志を「私の経営者としての原点であり、常に私にとって経営の指針だった」と言い、「幸之助さんの教えがなければ現在のファーストリテイリング、あるいはユニクロの成長はなかったんじゃないかと思います」と切り出した。

そして、こんなことを語りかけた。

「私を含む多くの日本人がパナソニックというブランドに心からの尊敬と誇りを感じています。パナソニックは日本を代表する企業です。世界に通じる技術とブランド力を持っています。かつて戦争で負けて廃虚になった日本が技術力と勤勉さを武器に世界の経済大国として復活した。その奇跡の主人公であります。そんなパナソニックだからこそ、ぜひ世界を驚かせる、これこそ日本だ、さすがパナソニックはやったなというものを描いてもらいたい」

こんな言葉でかつての憧れの人物が築いた会社の後進たちに語りかけた柳井は、「私からの期待」と言って実に壮大な構想をぶつけた。

10年後に世界一の自動車メーカーになる。そのために30万円ほどの「LifeCar」を創り、世界で10億台売る。世界の自動車年間販売台数はおよそ1億台だ。そこに10億台。ぶっ飛んだ発想に思えるが、柳井は「簡単ですよね。世界中の生産能力を持ってすれば簡単です」と、こともなげに話す。

さらに世界のどんな人でも買える最新の住宅を「LifeHome」として300万円ほどで10億軒売る。イメージとして語ったのがスマホで注文すれば大型のドローンで資材が運ばれ、一日で組み立てられる。それも屋根にはソーラーパネルが付き、各部屋には最新の家電が装備されたような住宅だ。

重要なのは、それらが現実の延長線上では描けないということだ。ただし、柳井は「人間が想像できることは人間が実現できる」とも言う。決して精神論の類いではなく、それはとりもなおさず柳井がユニクロを築く中で意識し続けてきたことであり、今に至るまで挑み続けていることだ。

ユニクロの足跡は現実の延長線を超える足し算を描き実行に移す、そんなことをひとつずつ積み上げてきた物語だった。そして今では「アジア発で洋服の常識を覆す」という壮大なビジョンを掲げる。ちなみに「現実の延長線上に目標を置いてはならない」ということはハロルド・ジェニーンという人物の著書から柳井が学び取り、実行に移したことだ。そのことは第3章以降で触れる。

この講演で柳井はそれを、こんな風に表現していた。

「こいつアホじゃないかと思われるような非常識な目標。これがイノベーションのもとになると思います」

それこそが宇部の紳士服店で暗黒の10年間を過ごした末に柳井が見つけたユニクロという「解」で実現しようとし続けてきたことだ。居並ぶパナソニックの社員たちに、柳井はこう続けた。

「世の中には待っている人がほとんどなんですよ。世界は変わるだろうと。でもその時にはもう手遅れです。（問われるのは）自らが変われるか。よく経営者とか中堅幹部にいるんですよね、人に変わるよう命令する。でも、自分が変わらなければ、人が変わらない原因を作ります」

時代の変化を傍観するのではなく、今手の中にあるもののはるか先にあるもの、周囲からは「アホじゃないか」と思われるくらいのことを考え、行動に移せ――。

この時、柳井がパナソニックの社員たちに語りかけたことは現在も自分自身に課していることではあるが、初めてそんな課題に向き合ったのがまだ20代の頃の宇部の自室だった。書物を通じて松下幸之助と対話しながら、柳井は考え抜いた。

ファッション業界の常識をどうやったら変えられるのだろうか。宇部の銀天街というこの業界の僻地から、いったいそれをどう形にしていけばいいのだろうか――。

若き柳井正が自らに問い続けたことを、40年以上たってから大企業のエリート社員たちに語りかけたのだ。

ちょっと余談が長くなりすぎたかもしれないが、実は余談などではなく、ここで触れたことはこの人の経営者としての根幹を成す部分だと、私は考える。

松下幸之助や本田宗一郎と並び、柳井が尊敬する海外の経営者の中で真っ先に名前が挙がるのが米マクドナルド創業者のレイ・クロックだろう。そして、この時からしばらく時代が下り、ユニクロ第1号店をオープンさせた後に宇部の書店で手に取ったのが米ＩＴＴ（インターナショナル・テレフォン・アンド・テレグラフ）のＣＥＯだったハロルド・ジェニーンが書いた『プロフェッショナルマネジャー』という本だった。

他には「経営の神様」と言われるピーター・ドラッカーの著作から極めて強い影響を受けた。ドラッカーの著書はすべて手に取ったという。代表作である『マネジメント』や『現代の経営』、『イノベーションと企業家精神』、『プロフェッショナルの条件』などはその後もユニクロの経営が節目を迎える度に何度も読み返してきた。

実はドラッカーの著作は早大の学生時代にも読んだことがあったのだが、父から通帳と印鑑を渡された後に改めて読み直したのだという。まだユニクロ前夜の小郡商事を経営していたこの時点では、それほど感じ入ることはなかった。ドラッカーの言葉のひとつひとつが染み入るように響き始めたのは、１９８４年に広島の繁華街の裏道でユニクロをオープンさせ「金の鉱脈」を見つけた後のことだった。

数々の偉大な先人たちと書物を通じて対話してきたという柳井だが、ここではマクドナルド創業者のレイ・クロックについて触れることにしたい。そこに、紳士服とＶＡＮの小郡商事からユニクロへと至るヒントが隠されていたからだ。

レイ・クロック

20世紀に入り英国やドイツ、フランスといった欧州の列強に代わってアメリカが世界の頂点に君臨するスーパーパワーとして台頭していた。この頃、かの国では資本主義の申し子たちがまばゆいばかりの成功をつかみ取っていった。アメリカン・ドリームを手にした者たちの中でも、クロックは実に異質な存在と言えるだろう。

チェコ系ユダヤ人の子としてシカゴの近郊に生まれたクロックだが、成功者としてその名が知られるようになったのは初老を迎えた頃だった。52歳でマクドナルドに出会うまでの半生は波乱に満ちたものだった。

高校生の頃にアメリカが第一次世界大戦に参戦すると、クロックは戦地に馳せ参じようと、年齢を詐称して赤十字病院の救急車ドライバーとなった。衛生隊に所属することになったのだが、同じ隊に居合わせたのがまだ無名だった若き日のウォルト・ディズニーだった。

衛生隊で訓練を積んだクロックだが、フランス行きの船に乗り込む直前に休戦協定が結ばれ、やむなくシカゴに戻ることになる。両親の説得にあってしぶしぶ高校に戻ったが長続きせずに退学し、装飾リボンのセールスとピアノ演奏で食いつなぐ生活を始めた。その後は職を転々とする。バンドマン、シカゴの証券取引所のボードマーカー、紙コップのセールスマン、不動産業者、そしてミルクセーキミキサーの営業マン……。

ミキサーの仕事をしていた52歳のある時に立ち寄ったのがロサンゼルス郊外の砂漠にさしかかる辺りに位置するサンバーナーディーノにあるハンバーガーショップだった。多くのお客たちから、この店を経営するマクドナルド兄弟が使っているのと同じマルチミキサーを売ってほしいという話を聞いたのがきっかけだった。

そこでクロックが見たのは、8台のミキサーがフル回転する大繁盛店の様子だった。クロックが感銘を受けたのはミキサーそのものの性能ではなく、午前11時の開店から8台ものミキサーが絶え間なく動くほどにシステム化された店内の働き方だった。クロックは代表作『成功はゴミ箱の中に』で、その様子をありありと回想している。

八角形の店の裏にある倉庫から材料を運んでくると仕込みが始まる。ポテトの袋、牛肉の箱、牛乳とソフトドリンク類、パンのケースが台車に載せて次々と運ばれてくる。その様子を眺めていたクロックは、「何かが起こりそうな気配がはっきりと感じられた」という。店員が働く姿はまるで「アリの隊列のように見えた」。一切の無駄がなくテキパキと働く様を見て、マクドナルド兄弟がこの店で創り上げたシステムが何か新しいものであることに気づいたのだ。

その日の夕食の席で兄弟は、クロックに繁盛の秘密を明かした。最も重要なのはメニューを最小限に絞って、スタッフの作業効率をギリギリまで高めるというアイデアだった。

例えば、ハンバーガーはたったの2種類だけ。普通のハンバーガーと、それにチーズを挟んだだけのチーズバーガーだから、実質的には1種類だ。ドリンク類も同様だ。これをマニュアル化された手順で作っていく。なるべくセルフサービス方式も採り入れているのは、スタッフの動きを最小化するためだ。兄弟はさらに効率経営を徹底するためにドライブイン形式の新店舗を考えており、クロックにその設計図を見せたという。

マクドナルド兄弟の言葉に耳を傾けるクロックは、確信した。

「これは、私がいままでに見た中で最高の商売だ！」

マルチミキサーを売り込もうと思ってやって来たクロックは、考えを一転させる。この兄弟が創り上げたハンバーガーショップそのものを売り込もうと決めたのだ。


こうしてマクドナルド兄弟からハンバーガーショップのフランチャイズ権を買い入れたクロックは、このロスの街外れで見た店を、世界中に知られることになる巨大チェーン店へと押し上げていった。そんなクロックは前掲書の冒頭で、こんなことを述べている。

「人は誰でも、幸福になる資格があり、幸福をつかむかどうかは自分次第、これが私の信条だ。シンプルな哲学である」

まさにアメリカン・ドリームそのものである。

「Be daring, Be first, Be different」

こんなストーリーを宇部の自室で読みふけった柳井は、自らもクロックが言う「幸福になる資格」をつかみ取れないものかと思案を重ね始めた。クロックの言葉が胸に響く。

「Be daring, Be first, Be different（勇敢に、誰よりも先に、人と違ったことを）」

柳井はこの言葉を手帳に書き写し、その後に何度も読み返したという。ただ、柳井が異国のアントレプレナーから書物を通じて学び取ったのは精神論だけではなかった。

「なるほど、小売りはシステムか……」

クロックが創り上げたのは単なる飲食店ではなかった。ロス郊外の砂漠のほとりに立つ小さなハンバーガーショップをもとに、ファストフードという新しい産業を築き上げていった事績にこそ、クロックの経営者としての神髄が凝縮されている。クロックはもともと働き方が効率化されていたマクドナルド兄弟の店を多店舗展開する中で、チェーンとして多くの店の運営をシステム化していき、ファストフードチェーンというまったく新しい業態を創り上げてしまったのだ。

「ならば、自分には何ができる」

柳井はこう考えた。ただ単に偉人伝を読むのではない。柳井流の読書法は、「もし自分だったらどうするか」と考え、筆者と対話する点にその妙がある。柳井の自問自答が始まる。

ファストフードのような、紳士服のファストチェーンというのは、どうか。いや、それなら紳士服より可能性があるのは、ＶＡＮのようなカジュアル服ではないだろうか——。

この頃の柳井にとってもうひとつの気づきを与えたのが、業界団体の存在だった。父の柳井等やその番頭である千田秀穂が小郡商事の店を切り盛りした時代に加盟していたのが日本洋服トップチェーンという紳士服店が集まるボランタリーチェーンだった。当時の小郡商事はこの団体を通じて紳士服を仕入れていた。

この日本洋服トップチェーンから羽ばたいていった店は数多い。広島県福山市の青山商事は日本初の郊外型紳士服店をオープンさせ、長野市のアオキは早くからコンピューターシステムを導入して長野県内に紳士服の超大型店を開いた。福島県いわき市から生まれたゼビオは紳士服からスポーツ用品店へと変貌を遂げていく。岡山のはるやま商事は関西一円にチェーン展開を仕掛けていった。

全国のライバルたちが街の紳士服店から業容を広げていく様を目の当たりにした柳井は、じっと考え込んだ。数々のライバルと小郡商事との彼我の差を考えた時に、ひとつの結論に達した。それは極めてシンプルなことだ。

「同じことをしていてはダメだ」

レイ・クロックが言う「Be different」である。それなら、自分には何ができるか――。

そう考えた時に見えてきたのが、父の代から扱っていたＶＡＮのようなカジュアルファッションの可能性だった。

誰もが気軽に手に取れるようなカジュアル衣料の店を作れないか。それも小郡商事が扱うＶＡＮやマクレガー、ラコステ、Ｊプレスのような有名ブランドが集まるカジュアル衣料の倉庫のような店がつくれないものか。

こんなことを考えるようになった柳井にとって決定的なヒントとなったのが、アメリカで見た景色だった。

ユニクロのヒント

この当時の柳井は「紳士服の小郡商事」から脱皮するためのヒントを求めて海外への視察旅行を繰り返していた。自分たちで行くこともあれば、日本洋服トップチェーンの加盟社による視察旅行で海外の店を回ることもあった。書物だけでなく海の向こうの世界にも成功のヒントを求めていったのだ。

１９８０年代前半のある時にそんな視察旅行の道すがら、柳井が立ち寄ったのがアメリカ西海岸カリフォルニアの大学キャンパスだった。柳井に聞くとそれがＵＣバークリーだったのかＵＣＬＡだったのかは定かではないという。どちらにせよ似たような店だったことだろう。

柳井が訪れたのはキャンパスの中にある、大学ショップだった。日本で言えば大学生協の店だ。雑貨や文具、食料品、衣類と学生が暮らしていくのに必要なものがひと通りそろっている。大学内で運営するため、なるべく人の手はかけられない。接客のスタッフなどはおらず、学生たちは思い思いに必要なものを手に取ってレジに並んでいく。

今となってはなんということもない、当たり前と言えば当たり前の光景である。だが、この光景が柳井にとっては新鮮に見えた。当時の日本のアパレルといえば、ＤＣブランドが全盛期を迎えようとしていた頃だ。店に入ると、最先端のファッションに精通しているといった風情の気取った店員が何かと話しかけてくる。

もともとそれほどファッションには関心がなかったという柳井には、違和感があった。率直に言えば、そんな店員たちがうっとうしく思えたのだ。あれこれと話しかけられると、なんとなく気後れすることもある。重要なのは、そう思うのは自分だけではないだろうということだ。

翻って、大学のショップはどうか。誰が話しかけてくるでもなく、学生たちは好きなものを手に取っていく。

この時に柳井の脳裏によみがえったのが、生まれ育った銀天街だった。狭い通りを挟んで小郡商事のはす向かいにあったのが鳳鳴館という小さな書店だった。

子どもの頃に立ち読みしていると店主がハタキを手にパタパタとホコリを落としている。たまに売れ残りの少年誌の付録をもらえるのが、幼い頃の柳井の密かな楽しみだった。その後も書店には足しげく通うことになるが、よく考えれば店舗の大小にかかわらず、書店という場所ではお客がじっくりと本を吟味し、思い思いに欲しい本を手に取っていく。押しつけがましく話しかけてくる店員は皆無だ。

目の前の大学ショップと同じである。

大好きなレコードを売る店も同じようなものだ。接客なんてものはなく、店員はお客が求める商品を補充するだけ。それは手抜きのように見えてそうではなく、誰もが買いやすい空気感を演出していたのではないか。

できれば鳳鳴館のような商店街の小さな店ではなく、かつて照代とのデートの待ち合わせ場所にしていた大阪・梅田の紀伊國屋のように、そこに行けば確実に欲しい本が手に入るような品ぞろえの充実したまるで倉庫のような店。そんな店をカジュアル衣料でつくれないか――。

こんな考えを巡らせるうちに柳井が行き着いたのが「いつでも誰でも好きな服を選べる巨大な倉庫」というコンセプトだった。

悶々とした日々の中で、柳井はその後の成功へといたるアイデアを手にすることになる。そうとなれば取るべき行動は決まっている。手帳の中に、その言葉はあった。

「Be daring, Be first」

勇敢に、誰よりも速く——。

人生の転機というものは思うだけではモノにできない。行動に移してこそチャンスは自分の手の中に転がり込んでくる。いや、転がり込んでくるのではなく、そこに手を伸ばし、自分の力でつかみ取るのだ。

勇敢に、誰よりも速く、人と違ったことを——。

こうして手帳に書き写したレイ・クロックの言葉を、柳井正は実践していくのだった。ヒントを探し続けた20代から30代前半の暗黒の10年、解なき問いと向き合い続けた10年とついに決別する時を迎えた。

柳井が「金の鉱脈」と呼んだユニクロの発明。広島の裏通りでオープンした「ユニーク・クロージング・ウエアハウス」は開店初日から大ブレークを記録する。

それはしかし、柳井正とユニクロが歩んだ物語の、ほんの序章に過ぎなかった。

第3章

鉱脈

裏通りで生まれたユニクロ

カジュアルウエアの倉庫

「そんな商売もあるんかいな」

柳井正から初めて「ユニーク・クロージング・ウエアハウス」という新しい店のコンセプトを聞かされた時、番頭役の浦利治は半信半疑だったという。実際、柳井が熱っぽく語る新店舗のイメージは当時としては斬新そのものだった。

柳井が例に挙げたのが「アメリカで見た大学生協のような店」だった。そこでは書店やレコード店のように商品が置かれているだけ。店員は話しかけてくるわけでもなく、もっぱら陳列棚の整理やレジ打ちに専念している。お客はカゴを片手に欲しい商品を自分で探して買い求めていく。

今では当たり前の光景だが、中学を出てからでっち奉公さながらに紳士服店で育ってきた浦の感覚では、服の店と言えばきめ細やかな接客が常識だった。「ずっと『何をお探しでしょうか』という会話から始まる店でやってきましたからね」。せっかく来店してくれたお客をほったらかしにするなんて言語道断。それで売れるなら苦労はしない。それが正直なところだった。

オープンに向けて店の工事が始まると、さらに疑問が深まった。

服を並べる棚は、ピカピカの銀色に光るステンレス製のエレクターというものだった。骨組みだけの陳列棚はまるで大衆食堂の食器棚のようで、いかにも安っぽい。それを自分たちで組み立てていく。そこに岐阜や海外から買い付けてきたジーンズやシャツといったカジュアルウエアをとにかくぎっしりと並べていく。

なるほど、言われてみれば隙間なく本やレコードが並ぶ店のようだ。天井はコンクリートをむき出しにしてなるべく高く開放的なつくりにしている。通路も広く設計しているため、書店というよりは倉庫に近いようにも思える。

倉庫のようなしつらえの店にしたのは、接客なしでもお客が服を手に取りやすい雰囲気にするためだが、実は柳井にはもうひとつの狙いがあった。「最初から改装しなくてもよい店作りにする」ということだ。

メンズショップ小郡商事ではこれまでに何度も閉店セールをうたってきた。同じように何度も使ったのが「新装開店」だった。店のつくりを少しいじってはお客を呼び込む口実にしていたのだが、やはりその度にカネがかかる。そこで柳井は改装しなくて良いような店づくりはないものかと思案してきた。

答えは簡単だった。「店内が古くなるから改装しないといけない。それなら最初から古くすればいい」。これも柳井のアイデアだった。

どこか懐かしいアメリカの映画や写真集の切り抜きを額縁に入れて飾る。ジュークボックスを店に置くこともあった。そもそもレトロな雰囲気にしておけば、お客から「古くなったな」と思われることもない。初期のユニクロでは柳井が愛する「古き良きアメリカ」の要素を店のデザインに取り入れていったのだが、そこにはデザイン性もさることながら、改装にかかるカネを少しでも浮かせたいという切実な理由もあった。

こうしてできあがったユニーク・クロージング・ウエアハウス。店があったのは広島の繁華街である袋町だ。ただし、地元では「うらぶくろ」と呼ばれる通りで、アーケードのある大きな商店街からは少し離れた場所にある。今でも多くの人が行き交うアーケードの本通りに出店するだけの力は、当時の小郡商事にはなかった。

それでも柳井にとっては乾坤一擲《けんこんいってき》の大勝負である。オープンの数週間前から多くの社員を宇部から広島に派遣して近くの学校などでビラを配らせた。人海戦術で新しいコンセプトの店を告知したのだ。

柳井はチラシを「お客様へのラブレター」と呼んでいるが、この時のチラシにも新しいコンセプトへの思いを綴《つづ》っている。

「本屋みたいな、レコードショップみたいな、在庫ドッサリ、服屋さん。どうしてなかったんだろうね」

３万もの在庫をうたい、そのほとんどが１０００円か１９００円。高いものでも２９００円までという激安の価格帯だ。豊富な品ぞろえもさることながら、やはり安さがこの新店舗の「売り」だった。

地元限定ながら「笑っていいとも」の時間帯でテレビCMも流した。この時に起用したのが広島県の出身で、当時テレビ番組の「ベストヒットUSA」で人気を博していたDJの小林克也だった。

王道の広告戦略に加えて奇策といえるのが、柳井が考案した早朝6時の開店だった。アパレルショップが朝6時にオープンするなど、前代未聞だろう。そんな早朝に誰が服を買い求めにくるのか。これには古参幹部も耳を疑ったという。

1984年、ユニクロ1号店の朝

「ユニークな店でそれはそれで面白い案だなと思いましたけど、本当にお客さんが来るのか、半信半疑でした。正直、まず無理だろうなと思いましたね」

こう振り返るのが、ユニクロ1号店の店長に指名された森田生夫《いくお》だ。1970年代に小郡商事に入社し、紳士服の売り場で番頭格となっていた浦たちの背中を見て接客のイロハを学んできた。すでに多くの固定客を抱えていた浦が、なぜそんなにスッとお客たちの懐に入れるのかが不思議になり、どんなタイミングでどんなことを話しかけているのか、その接客術を横目で見ながら盗もうとしたものだった。それだけに接客不要の倉庫のような服売り場には内心で疑いの目を向けていたという。

いくら安いからといって、そんなに簡単に服が売れるものだろうか——。街中でビラを配っても、通りを行く人たちには、いまいち響いていないように思えた。

内心では疑問に思いながらも、小郡商事にとっては社運を懸けた大勝負である。現場を束ねる店長としてのプレッシャーが、いやが上にものしかかる。

1984年6月2日土曜日——。梅雨入り前のよく晴れた日の朝だった。やはり、というべきかオープンまで30分ほどになっても店の前にはまったく人影はない。早朝ということで行列ができればお客に牛乳とあんパンを配ろうと準備していたが、どうやら不要だったようだ。

「やっぱりダメか……」

前夜から開店作業に追われていた森田が落胆とも予感的中ともいえる複雑な心境で早朝の通りを眺めていると、古株のひとりでこの日は山口から応援に駆けつけていた岩村清美がため息交じりで話しかけてきた。

「さすがに6時には来んよなぁ」

すがすがしい早朝の空が、この日ばかりは妙にうらめしい。

だが、オープンが近づいた頃に異変が起きた。どこからともなくみるみると、裏通りに人があふれてきたのだ。急いで用意した牛乳とあんパンを配ることになって、ふたりはようやく気づいた。

「これは大変なことになるかもしれない」

そして、朝6時――。

大きなガラス扉を開けてお客を迎え入れると、そこからは一方通行の人の流れが絶え間なく続いた。売り場に客が殺到して陳列棚から奪い合うようにして服を手に取っていく。あっという間に商品がなくなり、店員たちが補充に走る。「正直なところ、そこから先のことはよく覚えていないんです」。森田はこう振り返る。

怒濤《どとう》の一日はこうして幕を開けた。

しばらくするとレジに行列ができた。買い物を済ませた客は、ついさっき入ってきたガラス扉から帰ろうにも人の波が押し寄せてくるため出ることができない。森田は急きょ、お客の列を2階に誘導して倉庫代わりに使っていた部屋の裏口から出てもらうことにした。

「おい、誰かロープを買ってきてくれ！」

誰かがスタッフに指示を飛ばしている。入り口前の道路では店員がロープを使っての交通整理に追われたが、もはや収拾がつかない。オープンしたばかりの店は、小郡商事の誰もが経験したことのない制御不能の事態に陥っていた。

その様子を見ていた柳井は苦渋の選択を迫られた。せっかくのオープン日にもかかわらず、入場制限しないと店がパンクすると判断したのだ。ちょうど地元のラジオ局が来ていた。1階から2階へと続く階段の踊り場で取材を受けると、リスナーにこう訴えかけた。

「今から来て並んでいただいても店に入れないかもしれません。だから……、大変申し訳ありませんが、もうお店に来ないでください！」

それがむしろリスナーの関心を引いて火に油を注ぐ形になったのかどうかは分からないが、柳井の必死の訴えも全く効果はなく、人の波は途切れるどころかますます膨らんでいった。

「金の鉱脈をつかんだ！」

「広島の新しい店が大変なことになっていて人が足りないらしい。誰かすぐにヘルプに行ってくれ」

山口のメンズショップOS小野田店にこんな連絡が入ったのは昼前のことだった。「じゃ、僕が行きますよ」。そう言って広島行きの電車に飛び乗ったのが下之園秀志《しものそのひでし》だった。

何事が起きたのだといぶかりながら広島・うらぶくろに着くと、想像した以上の光景が目の前に広がっていた。入場を制限しているにもかかわらず、開きっぱなしになっていた正面のガラス扉からは、もはや人が入れない。仕方なくトイレの裏口にあるドアからもお客を入れていた。2階の倉庫代わりの部屋からお客を出すために、2階にも急ごしらえのレジを作っていた。森田らオープニングスタッフは対応に忙殺され、下之園が話しかける余裕すらない。

うらぶくろの熱狂の中で小さな一歩を踏み出したユニクロの物語。普段は社員の前でもつとめて淡々とした口調で話す柳井も、この時ばかりは興奮を隠しきれなかった。少したったある日の朝令で、社員たちにこう語りかけた。

「金鉱をつかんだんだ。みんな、僕たちは金の鉱脈をつかんだんだぞ！」

こうしてユニクロの長い一日が終わった。

この建物は1階と2階にユニクロ1号店が入り、3階より上がマンションになっている。小郡商事は3階に3部屋あるうちの2部屋を借りていた。ひとつは山口から派遣されてきた森田の住居用で、もうひとつは従業員の休憩室と倉庫を兼ねていた。夜も更けてようやく閉店となると、山口から応援に駆けつけていた岩村や下之園がぞろぞろと3階に引き揚げて、そのまま雑魚寝してしまった。

店長の森田は人がいなくなった店で、ひとり、初日の売り上げの確認などに追われていた。時計を見るとすでに夜中の2時を過ぎている。翌朝は10時の開店だが、オープン前の早朝からトラックで届けられる商品の差配に追われるだろう。

「ふう……」

人の群れが消えて昼間の喧噪が嘘のようにシンと静まりかえった暗い店内を眺めると、張り詰めていたものが解けて、どっと疲れが押し寄せてくる。そういえば、昨日もロクに寝ていない……。もはや3階に行く気力さえない。新米店長の森田はふらふらとフィッティングルームに歩いて行くと、その場でバタンと横になって寝入ってしまった。

そのまま2時間ばかりの深い眠りにつくと、また新しい一日が始まった。慌ただしく準備を済ませて開店の時間になると、昨日と同じように人の群れが押し寄せてくる。体はとっくに悲鳴を上げている。それでもなぜか不思議とまた力が戻ってくる。それが現場の一切を託された店長の性《さが》というものなのだろうか。

2号店の失敗、「僕のおごりだった」

暗黒の10年間をへて柳井がついに掘り当てた「金の鉱脈」。ここからユニクロの飛躍的な成長が始まった、……わけではなかった。

プロローグでも述べた通り、ユニクロの物語は足し算と引き算の繰り返しである。時に大きく飛躍したかと思えばつまずき、坂道を転げ落ちる。そしてまた坂を登る。そのたびに登り方を変えて――。

さばききれないほどのお客が押し寄せて大成功として記録されることの多いユニクロの原点だが、実はこの直後にも小さなつまずきが待っていた。

うらぶくろの1号店から歩いて数分の距離にある新天地と呼ばれる繁華街。うらぶくろより人の通りが盛んなこの場所に、柳井は広島2号店を作ることを決めた。選んだ場所は宝塚会館という映画館の2階だった。路面店である1号店と比べて不利なことは承知していたが、柳井は著書『柳井正の希望を持とう』で、「賃料が安かったので、売れたらぼろ儲けだなと胸算用していた」と振り返っている。

これが裏目に出た。私の取材にはもっと率直に打ち明けた。

「僕のおごりでした。自分が思っている通りの店なら絶対に流行ると思っていたのが、大失敗です」

この証言の通り、広島2号店には1号店にも増して柳井の趣味が色濃く反映されていた。300坪ほどもあった広い売り場面積の半分ほどをハンバーガーショップと、ビリヤード台を置いたプールバーにしてしまったのだ。

店の名前はロックンロールカフェ。ロンドン発祥でアメリカでも人気となったハードロックカフェをまねたものだろうが、下之園によると柳井とアメリカ西海岸を視察した際に立ち寄ったダイナーバーの「ジョニーロケッツ」もモチーフにしたのだという。

ちなみにバーガーが350円でホットドッグは280円。やはり柳井が愛するアメリカの文化を取り入れたわけだが、客の目にはどう映っただろうか……。

この2号店の店長に指名されたのが、1号店のオープン日に助っ人として派遣されていた下之園秀志だった。下之園はそのまま1号店の上の階に引っ越して店長の森田らを手伝うことになったのだが、柳井から「2号店では飲食店もやるから」と聞かされたため、少しでも経験を積もうと広島のロッテリアとコーヒーチェーンでアルバイトもしてオープンに備えていた。

だが、服の店にハンバーガーショップとビリヤードを併設する斬新なアイデアは、大ハズレとなった。当時の小郡商事の年間利益は7000万円ほどだったが、これが吹き飛んでしまうほどの赤字となった。

「そりゃ、頭の中が真っ白になりましたよ」

そう言いつつ、柳井はこうも付け加えた。

「でもね、ものごとはやってみないと分からない。僕は失敗だと思った時、その理由を考え抜くんですよ」

そうして失敗を次の成功への気づきに変えてしまえばいいというのが柳井の思考法である。この時の「気づき」は、飲食店を併設したことより立地を甘く見たことに尽きた。路面店ではないというデメリットもさることながら、ファッションの店より飲食店が多く立ち並び始めていた新天地では、やはり映画館の上の服屋にお客の足は向かないという実にシンプルなことが敗因となった。自ら「僕のおごり」と言うように、賃料の安さに目がくらんだことを今でも反省材料にしているという。

郊外店の成功

金の鉱脈に見えたユニーク・クロージング・ウエアハウスだが、変調の兆しは華々しいスタートを切った「うらぶくろ」の1号店にも押し寄せていた。1984年6月にオープンして半年ほどが過ぎ、年が明けた頃から、徐々に店内で目立つようになっていたのが地元の男子中高生たちだった。店にたむろするだけでなかなか商品を手に取ってくれない。繁華街に近い1号店は次第に彼らのたまり場のようになっていった。

当時は校内暴力が社会問題化していた時期でもある。今では想像しにくいが、ダボダボの変形学ランを着込んで目が合う者たちを片っ端からにらみつける「ヤンキー」たちが、客の中に混じることが多くなっていた。森田たちがうらめしさを込めてカラス族と呼んだ黒ずくめの学ランの彼らの存在は、実際のところ店にとってはありがたくない、招かれざる客だった。

最初から失敗だった2号店に続いて、当初は飛ぶ鳥を落とす勢いだった1号店にまで早くも陰りが見え始めてきた。このピンチに「僕は失敗の原因を考え続ける」という柳井は、すかさず次の手を打った。

本やレコードのように気軽に手に取れる「安いカジュアルウエアの倉庫」というユニク

ロのコンセプトは間違っていないはずだ。問題は立地にあると考えるべきだ。では、本当の意味でユニクロの可能性を問うべき立地をどんな場所に求めるべきだろうか――。そんな風に「失敗の理由」を因数分解した上で次の一手を練っていったのだ。

柳井は繁華街がダメなら郊外で勝負してみてはどうかと考えた。ちょうど、山口の下関郊外で見つけた自動車用品店の跡地を借りて出店すると、手応えは悪くなかった。

「ユニクロのコンセプトは繁華街より郊外のほうが受け入れられるのでは」

こんな仮説を検証するチャンスは、すぐに巡ってきた。広島で1号店をオープンさせてから1年余り。広島の隣の岡山県で、街中と郊外の2店舗を同時に開店できる物件が見つかったのだ。

結果は郊外店の圧勝だった。

これには時代的な要因も強く影響しているだろう。1985年の当時は、時代がバブル経済の絶頂期へと駆け上っていく、今思えば日本経済にとって最後の春を謳歌しようというタイミングだった。時代は「燃費が良くてとにかく頑丈」という日本車がアメリカで飛躍していく時期とも重なる。1970年代に訪れた2度のオイル・ショックを乗り越えて、日本の地方都市にもモータリゼーションの波が押し寄せていた。

まさにそんな時代のことである。ユニクロの郊外店には暮らしに余裕ができた子育て世代がクルマに乗って続々と訪れたのだった。なんとなくぶらりとやってくる客も多い街中の店と比べ、わざわざハンドルを握ってやってくる郊外店のお客の方が「今日はこれを買おう」という意識も強く、来店客一人当たりの購買単価が高いこともすぐに分かった。

実は、これこそが柳井にとって本当の「金の鉱脈」の発見だった。広島での成功と失敗を通じて、今度こそ本物の金鉱脈を見つけたのだ。

この後、柳井はクルマが多く行き交う郊外の幹線道路沿いにターゲットを絞って次々とユニクロの郊外店をオープンさせていく。こうして、柳井は暗黒の10年の末に見つけたユニクロという金鉱脈を、徐々に軌道に乗せていった。

ファストファッションへの疑問

経営者としての柳井が情報に飢え、成功への手掛かりを探し続けていたことは第2章で触れた通りだ。柳井は私の取材に対して、ユニクロの成功の秘訣についてこんな風に語ったことがある。

「やっぱり宇部という情報が限られた田舎町にいたことが大きかったんじゃないですか。そうすると求めにいくじゃないですか、外にね。東京にいたら色々な情報が入ってくるでしょ」

「それと、まずはひょっとしたら大成功するんじゃないかと考えることがすごく大事なんです。その手掛かりを世界中に聞いて回ればいいんです。僕はそうやってきた」

成功へのヒントは本の中にだけあったわけではない。柳井は銀天街というファッションの世界では辺境の中の辺境と言っていい場所から、その目を世界に向け続けていた。ユニクロのヒントがアメリカの大学で見たセルフサービスの店だったことはすでに述べたが、この時点でのユニクロは我々が現在知るユニクロとは、似て非なるものだった。

この当時、カジュアルウエアの倉庫をイメージした店舗で並べられていたのは、他社から買い付けてきた服だった。海外から輸入してきたアディダスやナイキ、リーバイス、エドウィン……。国産品も岐阜や大阪、名古屋から調達してくるといった具合だ。

大衆受けする服を大量に買い付けて大量に売る。2000年代に入ってファストフードになぞらえてファストファッションと呼ばれるようになったビジネスモデルだが、この当時のユニクロはまさにその典型だった。

柳井はそんなユニクロを金の鉱脈と呼んだが、だからといってそれで満足しているわけではなかった。むしろ、後にファストファッションと呼ばれるビジネスの限界を、早くも感じ取っていた。

ファストファッションでは、シーズンごとに大量に仕入れる商品をいかに売り切るかが勝負となる。流行を先取りして売れそうなものを仕入れて、とにかく売り切るのだ。資金力がない当時の小郡商事にとって大量の在庫を抱えたままシーズンの終わりを迎えることは、そのまま赤字を意味し、場合によっては致命傷になりかねない。

このビジネスモデルでは、服を企画するのはメーカー側だ。メーカーがつくった服を小郡商事など小売店側は卸業者を経由して買い付ける。こうなるとどんな服を取り扱うかについてはメーカーや卸に主導権があり、小売店側はとにかく売り切れるものを確保するという受け身の姿勢に、どうしてもなりがちだ。価格設定はメーカーや卸に握られ、肝心の品ぞろえもその場しのぎのような形で一貫性がなくなってくる。

さらに言えば、「売れそうな服」を外すことなく店頭に並べようと思えば、どうしても商品の種類が多くなってしまう。それらを売り切ろうとするために価格を安く設定する。

この構図はカジュアルウエアに限った話ではなく、小郡商事の本業だった紳士服でもまったく同じだ。いわば業界の常識。どこまで行っても小売店側が不利になるように思えるこの常識、言葉を換えれば負の連鎖を断ち切るにはどうすればいいのか――。郊外型ユニクロで成功の端緒をつかんだ柳井は、小さな成功に満足することなくその解を探し続けていた。

香港で見たポロシャツ

そんな時に外にヒントを求めようと渡ったのが香港だった。1986年のことだ。アメリカの大学の店をヒントに、広島のうらぶくろでユニクロ1号店をオープンさせたのが1984年、岡山で郊外型店舗を始めたのが1985年のことだ。そして、その翌年には続けざまに「脱ファストファッション」の手掛かりを求めて海外に飛んだことになる。

それは人の群れがごった返すような香港の下町の小さな店だった。

通りに面したジョルダーノという店にぶらりと入った柳井たち一行は、一枚のポロシャツに目を見張った。特に上等というほどでもないが、モノはしっかりしている。何より驚かされたのがその値段だった。一枚が79香港ドル。当時の為替レートで1500円ほどに相当した。当時、ユニクロで扱っていたポロシャツは1900円だった。ジョルダーノの店で売られていたのは、柳井が「これより安くは売れまい」と思っていた価格を下回る値付けだった。

「なんで、どうやったら、こんな値段で売れるんだ」

柳井は驚き、その場でそのポロシャツを何枚も仕入れて宇部に持ち帰った。その場に立ち会ったのが広島2号店の店長となった下之園だった。「デザインは普通のポロシャツですが、僕が感動したのが縫製でした」と振り返る。つまり普通の消費者が目にしないような隠れた部分の仕事が実に行き届いているということだ。

それが、なぜ1500円で売れるのか――。

調べてみて分かったのが、ジョルダーノが卸を通さずに工場から直接仕入れているということだった。しかも単に仕入れているだけではなく、そもそも服のデザインも自分たちで手掛けていることも分かった。

ジョルダーノが香港で実践していたこのビジネスモデルこそ、製造小売業（SPA）と呼ばれるものだった。単に製造と販売を分業し、卸を通さない「中抜き」をするだけではない。販売元がデザインまで手掛けて工場に発注する。そうやって大量生産した服を全量買い取るリスクと引き換えに、圧倒的な安価を実現する。そうすることで商品づくりの主導権を小売り側が持つことになる。

ＳＰＡは、まさにこの当時、１９８６年に米ＧＡＰが自らのビジネスモデルを表現するために使い始めた言葉だった。正確には「Specialty store retailer of Private label Apparel」。大文字をつなげて「ＳＰＡ」だ。

この言葉の通り、ＳＰＡのＡはアパレルを意味するが、ＳＰＡの発想はなにもアパレル業界だけにとどまるものではなかった。このアイデアを後にＩＴ業界で実践したのが米アップルだったと言えるだろう。スティーブ・ジョブズがｉＰｈｏｎｅで実現したのは、まさにＳＰＡのビジネスモデルに他ならない。

初期のｉＰｈｏｎｅの裏面には「Designed by Apple in California」「Assembled in China」（アップルがカリフォルニアでデザインし、中国で組み立てた）と表記されていた。ｉＰｈｏｎｅはアップルが設計し、それを台湾のホンハイ（鴻海精密工業）が中国の工場で大量生産する国際分業体制を確立したことで、世界中に行き渡らせることに成功したのだ。

もっともジョブズは単にハードウエアとしてのｉＰｈｏｎｅを成功させただけではなく、ｉＰｈｏｎｅというハードウエアを通じてアプリ経済圏というソフトウエアのエコシステムを築き上げた点に、その凄みがある。そして後年、ジョブズがiPhoneで起こそうとしていた情報革命の本質にいち早く気づき、SPAをさらに進化させてユニクロを「情報製造小売業」へと転換させようと考えたのが、他ならぬ柳井だった。このあたりの経緯は後に詳しく述べたい。

ジミー・ライとの出会い

「これは」と思う成功への手掛かりを見つけたら即座に行動に移すのが柳井流である。柳井は知人を通じて香港で発見したジョルダーノの創業者に会う約束を取り付けた。

待ち合わせの場所に指定されたのは、香港の街中にあるレストランだった。ジョルダーノの創業者であるジミー・ライ（黎智英）はロールスロイスに乗ってやってきた。

このジミー・ライという人は、立志伝中の人物と言っていいだろう。中国の広東省広州市に生まれたが、7歳の時に父親は香港に亡命し、母親は労働改造所に送られたという。12歳で密航船に乗って広州を離れ、マカオを経由して香港に逃げ延びてきた。「自由の地」である香港では、幼くして手袋工場で働き始め、カツラ工場などを経て苦難の末に自ら立ち上げたのがジョルダーノというアパレルの会社だった。

ライの物語には続きがある。1989年の天安門事件の際に民主化運動を支持するTシャツを大量に配ったことをきっかけに、ライは政治活動にのめり込んでいった。この活動によって中国共産党に目を付けられることになり、ジョルダーノは中国本土での商売を禁じられた。ライもジョルダーノの経営権を手放さざるをえなくなった。

アパレル業界から身を引いたライが、その後に立ち上げたのが香港の民主系メディア「蘋果日報（アップル・デイリー）」だった。ライは2014年に雨傘運動と呼ばれた反政府デモに関わって当局に逮捕された。香港で再び民主化運動が激しく取り締まられると、ライは2020年に再び逮捕され、アップル・デイリーも廃刊に追い込まれた。

柳井が会った時、ライは政治活動に没頭し始める以前であり、香港ではアパレル業界で成功を手にした風雲児として知られていた。ライは柳井にも、流民の身から一代で成功をつかんだ自らの半生を語って聞かせた。

「香港に亡命した時、最後は泳いで海を渡ってきたんですよ」

「家ではペットとして熊を飼っています。今度、遊びに来てくださいよ」

世界史上の激動期を生き抜いた男らしい実に豪胆なエピソードを聞かされながらも、柳井は腹の内ではこんな風に思っていた。

（こいつにできるんなら、僕にもできるんじゃないか）

ライは1947年12月の生まれで、1949年2月生まれの柳井とは同世代にあたる。豪快な立志伝にうなずきながら柳井がユニクロに取り入れようと考えていたのは、そのビジネスモデルだった。そのためのヒントを、この立志伝中の人物との出会いでつかもうとしていたのだ。

幼い頃のライがそうだったように、中国では1949年の共産党革命を機に多くの資本家階級が香港近辺に逃げてきた。その中でも特に多かったのが上海近郊などの紡績工場の経営者たちだったという。1966年から10年間続いた文化大革命によって、その流れは一層、加速していった。

ライの立ち上げたジョルダーノが頼っていたのが、まさにこのような紡績工場の経営者たちだった。GAPやリミテッドなどアメリカのアパレルブランドはすでにそこに目を付けて彼らの力を使い始めていた。ライのジョルダーノもリミテッドのセーターの生産を請け負うなどして飛躍していた。なんと言っても一度につくる量が違う。聞けば、ひとつの商品だけで300万もの量をつくることもあるという。

その実態をつぶさに聞いて柳井が再認識させられたのが、「商売に国境はない」という戦後の西側世界で浸透しようとしていた資本主義社会のゲームのルールだった。もはや国際社会は貿易によるモノの交換という大航海時代以前から徐々に築き上げられた古い形の分業体制から、製造や販売まで緻密に一体化された水平分業体制に移行している。

自らが身を置くアパレル業界でこそ、その変革の波が起きていて、そのダイナミズムを体現している男が今、目の前にいる。自分と同じ年代の立志伝中の人物だが、果たして自分とそれほど違うのだろうか。

いや、俺にだってできるはずだ――。

香港での会食で柳井はこんなことを「発見」した。発見するだけではダメだ。

「Be daring, Be first, Be different（勇敢に、誰よりも先に、人と違ったことを）」

ヒントを探し求めていた時代に米マクドナルド創業者のレイ・クロックから学んだ言葉だ。よく考えれば、日本ではジョルダーノのようなSPAのビジネスモデルは確立されていない。それを自分にだってできるはずだ。やるなら勇敢に、誰よりも先に、である。

柳井はようやく見つけた金の鉱脈であるユニクロが軌道に乗り始めたかという、まだまだよちよち歩きだったこの時期に、全く違うビジネスモデルに転換させることを思いたった。国内外の色々なメーカーから服をかき集めてつくる「カジュアルウエアの倉庫」から、本格的なSPAへの転換である。

「売れそうな服」をメーカーから大量に仕入れて安く売るビジネスモデルから、「売れる服」を自ら仕掛けてつくっていく。そのために香港を中心に広がる海外の生産能力を味方に付ける国際分業体制を築き上げる——。後にファストファッションと混同されることになるが、その実態は真逆と言ってもいいだろう。

この頃、小郡商事の本社はまだ宇部の銀天街の隣に立つ小さな4階建てのビルにあった。社内で「ペンシルビル」と呼ばれていたほどの狭小ビルだった。そんな吹けば飛ぶような規模の中小企業が、いきなり世界を相手に新しいビジネスモデルを創りあげようと動きはじめたのだった。

それは、手探りでのスタートだった。

打率100分の1以下

「香港に行ってくれ」

柳井からそう命じられたのは、ロックンロールカフェを併設する不振の広島2号店の店長を任されていた下之園秀志だった。1987年のことだ。下之園は中国語や英語ができるわけでも香港にツテがあるわけでもない。まさにゼロからのスタートである。

香港に渡った下之園が向かったのが香港貿易発展局（HKTDC）という香港島北部・湾仔《ワンチャイ》地区にある準政府機関だった。このあたりには今では高層ビルが林立し、行政機関やオフィスが集まっている。下之園は貿易発展局にもツテがあったわけでもなく、目当てはそこに置かれているパンフレットだった。手に取ると、紡績関連の工場がリストのようにずらりと記載されている。下之園はこのパンフレットを頼りに、足を生かして使えそうな工場をしらみつぶしに探そうと考えたのだ。

そこから下之園の工場行脚が始まった。平均して一日に5軒程度。朝から日が落ちるまでひたすら工場を回る。多くの工場があったのが香港島から大陸側に渡った場所にある九《カオ》龍《ルン》地区だった。巨大なビルの中で無秩序にスラム街が形成された九龍城砦がかつて存在したことでも知られる一帯だ。下之園は合計で1500軒ほど回ったというが、契約に至ったのは10軒に満たない。ほとんどが話にならないレベルの工場だった。

見るからにボロボロの建物の扉を開けると、まず襲ってくるのが強烈な熱風と、えもいわれぬ臭いだった。

建物の中に足を踏み入れると、上半身裸の男たちがずらっと並んでいる。床には布の切れ端や糸くずが放置されている。ミシンで布を縫う作業を見てみるとスティッチ幅が1センチと指定されているのに実際の縫い幅はどう見ても1・3センチほどでガタガタ。室内にはエアコンなどない。扇風機さえない工場が多かった。工場に併設されたトイレは地面に穴が掘られているだけで、強烈な異臭を放っている……。

「ほとんどの工場が使えなかったですね。契約できそうなのは100軒回って1軒もなかった。確率は低かったけど、ほかに情報源がなかったので」

下之園が与えられた情報は、貿易発展局のリストだけ。それを丹念に追っていく。手始めにデニム工場から始め、次はカットソーやシャツとバカ正直に続けていくしかない。ユニクロのSPAの原点には、こんな人知れない苦労があった。

華僑との絆

1987年、香港に渡った下之園が地道に生産委託先の工場を開拓する一方で、柳井にとって大きな出会いがやってきた。場所は大阪だ。下之園が頼った香港貿易発展局が主催した繊維関連の展示会が開かれ、日本進出を目指す香港の繊維企業の一団を引き連れて大阪にやって来ていた。

香港を起点にシンガポールやマレーシアにも工場を持つウィンタイという会社のブースを柳井が訪れると、対応したのが創業一族の一人であるフランシス・チェンという男だった。交換した名刺を見ると、米ウィスコンシン大学でＭＢＡを取得したと書いてある。

（へぇ、名刺に学歴まで書くんだ）

柳井は挨拶もそこそこに、展示されていたウィンタイの商品について質問し始めた。

この日のことをチェンはよく覚えていると言う。最初はたどたどしい英語での会話だったが、実はチェンの妻が日本の出身で、途中から通訳を買って出た。柳井はシャツやジーンズ、セーターと、次々と製品を手に取っては質問攻めにしてくる。

「なぜこんなに多くのモノを作ってるんですか」

「どこに納めてるんですか」

「なぜ工場ごとに作るモノを分けているんですか」

こんな問いかけから、縫製の種類や扱う糸など質問は細部にわたる。それだけではなかった。チェンがこう振り返る。

「柳井さんは我々の製品のことを詳細に聞いてきただけでなく、我々の会社の成り立ちについても熱心に聞いてきました。そんなことを聞いてくる人は他にいなかったので強烈な印象を受けました」

柳井はそのブースを一度立ち去った後、展示会の終了時間が迫った頃に再び現れてまたしても質問攻めを続けた。終了時間を過ぎても柳井は立ち去ろうとしない。

「それで私も理解したんです。この人は真剣なんだと」

ウィンタイもまた、激動期の中国を逃れて香港に渡ったチェンの父親が創業した会社だった。太平洋戦争が終わり、中国では国共内戦が激化していた１９４０年代の後半に香港に逃れ、繊維の貿易商を営んでいたという。当時は宗主国である英国向けに商売をしていたが、やがて規制が厳しくなるとシンガポールとマレーシアに工場を建ててアメリカ向けのビジネスに乗り出していた。この当時もすでにリーバイスに大量供給しており、ユニクロを始めたばかりの小郡商事とは雲泥の差と言える地位を築いていた。

そのウィンタイが本格的に日本進出に乗り出す矢先に出会ったのが、山口の宇部という聞いたこともない日本の田舎町から来た名も知れぬ会社の経営者だった。

一方の柳井も、初めて会うチェンに「この人はなにかが他の人とは違う」と感じたという。実は柳井は当時、「別注」と呼んでいた自社企画の服を作ってくれる工場を探しに韓国や台湾を訪れていた。そこで見たのは同じ頃に下之園が香港で見た光景とそれほど変わらない現実だった。

「工場に行ってみると経営者のオヤジだけが元気でしきりに売り込んでくる。ところが、現場を見ると社員を大切にしていないことがすぐに分かったんです。若い人たちが暗い顔で働いている。こんなところに未来はないと思いましたね」

それと比べるまでもなく、チェンには「ただのセールスマンじゃない。まともにビジネスの話ができる人だと感じた」という。

大阪での展示会が終わると、柳井はすぐに香港に飛んだ。チェンのオフィスを訪ねると3000枚のGジャンを注文する契約を取りまとめた。

実はこの注文を受けるべきか、ウィンタイの社内では議論が割れたという。というのも、当時のウィンタイは受注の最低ロットが1万着だったからだ。柳井の注文は最低ロットを大きく下回るだけでなく3000枚を3色に分けてほしいという。しかも、品質については要求水準がとにかく厳しい。

それでもこの無名の会社との取引に応じることにした理由を、チェンは「柳井さんは短期的な利益を求めるのではなく、もっと大きな視点を持っていると感じたから」だと振り返る。

チェンの洞察は正しかった。この後、柳井と会うたびに発注量は右肩上がりに増えていった。後にユニクロのシンガポール事業を合弁で行うなど、両社はがっちりと手を握り合うことになる。

柳井にとってもチェンと出会ったことは、後のビジネスに大きな意味を持つことになった。2000年代に大ヒットとなったスキニージーンズやGUで話題となった990円ジーンズの開発はウィンタイの協力を得て実現させたものだ。

会社としてパートナーとなったのはもちろんのことだが、もっと大きいのがこの時期のチェンらとの出会いを機に、香港やシンガポールなどアジア一帯での柳井の華僑ネットワークが一気に広がり始めたことだろう。

柳井は今も「チェンさんは僕が香港で一番信頼してきた人です」と言う。チェンだけではない。例えば、サウスオーシャン・ニッターズというニットメーカーとは今は取引がないが、経営者のロナルド・チャオとは個人的な付き合いが今も続く。激動の母国を捨て、己の才覚を頼みに新天地で名を上げていった華僑の敏腕ビジネスマンたち。彼らは日本で出会う経営者にはないハングリー精神や進取の気性を漂わせていた。

「僕は、その人たちから商売を教えてもらったんですよ」

思えば日本で学んできた「小売業の常識」なるものがばかばかしくなってくる。アジアを舞台に欧米の巨大企業と丁々発止で渡り合う彼らにとって、「製造と卸と店舗が共存する」などという日本の常識などはそもそも頭の中にない。なんと言っても彼らのバイタリティーは、商売に国境など存在しないことを体現している。

「この人たちは世界で商売をしているなと感じたんです」

確かにすごい。でも、決して別の世界の話ではない。自分にだってできるはずだ――。アジアで躍動する華僑たちのダイナミズムに刺激を受けた柳井は、生まれたばかりでまだよちよち歩きだったユニクロのビジネスモデルを抜本的に作り替える決断を下した。宇部というよりは日本にとどまっていては決して得られなかった視点だろう。

絶頂期のダイエーが反面教師

やや話がそれるが、ＳＰＡへの転換を目指し始めた柳井が反面教師にした会社が、日本にあった。日本の小売業を代表する会社とも言えるダイエーである。柳井がまだ小学生だった１９５７年に中内㓛が大阪の下町、千林商店街で「主婦の店」として始めた日本の総合スーパーマーケットの草分け的な存在である。

価格破壊を掲げて破竹の勢いで関東にも進出したダイエーは１９８０年代半ばのこの頃に絶頂期を迎えていた。だが、すでに世界に目を向けていた柳井が、日本では時代の寵児ともてはやされていたダイエーを見る目は辛辣《しんらつ》そのものだった。

「駅前食堂みたいなもんですよ。なんでもそろっていて安いけど、それだけ」

身も蓋もない言い方だが、ダイエーだけではないという。柳井の酷評が続く。

「それが日本の小売業だったんです。商品を自分のものだとは思っていない。メーカーから預かって売るという感覚です。言ってみれば代理人みたいなものですよ。ＰＢ（プライベートブランド）のようなものもあるけど、本気でメーカーより良くしようとは思っていないでしょ。そんなやり方じゃダメだなと思ったんですよ」

柳井はこう続ける。

「やっぱり消費者はその商品について一番よく知っている人から買いたいと思うじゃないですか。商品の企画から販売までやる人。そういう人から買いたいと思うんじゃないですか」

まさにダイエーのような「服の総合スーパーマーケット」的な存在になりかけていたのが初期のユニクロだった。柳井はそれを「金の鉱脈」と呼んだ。実際のところ、仮に当時のコンセプトのままにカジュアルウエアの倉庫としてユニクロを展開していっても日本ではそれなりの成功をつかめたことだろう。

だが、柳井はすぐにアジアに目を向けたことで、このやり方では将来はないと早々に見切りをつけた。

ダイエーの功績をむげに否定するわけでもない。柳井は「中内さんは小売業の革新者でありイノベーターだった」と認める。ただ、そこから「商品について一番よく知っている人」になろうという発想の転換がなかったことが、ダイエー凋落の原因だと分析する。売れそうな服をかき集めるだけの店をやっていたのでは、いずれユニクロも「服のダイエー」になってしまう。当時のダイエーと同様に当面はそれで成功できるかもしれないが、いずれ壁にぶち当たるだろう。

ならば、今すぐに歩を進めるべきだ――。

柳井はユニクロという金の鉱脈の発見に興奮しながらも、その直後に出会った華僑たちからそんな進歩へのヒントを教えられていたのだった。そして、すかさず実行に移した。

こうして、生まれたばかりのユニクロは「カジュアルウエアの倉庫」からメーカーの機能も兼ね備えたSPAへと転換し始めた。ユニクロ誕生からわずか3年後の1987年のことだ。

実際のところ、当時は宇部から香港に送る手書きの仕様書の通りには、なかなか服が仕上がってこなかった。だが、徐々にその完成度を高めていき、「別注」と呼んでいた自社製品の比率を年々高めていった。

こうして、アジアを舞台に活躍する華僑たちとの出会いを経て、生まれたばかりのユニクロは我々が現在知る姿へと変貌していく。宇部という地方都市の商店街から生まれた小郡商事が、世界に成功のヒントを求めて羽ばたこうとしていたのだった。

「三行の経営論」

ただし、この時点での成功は、柳井に言わせれば目的が曖昧なまま商売人として目先の仕事に追われていたに過ぎない。当時のことをこんな風に振り返っている。

「毎日、努力さえしていれば、その歩いた先には何かしらの結果が待っていてくれると素直に思っていた」

周囲から見れば、ユニクロという新しいコンセプトの店を成功させた新進気鋭の経営者である。しかも、山口の宇部という地方から頭角を現してきた新世代の経営者だ。実際、この時期にすでに地元メディアではそのように取り上げられていた。

たいていの経営者はここで成功の味をかみしめるのだろう。だが、柳井は違っていた。「あの頃の僕はゴールを定めていなかった。だから、たいして成長しなかったんですよ」。淡々とそう振り返る。

実はこの当時、柳井は山口や広島、岡山など中国地方を中心に30ほども店を展開できればそれで大成功だと考えていたのだと言う。実際、そうなれば一生の安泰が約束され、地方の名士たちの間にその名が列せられるだろう。だが、そんな考えが根底から覆される出会いが待っていた。それは柳井が「商売人」から「経営者」に変容するきっかけでもあった。

それほど劇的な出会いというわけでもない。柳井を導いてくれたのは、またしても一冊の本だった。

読書家である柳井がたまたま宇部の書店で手に取ったのが、ハロルド・ジェニーンというアメリカの経営者が書いた『プロフェッショナルマネジャー』という本だった。一般には全くの無名だろう。柳井も「あの当時、宇部であの本をむさぼるように読んだのは僕ぐらいだったんじゃないですか」と振り返る。だが、この一冊の本が柳井を変えた。結論から言えば、柳井が学んだことはふたつの言葉に集約される。

ひとつ目は、第2章でも言及した言葉だ。

「現実の延長線上にゴールを置いてはいけない」

私は何度かユニクロの経営を足し算と引き算に例えてきた。スタート直後に広島での小さなつまずきがあったように、引き算はこの後に何度もやってくる。一方で、足し算については、それが足し算に思えないほどのケタ違いの成果を、この後に何度も柳井は追求していくことになる。それはまさに「現実の延長線上にない」というような規模の足し算を柳井が設定し、そこに至る道筋を描いて、実行した結果だ。

だから、後からその足跡をザッとたどるとそれらは足し算ではなくかけ算のような飛躍に見える。だが、やはり足し算だというのが私の考えだ。時に、あまりに高い場所を目指して一気にジャンプするから、ついついかけ算のように見えてしまう。つまり、現実の延長線上にはない場所への飛躍だ。

ただし、実はそれらはあくまで地に足の着いた実現可能なジャンプだということだ。飛躍の幅が大きすぎるので、とてもそうは思えないのだが……。柳井とユニクロはこの後、そんな「現実の延長線上にはないけど、実現可能なプロセス」を追い求めていく。時に周囲から理解されないこともあるし、誤解されることもある。社内からも「とてもついて行けない」と思われ、人が去って行くこともある。だが、この時から柳井が信念を曲げることはない。その歩みを、これから本書ではひもといていきたい。

そして、柳井がジェニーンの『プロフェッショナルマネジャー』という本から学んだもうひとつのことは、この「現実の延長線上にゴールを置いてはいけない」という教訓を導き出した言葉であり、そんなゴールにたどり着くための道筋の描き方だった。それを端的に表現したのが、ジェニーンが唱える「三行の経営論」だ。

本を読む時は、初めから終わりへと読む
ビジネスの経営はそれとは逆だ
終わりから始めて、そこへ到達するためにできる限りのことをするのだ

つまりは逆算思考だ。そして柳井は、当時のユニクロにとって現実の延長線上にはない「終わり」を定めた。

世界一である。

黎明期にあたるこの頃のユニクロは日本の中だけで見てもまったくの無名だ。関東はおろか関西でもまったく名が知られていない。まだ30店舗にも満たない田舎町の中小企業である。そんな会社の若旦那が、大真面目に世界一への道筋を描き始めたのだ。

ただし、柳井の突拍子もない思考法が、すんなりと世の中に受け入れられることはなかった。

世はバブル崩壊の足音が近づいてくる時代のただ中にあった。日本経済はまさに「失わ

れた時代」に突入しようとしていた。

ようやく見つけたユニクロという金の鉱脈を大きく飛躍させる緒についた柳井の行く手に立ちはだかったのが、常識という壁だ。それは、多くの日本人が縮小思考にとらわれ始めた時代のことだった。

第4章

衝突

理解されない野望

ユニクロの伴走者

「安本さん、オゴオリショウジという会社から電話です」

1990年9月の夕方のことだ。東京でブレインコアというコンサルティング会社を立ち上げていた公認会計士の安本隆晴のもとに、聞いたことのない会社から電話がかかってきた。

（オゴオリ？　商事？　さて、なんの会社だろう）

帰り支度の手を止めて安本が受話器を取ると、ウラと名乗る男が丁寧な口調でこんなことを説明した。

「当社はカジュアルウエアを販売するチェーン店をやっていまして、本社は山口の宇部にあります。実は、先生が書かれた『熱闘「株式公開」』という本をうちの社長が読みまして、ぜひ一度お会いできないかと申しております」

「あぁ……、それはありがとうございます」

株式公開の手順を記した本を読んだということは、上場を考えているのだろうか。聞いたこともない社名だし、宇部と言われても行ったこともなくいまいちピンとこない。ただ、自著を読んでくれたという会社の誘いをむげに断る理由もない。

「では、再来週あたりでいかがでしょうか」

こうして安本は宇部で洋服屋を営むというオゴオリ商事という会社を訪問することになった。そうは言っても、聞いたことのない会社だ。念のため『会社四季報』の未上場会社版を開いてみたが、オゴオリ商事なる会社の名はなかった。さて、どうしたものか……。

この時点では、安本はあまり気乗りがしなかったという。監査法人に勤める仲間とブレインコアを創業して2年ほど。世間に名前を売る目的で書いたのが、『熱闘「株式公開」』だった。その後、何件か「本を読みました」という問い合わせがあったものの、私的企業から「パブリック・カンパニー」になるという株式公開の意義を理解した上で、本気で上場を目指そうという気概と見識のある経営者は皆無だった。

また、その手の話だろうか……。

そういえば、たまたま会社のスタッフに山口出身の者がいる。オゴオリ商事という会社を知っているかと尋ねたところ、聞いたこともないが親戚が地元の調査会社で働いているという。

試しに調べてもらうと、1週間後に「資本金4000万円、売上高27億円、当期利益2000万円の同族会社」と書かれたFAXが届いた。社名は正しくは小郡商事と表記するという。社長の柳井正は、安本と同じ早稲田大学の出身でゴルフと読書が趣味とも書いてある。年齢は41歳。この時、36歳の安本とは同世代と言えるだろう。

(なるほど、いちおう実在はしているのか……。まあいいか、飛行機に乗れるのも久しぶ

りだし、宇部には行ったこともないし）

真剣勝負

こうして安本が宇部に飛ぶと、小さな到着ロビーには電話をかけてきた浦利治が出迎えに来ていた。名刺を受け取ると取締役総務部長と書かれている。

浦がハンドルを握るクルマに乗って10分ほど。中央銀天街という商店街のはずれにある4階建ての小さなビルに着いた。社員たちから「ペンシルビル」と呼ばれているだけあって、小さく狭い。エレベーターはあるにはあるが、どうにも使い勝手が悪く社員はみな階段を行き来している。安本も社長室があるという最上階まで階段で上っていくと、目に飛び込んできた光景にあっけに取られた。

30坪ほどのフロアに置かれた大きな執務机を取り囲むように、壁いっぱいに本が並んでいた。置かれているのは企業や経営に関する本ばかり。それも、ウォルマートやＩＢＭなど海外企業を扱ったものが目に付く。単に飾ってあるのではなく、多くの本の表紙がボロボロにすり減っており、読み込まれていることが一目で分かった。企業経営者のオフィスというより、どう見ても経営学かなにかを専門とする学者の研究室のように思える。

「ようこそお越しくださいました」

そう言って安本を迎えたのは、背丈の低い男だった。薄いブルーの半袖のポロシャツにチノパンというラフないでたち。足元は革靴ではなくスニーカーだ。高校時代に応援団だった安本にとって、小柄な割にやたらと声が通るのが印象的だった。

これが、ユニクロの伴走者として上場を手引きし、その過程で地方の商店街にある家族経営の店を「企業」へと変身させていく安本と、柳井正との出会いだった。

安本はそのままこの商店街の経営者の話に耳を傾けた。

小郡商事はもともと父が始めた会社で、この銀天街という小さな商店街でスーツを売っていたという。息子である自分は、大学を出た後にフラフラしていたところ、父から帰郷するように促されてかじ取りを任された。いざ経営を託されると、街の紳士服屋にとどまっていては将来がないと気づき、試行錯誤を繰り返した末にカジュアルウエアの倉庫をモチーフとしたユニーク・クロージング・ウエアハウスという新しい店を始めたのだという。

柳井はこの新しく始めた「ユニクロ」という店ですぐにチェーン展開を始め、この時点で直営店が18店あった。フランチャイズも7店舗を持つという。あわせてすでに25店舗。地方の商店街から生まれたチェーン店としては、すでに成功している部類に入ると言っていいだろう。

そんな一通りの説明を済ませると、柳井はカジュアルウエア・チェーンが持つ可能性について熱弁を振るい始めた。熱っぽく話す時に右手の指に力を込めて折り曲げたり伸ばしたりを繰り返す仕草が、妙に安本の記憶に残っている。

柳井が言うには、カジュアルウエアに性別は関係ない。これだけで客層が、圧倒的に男性に偏るスーツのざっと2倍になる。しかも年齢も問わず、流行に左右されにくい。紳士服と比べて市場規模がケタ違いになることは自明である。

店は倉庫をモチーフとするだけあって、大学生協や本屋のようなセルフサービス方式で、接客は最小限にとどめているという。

柳井の話は小郡商事が始めたカジュアルウエアのユニクロにとどまらなかった。二人の周囲を取り囲む大量の本にも話題が及んだ。柳井は、目標とするところやベンチマークは日本の同業ではないと言ってはばからない。

柳井の口から出たのはアメリカのＧＡＰや英国のネクストといったすでに巨大企業に成長している欧米のアパレル企業だった。もっとも、話題はアパレル産業にとどまらない。アメリカでは巨大チェーンとなっていたウォルマート、日本の会社ではコンビニの先駆けであるセブンイレブンの名が挙がった。話題はシリコンバレーのコンピューター産業にまで及んだ。

その話を聞けば聞くほど、目の前に座る宇部の商店街の名前も聞いたことがなかった会社の経営者が、世界中の企業をよほど熱心に研究しており、その知識が半端なものではないことが伝わってきた。

学者のように客観的に研究しているだけではなかった。柳井の言葉からはひしひしと危機感が伝わってきた。

「おそらくGAPは近々、日本に上陸してくるでしょう。そうなった時にこのままだと、日本のアパレルなんて全部潰れてしまいますよ」

実際、GAPはこの時から約4年後に日本進出を果たし、大ブームを巻き起こした。座して死を待つわけにはいかない。そのためにも、柳井は上場してユニクロの展開を急ぎたいと言う。上場の目的はそのための資金を得ること。「上場は僕が決めたゴールの通過点でしかないんです」とも言い切った。

柳井の言葉に、安本は圧倒されていた。

地方の商店街でちょっと成功を手にした店主がまとまった財産を手にするために株式公開を思いついたのか。はたまた、世間に認められる上場というものを名誉欲の終着点とでも考えているのか――。正直なところ、その程度のことだろうと見くびっていたことは否めない。実際、そんな経営者を山のように見てきた。だが、目の前に座るラフないでたちの社長の鬼気迫る語り口は、まったくその類いではなかった。

「いきなり真剣勝負で追い詰められた感覚でした。こちらがちょっとでも手を抜いたら一発で殴り倒される。そんな緊張感でした」

安本は初対面の柳井正が発する空気感をこう振り返った。冗談や下手なお世辞は通じなさそうだということは、すぐに理解できたという。

安本は取り繕うように答えた。「まずは経営計画や月次決算の管理を整えたり、内部統制の仕組みを作ったりする必要があります」。そんなことは言われるまでもないのだろうと思いつつ、言葉をつなげた。

「ともかく、会社のことをもう少しお聞かせください。5日ほど、そのための時間をください。その上で改善点などを提案させてもらえればと思います」

そう言うのが精いっぱいだった。その日の夕方に帰路につくため再び宇部空港に向かおうとすると、柳井は安本に一枚の紙を渡した。経営理念が綴られているその紙の下にはこう記されていた。

「1997年に日本を代表するファッション企業になる」

そのために年率30％以上の成長を目標にするとも添えられていた。

日本を代表するだと？　こんな田舎町のちっぽけなビルに本社を構える無名企業が、たいそう大きく出たものだ——。不思議と、安本にはそうは思えなかった。むしろ宇部を後にする時、こう考えたという。

（今度ここに来る時には竹光ではなく、真剣じゃないとダメだ）

未熟なユニクロ

ほどなくして2度目の宇部訪問の日がやってきた。安本はまず、「真剣」をつくることから着手した。真剣勝負で小郡商事と、柳井正と向き合うのなら、まずは会社そのものをよく知ることから始めなければならない。安本は幹部陣と精力的に面談を重ねる一方で、資料の収集にあたった。

小郡商事は毎年8月末を決算の年度末に設定している。この2度目の宇部訪問は1990年10月初めのことだったが、安本の手元に届いたのは前年の1989年8月期の数字だけだった。売上高は41億6400万円で経常利益が4800万円。

「なるほど。それで、終わったばかりの期は?」

直近の数字について聞くと「どっちも去年よりは良くなっていますよ」という、実にざっくりとした答えだった。月次管理が徹底されていないことが理由だった。

柳井が世界の列強を相手に戦うというユニーク・クロージング・ウエアハウスの店も視察してみた。アパレル業界には疎い安本だが、ずらりと並べられている商品を手に取ってみて愕然とした。よく見ると所々、縫い目の糸がほつれている。

(こんなのホントに売れるのかよ……)

確かに安いが、典型的な「安かろう、悪かろう」にしか思えない。それを柳井は「発注した服は全部買い取って売り切るビジネスモデルです」と豪語する。だが、実物を見るとその言葉が空々しく感じられた。この当時は、まだまだユニクロのSPA(製造小売業)モデルは発展途上である。生産や品質の管理も甘く、宇部から香港に送られる手書きの仕様書通りにはいかないことが多かった。

(これは、先が思いやられるぞ)

やはり、と言うべきか勉強家の社長が思い描く理想のユニクロ像と実態とでは、まだまだかけ離れているようだ——。そう思わざるを得なかった滞在の3日目のことだ。早朝にペンシルビル4階の社長室までまた階段を登っていくと、柳井が開口一番に「うちの会長に会ってもらえますか。オヤジですけど」と言う。安本が返事する間もなく、柳井は歩き始めていた。どうやら、よほどせっかちな性分のようだ。

そのまま銀天街からクルマに乗って柳井の自宅に着くと、高台の上に二軒の家が並んでいた。急坂を登って手前にあるのが会長、つまり柳井等の家だった。その奥に立つのが息子・正の住む家だ。

手前の家の玄関を開けると和服姿の柳井の母、喜久子が出迎えた。玄関脇の応接室に入ると正があらたまった様子で座布団の上に正座した。安本も並んで正座すると、すぐに部屋に入ってきたのが着流し姿の柳井等だった。手には杖を持っている。

「なんの用かね」

ドスの利いた声でこう言う等に、正は「これからどんどん店を出していって株式を公開しようと思ってるんよ。それだけは言うておこうと思って」と説明した。正が、そのためのコンサルタントとして東京から来てもらうことになったのが隣に座る安本だと紹介すると、等が短く答えた。

「小郡商事はお前の好きなようにすりゃあ、ええ」

それだけを聞くと、正はホッと一息ついて安本の方に顔を向けて短く伝えた。

「会社、戻りましょうか」

あまりに素っ気ない親子の会話。安本があっけに取られて正に続いて席を立とうとすると、等が「せがれをよろしくお願いします」とだけ声をかけてきた。

とても実の親子とは思えないような張り詰めた空気を後にして、再び銀天街へと戻るクルマに乗ると、現実に戻されたような気になった。小郡商事は父の等が銀天街で立ち上げ、息子の正が東京でのプータロー生活を切り上げて帰郷してから数年でその切り盛りを託されていたことは、すでに聞いていた。

その親子の間に、他人にはうかがい知ることができない距離が存在することを、感じざるを得なかった。

父の反対

小郡商事の経営は実質的に早々に正が引き継いでいた。25歳の時に実印と銀行通帳を渡された日から「潰せない」と胸に誓い、銀天街から這い上がるための出口を模索する暗黒の10年を過ごしてきた。

その解として見つけたのがユニクロだった。１９８４年6月、広島のうらぶくろで1号店をオープンさせたのだが、その2カ月前に等は脳溢血で倒れていた。それを機に、正式に社長を息子の正に託し、等は会長の座に収まっていた。

ちょうどユニクロが産声を上げるタイミングで名実ともに小郡商事の全権を引き継いだ息子の正。実は、父はユニクロのチェーン展開には反対し続けていた。等の時代には周囲の商店街のオヤジたちも店ひとつで子どもたちを育て、その店の稼ぎで子どもたちを大学に通わせることもできた。「それでええじゃないか。何もむやみに店を増やして苦労する必要はなかろう」というのが等の考えだった。

早くから国内外の産業を研究し尽くした末に息子が見つけた「カジュアルウエアのチェーン店」、そして自ら服をデザインしてアジアの工場で大量生産する国際分業体制を前提とするSPA（製造小売業）という発想が、父には理解できない。自宅と店が一緒だった商店街の紳士服店がそこまで飛躍することを理解しろという方がそもそも無茶なことなのかもしれない。

ただ、実印と通帳を手渡した日に「失敗するんやったら俺が生きているうちにせえよ」とも言い、息子の挑戦を受け入れると伝えた通り、ユニクロの「発見」から拡大戦略に打って出た正の経営に口は出さないというスタンスを、父は守り通していた。

後々になっても柳井正は「その点、オヤジは偉かったと思いますよ」と振り返る。「お前に任せる」と一度口にしたからには、息子が自分とはまったく考え方の違うかたちで会社を率いることになっても文句は言わなかった。今度はどこに店を出すからと報告しても息子との会話は「ああ、そうか。それで、いったいどれくらい売れるんや」くらいで終わってしまった。

それでも父が自分にではなく全幅の信頼を置く浦に時々、小郡商事について事情聴取をしていることは知りながら、息子の方もあえて父に接近はしない。同じ土地で軒を並べながらも父と子の時間は、そうやって過ぎていた。


それからしばらくたった日のこと。

小郡商事の現状を調べ上げた安本は24ページにわたる「レビュー報告書」を書き上げた。これこそが安本にとっての真剣である。

柱となるのが会計と経営管理に関する現状の課題と改善点、そしてこれから進めていく新規出店に関する体制の整備だった。あくまで株式上場への前提となる項目をまとめていったという体裁を取ったものだが、言葉を換えればそれは商店街の個人経営店から「企業」へと脱皮するためのおおまかな見取り図と言えるものだった。

報告書に沿って柳井に説明すること2時間――。最後に記した「資本政策上の課題」の項目まで説明を終えると柳井は開口一番、「今度来る時に経営コンサルタントの契約書と実施計画書を作ってきてもらえませんか」と伝えた。柳井が安本の「真剣」を認めたわけだ。

すると安本は柳井にあらかじめ用意していた「TO DOリスト」を手渡した。レビュー報告でまとめた「上場企業になるための課題」のひとつずつについて、具体的に小郡商事の誰が担うべきかを列挙していた。社長である柳井にも、仕事が割り振られている。

ワンマン経営

ここから安本の宇部通いが始まる。安本が最初に手掛けたのが、組織図の作成だった。その理由を語るにはまず、当時の小郡商事の社風から触れるべきだろう。

小郡商事でよく行われたのが「ワンテーブルミーティング」だった。柳井がその場にいる社員を集めてミーティングを開く。ミーティングというよりトップダウンの命令の場という方が正確だった。柳井が「こうしてください」と言ったことを、その場にいた社員が実行する。小郡商事にとっての意思決定とは、柳井の命令を意味していた。

そんな柳井流の経営スタイルをまとめた文書があった。17カ条からなる「小郡商事経営理念」だ。そこには、古今東西の企業経営を研究してきた柳井が理想とする経営論を煎じ詰めたような文言が並んでいた。

例えば、第1条の「顧客の要望にこたえ、顧客を創造する経営」。これは柳井が敬愛する世界的な経営学者、ピーター・ドラッカーが『現代の経営』で説いた「企業とは何かを理解するには、企業の目的から考えなければならない。（中略）企業の目的として有効な定義は一つしかない。すなわち、顧客の創造である」という言葉がモチーフとなっている。

ちなみにこの17カ条の経営理念について、安本は「いくらなんでも多すぎますよ」と言い、4カ条に簡略化すべきだと苦言を呈したが、柳井は「ひとつずつに意味があるんです」と言って聞かなかった。この17カ条は後にむしろ項目が増えて、現在は23カ条となっている。ただ、その最初に記されている言葉は現在も変わらない。

「顧客の要望に応え、顧客を創造する経営」

「こたえ」が漢字になっただけだ。パッと見ると、当たり前の理念のように見えるのではないだろうか。だが、柳井はこの「当たり前」のことをどう実現すればいいか、その一点を、時代をへるごとにとことん深くまで追求していく。後々の章で詳述するABC改革や、情報製造小売業への転換という柳井の経営者人生の総仕上げとも言うべき改革も、このひと言をかたちにするための取り組みといえる。

つまり、柳井にとってこの17カ条は経営者として譲ることのできない言葉なのだが、ここで注目したいのが第8条である。

「社長中心、全社員一致協力、全部門連動体制の経営」とある。つまり、社長を頂点とするとことんトップダウン型の組織ということだ。実はこの「社長中心」の部分だけが後に「全社最適」と書き換えられている。あるいは「全員経営」という言葉を頻繁に使うようになる。トップダウン型からボトムアップ型へと抜本的に見直したわけだ。このあたりの経緯については次章で触れる。やや後になってから柳井はユニクロの飛躍を期すためにワンマン経営からの脱却を模索し始めたのだった。

少し前置きが長くなってしまったが、この当時の小郡商事は自ら「社長中心」をうたう典型的な独裁型の中小企業だった。

全権を握る柳井が指示を飛ばし、全社員がそれに付き従う。安本が問題視したのはワンマン経営そのものではなく、社長である柳井の指示を受けて動くその他の社員同士のつながりだった。誰がどんな責任を背負っているのかが不明瞭で、ともすればコロコロと変わってしまう。

これでは、どう考えてもすぐに組織運営が行き詰まってしまう。そう考えた安本が模造紙を広げて組織図を手描きした。

具体的には社長の下に営業部、商品部、管理部、出店開発部の4つの部門を書き出し、その下に誰が何を担当し、どんな責任を負うべきかを明記していった。例えば、営業部なら店舗運営や販売促進という職種を決める。そして、それぞれが責任を負う売上高や集客数、生産性、商品ロス率といった目標数字を書き記していく。

単に組織を縦割りに分解していくだけではない。具体的な機能と責任を明記していったところに、安本の組織作りに対する考えが垣間見える。

「組織図とは、経営戦略を機能別に解き明かした説明書である」

これが安本の持論だ。まさに組織図という名の、「会社の動かし方の説明書」をひとつずつ抽出していったのが、この模造紙に描かれた図であった。

「今のままではルールが明確とは言えません。今でも一人ずつに担当はあるけど、これから人が増えていくと組織を動かすにはルールが必要になってきます。だから仕事のカタマリごとに誰が何をやるのかを割り当てる必要があるんですよ」

そう言う安本の組織論は、柳井にも腑に落ちた。そもそもマクドナルドなどを参考に「小売業はシステムである」というのが、当時からの柳井の考えである。あらかじめ取り決めたシステムに即して社員の一人ひとりが動く決まり事がしっかりしていれば、どれだけ店が増えて組織が大きくなっても同じ目線で成長していける。そんなシステム化された店舗運営を目指していた。

「ただねぇ……、組織図っていうのは作った瞬間から崩壊が始まるものでしょ。だから、すぐにいじりたくなるんですよね」

柳井はこうも言った。実際、この後にもユニクロの成長にあわせてしょっちゅう組織図を見直していくことになるが「システムとしての小売業」という根底にある考え方は今も変わらない。

標準店舗モデルと会計思考

「経営戦略を表す組織図」と並んで、上場を目指す小郡商事に安本が持ち込んだもうひとつの概念が「会計思考」だった。簡単に言えば収益構造とキャッシュフロー構造のふたつを常にモノサシにせよということだ。

その思想が端的に表れているのが標準店舗の設計だった。これから全国に作っていく店舗の標準モデルをあらかじめ想定しておき、そこから得られる利益とキャッシュフローの目標値を定める。これを具体的な数値に落とし込んでいった。つまり、普通に経営すれば一定の利益とキャッシュフローを生み出すような店舗のモデルを最初に決めてしまい、それを量産していくという発想だ。

具体的に言えば「郊外のロードサイド。敷地面積は500坪。そのうち売り場面積は150坪。年間売上高の想定は3億円程度」である。

ここから少し、数字を並べて説明しよう。

この店の売上高をまずは120と想定する。実際にはシーズンの変わり目ごとに値引きして売り切る商売を想定しなければならないので、値引き分を20としてあらかじめ100に上乗せしておくのだ。このうち売上原価は60にできるとすると、値引きしても40の粗利益は残る。そこから販売費や管理費の30を差し引けば10の営業利益が残る。

実際には、服の当たり外れや地域、立地によって数字は変わってくる。どこにでも標準店舗通りの大きさで店を作れるとも限らない。ただ、そんな季節性や地域性、立地などの諸条件をならして平均化し、目指すべき数字を設定した上で出店する戦略を立てようというのが、標準店舗モデルに込めた狙いだった。

実際のところ、それから3年後のユニクロは、安本がこの時に描いた標準店舗モデルに極めて近い成績を残している。1993年8月期がそれにあたるのだが、この頃でユニクロの店舗数は90店（直営が83店でフランチャイズが7店）。売上高は250億円で一店舗あたり2・8億円。諸々を差し引いて残った営業利益は22億円。売上高の8・8％に相当する。

これらの数字は結果的にそうなったのではなく、最初からそうなるように設計した結果なのだ。今では多くのチェーン店が取り入れている戦略だが、当時の小郡商事にはなかった発想だった。この時に描いた標準店は郊外型を前提としている。この後、上場を経てフリースという「お化け商品」を武器に郊外型店舗から都心へと攻め込む1998年頃まで続くことになる。

「横柄な支店長」

こうして動き始めた小郡商事の上場計画——。

その年の12月半ばに安本は柳井とともに銀天街の近くにある広島銀行宇部支店におもむくことになった。上場の前提になる経営計画をまとめた書類を、支店長に説明するためだ。広島銀行は小郡商事のメインバンクだった。

二人の前に現れた支店長の柳田和輝はソファにドカっと腰掛けたかと思うと、高々と足を組んで資料を眺め始めた。柳井が説明を始めてしばらくするとズリズリと腰がソファに沈んでいく。特に意見もなく、ただ「ふんふん」と聞き流している。

安本は事前に小郡商事の社員から「新しい支店長は横柄で気難しい人ですよ」と聞いてはいたものの、その姿に不安を感じざるを得なかった。「あまり良い印象ではない。でも、悪気はなく、きっと親分肌の人なんだろうと思うことにした」と振り返っている。

それはまさに、この後に起きる柳井と柳田との確執を暗示していた。

ここから先は、ユニクロの拡大戦略とその過程にある上場へと向かうなかで二人の確執について言及することになる。確執というものには、当然ながら双方に言い分がある。フェアを期すため小郡商事側の言い分だけを聞くわけにはいかない。

従って、本書に取り組むにあたって広島銀行にその趣旨を伝え、当時の経緯を聞くべく取材を申し入れたところ、残念ながら「個別企業のことについては答えられない」との理由で断られてしまった。とはいえ、ユニクロの転換点にあたる時期でもあるため、避けては通れないテーマだと考える。このため、当時の小郡商事側の証言や資料を元に再現することをあらかじめ断っておきたい。

年が明けて1991年。この年は年明け早々から、ソ連軍によるリトアニア侵攻と湾岸戦争の勃発という血なまぐさいニュースが相次いで飛び込んできた。世界に目を向ければソ連崩壊による冷戦の終結という歴史の節目にあたる。国内ではバブル経済が崩壊して平成不況が始まることになる。

昭和の終わりに火がついた空前の好景気に沸いた時代にいよいよ幕が下り、この年を境に日本経済は谷底へと転がり落ちていく。そんな重い空気がいち早く広がり始めたのが、ユニクロが本拠を置く銀天街のような地方都市の商店街だった。宇部市の人口は18万人強をピークに横ばいとなり、やがて減少に転じていく。あれだけにぎわっていた銀天街からも目に見えて人の姿が消えていくのが実感できた。

不況の足音が迫り来る中で、柳井は強気の拡大戦略を打ち出そうとしていた。そのために新しく店を出すための資金はメインバンクである広島銀行に頼らざるを得ない。この年の6月、広島銀行を引受先とする第三者割当増資を依頼するため、柳井は安本を伴い、「お願い状」を持参して宇部支店を訪れた。対応したのは支店長の柳田だ。この日はいつになく機嫌が良い。自分で淹れたコーヒーを二人に出して世間話を始めた。

「宇部に来て何が困ったかといえば、(大きな)本屋がないことですね」

読みたい本をリストアップして度々、広島から送ってもらっているという。同じ悩みを抱えていた柳井も、これには同感だった。その様子を見てホッとする安本。ただ、柳田は本題に入ると、チクリと言った。

「まあ、ただの紙切れにならないようにがんばってよ」

柳井は苦笑いするしかないが、ともかく了承を取り付けることには成功したようだ。安本はこの二人が同じ話題でうなずき合ったのは、記憶に残る限りこの日が最初で最後だったと振り返る。

社名変更と危険な計画

この年の9月1日。柳井はペンシルビル4階にある執務机の周囲に、その場に居合わせた社員を集めて、こう宣言した。

「皆さん、これから社名を小郡商事からファーストリテイリングに変更します」

唐突な社名変更だが、「ファーストリテイリング」は以前から社内で柳井が使っていた言葉だ。意味を聞かれると「速い小売りです」と直訳で答えたが、その真意はマクドナルドのように高度にシステム化された小売業の形を目指すということだ。

多くの社員が驚いたのは社名変更より、柳井が明らかにした新生ファーストリテイリングが描く計画だった。

「これから本格的にユニクロを全国にチェーン展開します。毎年30店ずつ新しく出店します。3年後には100店舗を超えますが、その時点で株式の公開を目指します」

この時、ユニクロはフランチャイズ店を含めても23店に過ぎない。創業事業である紳士服店などをあわせても29店舗だ。

広島のうらぶくろにユニクロ1号店を出してからこの時点で7年余りが過ぎていた。ロードサイドの郊外型店という「金の鉱脈」を発見し、カジュアルウエアの安売り店に飽きたらず、すぐさま中国本土から香港に逃れていた華僑たちとのネットワークを築いていった。そうして1店舗ずつを積み重ねてようやく23店舗までたどり着いたというのが、その場に居合わせた多くの社員たちの実感だった。その数字をはるかに超える30店舗をわずか1年で達成し、しかもそれを毎年続けていくというのだ。

「母体より大きな赤ん坊を産むということですね」

安本に指名される形で管理業務の一切を預かることになっていた菅剛久《かんよしひさ》が柳井に言うと、柳井は「うん。それでいいんじゃないですか」と素っ気なく返した。だからどうなのだと言わんばかりだ。

柳井はこの計画を忠実に実行に移し、きっちり3年後の1994年7月に広島証券取引所への上場に成功するのだが、これは危険な賭けでもあった。

ユニクロのような衣料品店では、店を開くと日々現金が入ってくる。商品の仕入れ代金は3カ月後の手形で支払うのだが、その間にしっかりと売り上げが立てば回転差資金と呼ばれる資金余剰が発生する。

ところが現状の規模を超える年30店舗もの出店を続けるとどうなるか。当然ながら回転差資金をはるかに上回る出店資金が必要になる。これは銀行からの借り入れに頼ることになる。店を作れば作るほど借金が増える。ユニクロが順調に成長を続けているうちは問題ないが、もしひとたび成長が止まれば巨大な借金が残ることになる。

つまり、立ち止まったらそこで終わり。そうならないためにはペダルをこぎ続けるしかない。それも昨日より、強く、速く――。

銀行が融資する際に求める担保には、会社だけでなく柳井個人の財産が含まれる。資金繰りが行き詰まれば、父の等が「お札を一枚一枚積め」と言って蓄えた資産もまるごと持っていかれるだろう。柳井父子がすべてを失うだけでなく、100人ほどに増えていた社員たちの家族も路頭に迷うことになる。

柳井の宣言は、絶対に立ち止まることが許されないレースが始まることを意味した。出口はただ一つ。上場によってまとまった資金を市場から調達することだ。

「上場できなかったら潰れる。そういう瀬戸際に、僕は自らを追い込んだんです」

柳井は私の取材に対して、当時の危機感をこう振り返った。偽らぬ本音だろう。

もしこの時、ユニクロを30店舗程度にとどめて地域のカジュアルチェーンとして生きていく道を選んでいれば、少なくとも当面は安泰だったはずだ。手堅く回転差資金がプラスになることに集中すればいい。では、なぜそんな危険を冒してまで、誰もが無謀と思うような急激な拡大を求めたのだろうか。

ひとつには「なるべく早くに寡占状態を作る」という柳井の戦略があった。めぼしいライバルが出現する前に「カジュアルウエアのチェーンといえばユニクロ」と誰もが認知するような存在にならないと、いずれレッドオーシャンでの戦いに巻き込まれると考えたのだ。柳井が予想したＧＡＰの日本進出だけでなく、国内からもいずれ手ごわいライバルが現れるかもしれない。その前に、一気にカタをつけようというわけだ。

その一方で、柳井はこうも語った。

「それまでも僕は努力してきた。でも、たいして成長がなかった。それはなぜか。行き先を決めていなかったからです」

柳井は自著でも、ユニクロ以前の自身について「あの頃、日本には何万軒かの紳士服店、洋品店があったと思うけれど、そのなかの誰よりも、私は真剣に商売に取り組んだと思っている」（『柳井正の希望を持とう』）と振り返ったことがある。『一勝九敗』では「単なる商売好きから経営者に生まれ変わらなくては」という思いに駆られたと打ち明けている。もはや寝太郎と呼ばれた頃の無気力青年の面影は、そこにはない。

ただし、それは目標なき努力だったというのだ。まさに暗黒の10年である。それに対して、この１９９１年のペンシルビルでの宣言では、社員たちには語らなかった秘めた野望があった。

「僕は行き先を決めた。どうせ行くなら行き着く先まで行こうと決めた。それは世界一になることです。世界一になるためにこの仕事をやろうと決めたんです」

これが柳井の行き先である。安本に渡した一枚の紙に「１９９７年に日本を代表するファッション企業になる」と書かれていたことは前述した通りだ。日本一の座を手にしたなら、そこで一息つくことなく、そのまま一気に世界の頂点を目指して駆け上がろうと決めたという。その理由を聞くと、「だって、国体で優勝すれば次はオリンピックで金メダルを目指すのが当然でしょう」と返ってきた。日本一はあくまで金メダルへの中間目標に過ぎないとも言う。

これは決して成功を手にした今だから語れる後付けの説明ではないだろう。それは小郡商事とユニクロの歩みの時間軸を見れば明らかだ。

柳井がプータロー生活を切り上げて小郡商事に入社したのが1972年のことだ。そこから上場を経てアパレルの本場である東京に進出したのが1998年のことだから、四半世紀が過ぎた計算になる。フリースという画期的な商品を武器に、この東京進出を大成功させたことで、柳井は「日本を代表するファッション企業」の座をつかんだ。

それから海外に打って出るまでに3年。それも試しに店をひとつ作ってみるかという程度ではない。ロンドンで一気に4店舗をオープンさせ中国、アメリカと一気呵成に進出した。宇部から東京までたどり着くのにおよそ30年を要したのに対し、海外にはわずか3年で進出した。それも予想外のフリースの大ヒットによって、国内の店舗運営にまったく人の手が足りないという悲鳴が社内から聞こえてくるただ中である。

それでも海外進出を推し進めたのは、この1991年の時点で柳井が世界一になるという明確な行き先を決めていたからだ。

「そのための工程表を、僕は作ったんですよ。日本一になったら売上高は3000億円くらいになっている。その時にはもう海外に行く。事業をやる上で大事なのは、そういう計画と準備です。度胸だけじゃ、絶対にダメなんです」

現実の延長線上にゴールを置くな

繰り返しになるが、この時点でユニクロはまだ23店舗だ。それもエリアは西日本に限られ、東京どころか大阪にさえ至っていない。誰が聞いても無謀と思える世界一奪取計画を大真面目に描くことになったきっかけは、前述したハロルド・ジェニーンの著書『プロフェッショナルマネジャー』との出会いである。

実はこの本の冒頭で、ジェニーンは「セオリーなんかで経営できるものではない」と断言している。「われわれは常になにかの種類の妙薬、誇大なうたい文句とともに売り出される特効薬を求めてやまない。ビジネスの世界ですら、この事情は変わらず、そこではそうした妙薬は新理論と呼ばれる」。ジェニーンは世の中で跋扈《ばっこ》する経営の法則のようなものを、まるで子どものころにサーカスで見たマジックのようなものだと喝破する。

成功するための秘密や方式、理論など存在しないと前置きした上で、自分なりに身につけた経営の秘訣として「三行の経営論」を紹介している。

本を読む時は、初めから終わりへと読む
ビジネスの経営はそれとは逆だ
終わりから始めて、そこへ到達するためにできる限りのことをするのだ

言うまでもなく、ジェニーンが言う「終わり」を柳井はこの時、初めて明確に設定したのだ。それが世界一だった。そのためには「現実の延長線上にゴールを置いてはいけない」というのが、柳井がジェニーンから得た学びだった。

それまでは毎日の努力がいつか成果として表れると信じていた。暗黒の10年の日々にも、コツコツと努力さえ積み重ねていけばきっといつか報われる日が来ると信じていたのだ。ところがジェニーンは目先の努力の前にまず「終わり」を決めよという。その上で「そのボトムラインに到達するためになさねばならぬあらゆること」をせよと迫る。

逆算思考である。この言葉に出会い、柳井は自分の考えの甘さを痛感したという。そして考え方を180度変えることになった。

7年間で23店舗を展開するのが精いっぱいだった小郡商事あらためファーストリテイリングが、中間目標として「3年で100店舗」を掲げ、その先に世界一を目指し始めた。まさにこの頃のユニクロにとっては現実の延長線上にはなかった「終わり」である。

当時の心境を聞くと、柳井はこう答えた。

「実は30店舗くらい出して年間30億円くらい売れればいい、それくらいにしかならないだ

ろうと思っていたんです。でも、ひょっとしてすべてがうまくいけば世界一になれる可能性が0・01％くらいはあるかもしれないと考えるようになった。僕はその覚悟を決めたんです」

ちなみに、ジェニーンはこの三行の経営論を披露した『プロフェッショナルマネジャー』の第2章の結びでこうも述べている。

「言うは易く、おこなうは難しだ。肝心なのはおこなうことである」

柳井はここから世界一に向かって行動を開始し、ユニクロは異次元の成長軌道を描き始める。ただし、柳井が描く壮大な野望と工程表を理解する者は皆無と言ってよかった。

「おこなうは難し」

ジェニーンの予言を、柳井はいきなり痛感する事態に直面することになる。

メインバンクとの確執

風向きが変わり始めたのが、柳井がペンシルビルの4階に社員を集めて社名変更と上場を宣言した直後のことだった。広島銀行宇部支店長との間に不協和音が生じ始めたきっかけは、ファーストリテイリングが「3年後に100店舗」の計画のための、最初の30店を出店するために借り入れを申し入れた8億円だった。

銀行側は融資にあたって担保を求める。ただ、ユニクロは基本的に借地に店を作っていたため所有する不動産が少ない。そこで広島銀行は柳井親子が持つ個人資産を担保として差し出すよう求めていた。

この時に柳井が担保に充てたのが、市街地から離れた場所に持っていたサンロードというゴルフ練習場の土地だった。会長でもある父の等が地元の仲間たちとつくったゴルフ練習場で、柳井家が大株主となっていた。

これを条件に8億円のうち4億円が貸し出されたが、ここで広島銀行側から注文が付いた。「担保物件がなかなか差し出される様子もない。約束は守ってほしい」。当然の要求だろう。だが、柳井にはすぐに担保として差し出せない理由があった。この時点で近接地との境界線の問題が決着していなかったのだ。隣接する土地が山林なうえ、地権者が遠隔地に住む高齢者ということで境界を設定しようにも立ち会いが難しいとのことだった。

そもそも柳井には銀行の担保主義への不信感があった。ユニクロの売り上げは好調で、先述した回転差資金も問題なく回っている。その点をなぜ評価してもらえないのか。そもそもなぜ会社の借入金に対して、そこまで個人の財産を担保として差し出さなければならないのか。

「それならすでにお借りした4億円は返済した上で、あらためて8億円の借り入れを申請しましょうか」

「ユニクロの成長性をもっと正当に評価してくれる銀行があるなら、そっちにお願いするのが合理的というものですよ」

柳井が強硬な姿勢に出れば、宇部支店長の柳田も黙ってはいない。

「銀行からは本当に必要な額をルールに基づいて借りるものです。御社は銀行との付き合い方が分かっていない」

こうなっては売り言葉に買い言葉である。柳井には「なぜメインバンクなのにユニクロの成長性が理解できないんだ。いや、理解しようとせずになぜ杓子定規でことを進めようとするのだ」という言い分がある。その一方で、柳田の側にも銀行としての筋というものがある。これは当然の言い分である。

二人のやりとりが平行線をたどったまま、ユニクロにとっての転換点となった1991年も暮れようとしていた。年末のある日、安本は柳井に電話を入れた。この日、安本は珍しく風邪をひき、自宅のベッドの中で受話器を握っていた。

「今までの借入金を全部返済して肩代わりしてくれるような銀行はありませんよ。社長、くれぐれも広銀とはトラブルを起こさないでください」

ストレートな忠告に柳井は「分かっています」とは言ったものの、安本の苦言を真剣に聞こうという気はないようだった。安本が咳き込むと、「風邪がうつりそうだから電話を切りますね。お大事に」と言って本当にそのまま電話を切ってしまった。

世界一を「終わり」に定め、意気揚々と壮大な野望を実行に移そうとした矢先のこと。やはりと言うべきか、周囲からは理解を得られない。そんな不安を抱えながら柳井とユニクロは新しい年を迎えることになった。

「俺をだます気か」

年が明けて1992年。元号が昭和から平成になってすでに4年目。日本人にとってはもはやバブル景気が完全に過去の記憶となり、この年からいわゆる就職氷河期が始まった。日本全体が本格的に「失われた時代」へと足を踏み入れていた。

担保を巡ってこじれてしまった柳井と柳田の確執は、いよいよ深刻化していった。互いに大義がある。柳井にとっては世界一という目標に向けた最初の関門としての上場、そして日本一への道は譲れない。柳田にとっては、日本を大不況が覆う中で、この宇部の元紳士服店が始めたカジュアルウエアのチェーン展開という新しいビジネスモデルの実力を、そうやすやすと信用することはできない。

後の結果だけを見てやはり柳井の言い分が正しかったのだと安易に切って捨ててしまうのはフェアではない。ひとつだけ言えるのはこの年に相互不信が極限まで高まり、ファーストリテイリングが危機的な状況を迎えたということだ。その事実を追いたい。

「あんたたちは俺をだます気か」

部屋中に柳田の怒声が響いたかと思うと、手に持っていたタバコを灰皿に押し当てて火を消し、それをそのまま投げつけた。

柳田が苦々しい表情で目を落としていたのが、小郡商事あらためファーストリテイリングで経営企画担当の常務となっていた菅剛久が持参した経営計画の書類だった。吸い殻を投げつけられた菅は動揺のあまりその場で硬直するしかなかった。

ファーストリテイリングは大不況の波音が日に日に強まるなかでこれまで通りの「年30店」の計画を推し進めようとする。それだけではない。「3年で100店舗」という無謀とも思えるこれまでの計画の上に、さらに長期の計画が描かれていた。

100店舗を達成できれば売上高は300億円を超えるだろう。書類ではその先に、1000億円の長期計画が示されていた。ここまで来ればもはや無謀の域を超えている。少なくともメインバンクとして、そんなお気楽な計画に対して「ハイ、そうですか」と言ってカネを貸すわけにはいかないというのが柳田の立場だろう。ファーストリテイリングに対する疑念が深まっていく。

7月初めのある日、東京にある安本のオフィスの電話が鳴った。柳田からだった。

「店舗の売り上げが落ち込んでいるという噂を聞いたけど、本当のところはどうなんだ。これからまた出店すると言うだけでまたカネを貸してくれというのはムシが良すぎるだろう。うちはもう10億円以上を融資しているんだ。あんたも会計士なら分かるだろう」

ファーストリテイリングへの融資額はすでに支店長としての権限を越えるレベルに達し

ていることは明らかだった。

「明日から宇部に行きますので、そちらに伺います」

安本はこう言って話を切るしかなかった。

それから2日後、安本にとってすっかりファーストリテイリングの上場準備の相方となっていた菅とともに広島銀行宇部支店を訪れた。この店に入るのはいつも裏口から。思えば、正面玄関から足を踏み入れたことは皆無だった。

この日も柳田は二人のために自らコーヒーを淹れたが、その表情はいつになく厳しかった。そして、ついにこんなことを突きつけた。

「無茶な計画にはもうこれ以上、融資はできない。8月に予定している第三者割当増資に関しても、引き受けるかどうか検討しているところだ」

早い話が、もうこれ以上は付き合えないということだった。そこから教師が出来の悪い生徒に言って聞かせるように、柳田の説教が続いた。ずいぶんと長い間、叱責が続いたような気がするが、安本の隣に座る菅は背筋が凍るような思いでそれを聞いていた。

実はこの年、ユニクロの新規出店は4月と5月、それに冬物の売れ行きを見越した秋に集中していた。新しい店をオープンさせるにはまとまった資金が必要になる。その決済は3カ月の手形という形を取っていた。そうなると資金需要が9月末に集中する計算になる。手形の決済に加えて秋の新店舗オープンのための前払い分も必要になるからだ。

「このままでは絶対に足りなくなる」

頭の中で瞬時にその額をはじく。5億円とまではいかないが、どう考えても数億円単位になるはずだ。柳井は後に自著『一勝九敗』で「薄氷を踏む思いという、文字通りの状況だった」と記しているが、私の取材に対してはもっと率直に「あの時はもう、怒りで涙が出てきた」と振り返った。菅も「(この時の)一度だけ『もうダメじゃないか』と思いました」と証言した。

怒りの書状

新規の資金供給停止をちらつかせてきたメインバンクの広島銀行。世界一を目指して走り始めた柳井は、いきなりサドンデスの窮地に立たされた。ペダルを漕ぐ足を止めることは破滅を意味する。

ただ、柳井にはひとつ疑問があった。本当に広島銀行は支援停止を考えているのだろうか。言葉を換えれば、それは支店長である柳田の独断ではなかろうか、ということである。目の前にある危機に立ち止まってはいられない。柳井は窓口である宇部支店をすっ飛ばして広島にある広島銀行本店と直接掛け合うことにした。

結論から言えば、この頭越しの交渉によって柳井とファーストリテイリングは救われた。本店の常務が柳井が語るユニクロの拡大戦略に理解を示してくれたことで、広島銀行子会社のひろぎんリース社長だった松本惣六との面会にたどり着く。松本は宇部からやって来た血気盛んな社長の言葉に耳を傾け、その場で支援を約束してくれた。

「真剣に仕事をしていれば、必ずわかってくれる人はいるものだ」

後に柳井はこう振り返っている。一時は広島銀行本体による融資残高より、このひろぎんリースの残高の方が大きくなるほどだった。

ただし、頭越しの折衝を知らされた柳田は怒り心頭だった。「そういうやり方は銀行との付き合い方の流儀じゃない」。柳井にこう詰め寄ったが、柳井は聞く耳を持たなかった。とうとう柳田が融資の引き上げまでちらつかせ「それなら他の銀行を当たったらどうですか」と突き放したこともあり、「それなら」ということで他の銀行を回ったところ、日本長期信用銀行が融資に応じてくれることになり、三菱信託銀行と西日本銀行からも融資の承諾を得ることができた。

特に長信銀は、柳田との確執の発火点となったゴルフ練習場のサンロードの土地を担保に、8億円の融資を約束してくれた。

「そういうことですので、担保の一部を抜いて三菱銀と長信銀に差し入れたいと思いますので、了承していただきたい」

柳井がこう話すと柳田はそれまでになく怒り始めた。怒りにまかせて柳田が放った言葉を、柳井は今もよく覚えているという。

「生命保険の会社に自分から出かけて行って、生保に入れてくれなんて言う人はいないだろ」

最初はなんのことか理解できなかったが、柳田が言いたいことは、他の銀行に融資をお願いしたいのならメインバンクである広島銀行を通して依頼するのが筋というものだろうという意味だった。

柳井はまったく聞く耳を持たない。代わりに呼び出されたのが、あのでっち奉公時代から小郡商事を支えてきた浦利治だった。柳田が待ち構える支店長室に入ると、その柳田がいきなり烈火のごとく怒り始めた。

「俺がなんで怒ってるのか分かるか」

そこから反論を許さないという勢いで怒声が響いた。柳田の話は頭越しの本店や他行との交渉をなじる内容から、そもそも銀行をなんだと思っているのかという話に飛び火した。

「だいたい、お前らは一円のありがたみというものが分かっていない」

少年時代に先代の柳井等から「もし一円玉が落ちていたら迷わず拾え。商売は一円の積み重ね」と口を酸っぱくして育てられた浦からすれば、何を言っているんだと言い返したい気持ちがこみ上げるが、ここは我慢するしかない。黙って柳田の怒声を浴び続けた。

「うちはお前のところの〝やぶれ株〟を持ってやっているんだ。なのに、なんだ」

「お前たちは銀行の仕事というものをまったく理解していない」

ただただ、嵐が過ぎるのを待つように、頭を下げて怒りにまかせた言葉を受け続けるしかない。

その日、浦はペンシルビルに戻ると手帳にひと言だけ、こう書き記した。

「今日は涙がこぼれた」

そのやりとりを柳井に伝えると、今度は柳井が激高した。子どもの頃から寝食をともにし、誰もいなくなった紳士服店からたった二人で再出発してここまで支えてくれた兄貴分が、ここまでコケにされては黙ってはいられない。

柳井は柳田に宛てた書状を書き始めた。Ｂ４用紙１枚にまとめられたその文面からは、柳井の怒りが伝わってくる。

冒頭には「貴行の日頃の融資による弊社への御支援、及びこの度の弊社株式の出資による、貴殿のご尽力には大変感謝しております。厚くお礼申し上げます。これは特に、貴殿が貴行内での御尽力、人徳によるものと思い大変感謝いたしております」と、やや慇懃無礼とも思える言葉が並ぶ。その下に「一言申し上げたい点は以下の通りです」として、こう綴った。原文のまま掲載する。

「弊社は貴支店にとって主要な取引先かと存じますが、貴行の子会社でも系列会社でもありません。従いまして弊社担当者を呼び付けて子供呼ばわり、貴支店への出入禁止等の言動は今後控えていただくよう希望致します。弊社社員が銀行取引に精通していない点はおわび申し上げますが、弊社のしかるべき部署では立派に業務を遂行しております」

柳井の心境について、もはや説明は必要ないだろう。およそメインバンクの窓口を務める支店長に宛てた文面とは思えない。柳井はさらに、借入金の担保に充てた分以外の定期預金を引き出す考えがあるとまで書いている。
ここに至ってもはや、柳田との確執は修復不能な状態となった。

「全面撤退も辞さない」

事態の顛末《てんまつ》を聞いた安本は両者の間を取り持とうと気をもむことになった。この一件の直後の1992年11月20日に柳井に提出した「対前期比較財務分析」という書類がある。タイトルの通りに手形不渡りの危機を乗り越えてなんとか締めたばかりの1992年8月期決算の財務分析を事務的な文章でまとめている。

その最後の一行に、安本はこう付け加えた。

「社長へ　広銀とは呉々も喧嘩しないで下さい　安本」

財務レポートの内容とはなんの脈絡もないひと言が、目立つようにわざわざ四角で囲って記されている。だが、柳井は相変わらず「そもそもちゃんとうちの経営を理解していれば分かるはずでしょ」という考え方を崩さない。柳井と柳田との議論はどこまで行っても平行線をたどるように思えた。実際、もはやまともに会話が成り立たない状況となっていた。

それは柳田の方も感じていたのだろう。柳田はファーストリテイリングの柳井や菅ではなく、普段は東京にいる安本に連絡するようになっていた。

安本が柳井に「広銀と喧嘩しないように」と忠告した10日後のことだ。この日は静岡にいた安本のもとに、わざわざ柳田が電話をよこしてきた。

「今うちから担保を抜いて他行に設定するなんて無茶苦茶だ。常識では考えられない。株式を公開してから4～5行体制にするっていうのなら分かるけど、今メインバンクとトラブルを起こしても何のメリットもないだろ」

表情は見えないが、その口調から激しい怒りが伝わってくる。そして柳田はついに最後通告を突きつけてきた。

「どうしても担保を抜きたいって言うんなら、うちが持ってる株も全部買い戻してもらった上でお願いする。それならうちも全面撤退も辞さないので」

「まあまあ……、何もそこまでおっしゃらなくても」

余りの勢いに安本はなだめすかして受話器を置くしかなかったが、今度は安本のオフィスに3枚のＦＡＸが届いた。日付は１９９2年12月10日とある。

そこには柳田の考えが手書きで綴られていた。まずは無謀な設備投資、つまり新規出店をいさめる一文。続いてメインバンクを差し置いて他行と取引しようとしていることについて「銀行取引の原点は信用が基盤であることを認識して下さい」とクギを刺している。

そして「追記」として、こんなことが書かれていた。こちらも原文をそのまま引用する。

「我々銀行は企業に現金を納入している貴社にとって仕入業者ではありません。長年に亘って取引し、お互い信頼を基盤としているもので、約束を破ること、誠意には誠意で答えることができない場合、我々金融社会にあっては通用しないと思います。理不尽なことが、特に何度も許容されることではありません」

柳田の激しい怒りと、柳井に対する不信感が極まっていることがひしひしと伝わってくる。

「今、メインバンクともめるわけにはいかない」。そう思った安本は5日後に宇部に飛ぶと、すぐに菅を伴って柳田のもとを訪れた。

そこから叱責が続くこと2時間。先約があった菅が柳田の支店長室を退出すると柳田は席を立ち、ドアにカギをかけてしまった。

「こりゃもう、タダでは帰してもらえないということか」

そのままさらに一時間、柳田による罵倒が続いた。

(バンカーならもうちょっと商売の本質を見抜いてそれに賭けるってとこがあってもいいはずだろ)

(あんたも支店長なんだから、少しはこっちの側に立ってくれてもいいじゃないか)

安本は内心ではそう思ったが、口にはできない。ひろぎんリースの協力を取り付け長信銀など他行に取引を広げたとはいえ、やはりメインバンクの正面玄関は宇部支店長である。ここでキレるわけにはいかない。

二人の確執は結局、歩み寄ることなく終わりを迎えた。１９９３年6月に柳田が異動した。柳井は自著『一勝九敗』で、資金ショートの不安について93年6月まで続いたと書き記しているが、これは要するに柳田の宇部支店長としての在任期間のことを指している。実名こそ伏せているが、いかに苦々しく思っていたかがうかがえる。

そこから先は広島銀行との関係も正常化し、特に波乱もなく上場に向けた準備が淡々と続いていった。

この時の確執について、あらためて柳井に聞くと今も辛辣な言葉が返ってきた。

「約束した以上に成果を出しているのに、なぜ融資を続けられないんだと。支店長の勘違いでしょ。地方の零細企業とメインバンクとの関係は、『俺がお前たちを生かしてやっているんだ』と。そんな訳がない」

先述の通り、広島銀行からは取材を断られたためここでは柳井の言い分しか紹介できない。結果的にはユニクロはこの後、爆発的とも言える成長をなし遂げ、柳田が「俺をだますつもりか」と切り捨てたという経営計画を想定以上のペースで達成して世界へと進出していく。

では、柳田のことをユニクロの将来性を見抜けなかった先見性の明に欠けるバンカーだと言い切れるだろうか。二人の確執について振り返るくだりで何度か触れたが、時は日本経済が真っ逆さまに転落していくまさにその入り口にあたる時期のことである。果たしてどこまで落ちるのか、誰にも予測できない不確実性の時代の始まりだ。金融機関は大小を問わず守りの姿勢に転じざるを得ない。

まさにそんなタイミングで目の前に現れたのが、バブル景気の頃に勢いに乗り始めたカジュアルウエアのチェーン店の社長だった。上場をテコに日本一、さらにその先の世界一を目指すと言ってはばからない。その言葉をそのまま真に受けて黙って後押しすることが、果たして地方銀行の支店長として許される判断なのかどうか。

数々の証言から、横柄な物言いや態度は度が過ぎるとは思う。今では許されないだろう。ただ、日本経済全体が暗いトンネルの中に入ってしまったこの時代、柳田の主張にも大いに正当性があるはずだ。繰り返しになるが確執には双方に言い分がある。ここでは、柳田と広島銀行の名誉のためにも、それだけは付け加えておきたい。

上場の日

そういえば、こんな後日談がある。いよいよ広島証券取引所への上場を翌日に控えた1994年7月13日の夜のこと。安本と菅が広島に前泊して主幹事証券会社の関係者たちと前祝いの飲み会に繰り出していた。あの大失敗だったプールバー併設の広島2号店があった辺りの繁華街を二次会の場所を探して歩いていると、そこでバッタリと出くわしたのが柳田だった。

「聞いたぞ、上場するんだって？」

安本の顔を見ると近寄り、両手でがっちり握手してそのまま肩に腕を回してきた。柳田なりの祝福だった。

「彼も喜んでくれているんだなと。思えば、冷たいところもあるけど愛情半分。あれでいて心配してくれていたというか、（不器用な）オヤジみたいなイメージですかね」

安本はこの夜の再会をこう振り返る。

そして翌日。早朝に柳井が宇部から駆けつけて安本や菅と合流した。広島証券取引所の近くにある喫茶店に入るが、どうも落ち着かない。柳井はコーヒーを飲み終わらないうちに「行きましょうか」と言って席を立った。

そういえば宇部のペンシルビルの向かいにある社員御用達の喫茶店「はと家」で昼食をともにしても、いつも先に食べ終わるのが柳井だった。ゆっくりと箸を進める安本に「それじゃ商売人になれませんよ」と珍しく冗談を飛ばしたものだ。ちなみに、柳井がせっかちなのは今も昔も変わらない。

8時半に証券取引所に入り、上場認証式が始まった。公募価格は7200円。取引が始まるとすぐに500万株の買い注文が入った。一方の売りは1万5000株。圧倒的に買いが優勢で売買がまとまらない。そのまま時間が過ぎていった。午前の取引が終わろうとする頃、買い気配を示すＱＵＩＣＫ端末に表示された数値はすでに1万円を超えていた。

結局、この日は買い注文が優勢な状況が続き、売買が成り立たないまま取引終了の時間を迎えた。初値の値幅制限がなくなってからは広島証券取引所で初値が付かなかったのはこれが初という異例の事態となった。

そのまま記者会見に臨んだ柳井は異例の初日の感想を聞かれるとこう答えた。

「びっくりしていますが、うちらしいなとも思っています。10年前、現在の形態の第1号となる店舗を広島に出店したとき、お客さんが殺到して入場制限したことがあったのを思い出します」

思えば、広島のうらぶくろでユニクロ1号店をオープンさせた日から丸10年がたっていた。暗黒の10年を経て柳井が見つけた「金の鉱脈」。そこからまた10年の月日が流れていた。

香港で出会った華僑たちの言葉をヒントに、単にカジュアルウエアをかき集めた倉庫のような店から、国際分業によるSPA（製造小売業）へと進化させていった。そしてジェニーンの「三行の経営論」と出会い、世界一を目指して走り出そうとしていた。

そのすべてが否定された。柳井がぶちあたったのは常識という壁と言えるだろう。それでも資金ショートの悪夢を乗り越え、ようやくこの日を迎えていた。

そして翌朝、9時25分にようやく取引が成立し、記念すべき初値が付いた。1万4900円。公募価格の2倍を上回る数字だ。記録的な株式公開によって柳井は134億円の資金を調達した。これで個人の財産を担保に借金を重ねる必要もなくなる。

上場を目指す過程で小郡商事はファーストリテイリングへと名を変え、節目の日を迎えた。この時、柳井は何を思ったか。周囲にこう語って聞かせた。

「これで一気に200店くらい作れるぞ」

節目の上場も、あの理解されなかった世界の頂点を目指す工程表の入り口に過ぎない。柳井はこの言葉の通りに、上場で得た資金をテコにユニクロを東へ東へと広げていく。

まずは日本一へ——。その過程で父から受け継いだ会社のカタチをもう一度、抜本的に作り替えていくことになる。この後、新しい力がユニクロの門をたたく一方で、これまで柳井を支えてきた多くの者たちが去っていく。そうやってユニクロは、我々が現在知るユニクロへと近づいていく。相変わらず引き算と足し算を繰り返しながら。


このあたりの歩みは次章以降で描く。その前に、柳井にとって最も大きな別れがやってきた。経営者として、ひとりの人間として「教師であり反面教師であった」と言う父・等との別れだ。

父との別れ

先述したように、等はユニクロ1号店が広島・うらぶくろでオープンする直前、1984年に脳溢血で倒れて会長に退いていた。とはいえ、この時点ですでに全権を息子の正に託して10年ほどが過ぎていたので、それによって特段、会社として何かが変わったわけではない。

それまでも小郡商事の状況には気にかけることが多く、時々、店に顔を出してはかつて自宅に住み込みで働いていた浦に店の売れ行きなどをしきりにたずねていた。

脳溢血で倒れてからも度々、浦を自宅に呼び出すことがあった。浦が正座して等を待っていると、決まって妻の喜久子が「浦さん、足を崩しよしよ」と京都弁で語りかけたが、親代わりでもあった等を前に浦があぐらをかくことはついぞなかった。

等は息子が店を増やしていくことには常々反対だった。地元に根を下ろし、そこで自分の目が行き渡る範囲で商売をやればいい。そうやって家族と何人かの従業員を養えればそれでいいじゃないかというのが等の考えだ。「ユニクロで世界一」を目指し始めた息子とは、考え方が根本的に異なる。

そんな息子の経営に、父が口を出すことはなかった。それでもやはり気になってしまうのが親子の情というものだろう。浦を自宅に呼び出しては毎回、同じことを口にするようになっていたという。

「お会いするたびに『浦、店を頼むぞ、正を頼むぞ』とおっしゃいました。先代は息子の社長に店を任せたからには口出しをしないと。でも私には言いやすかったのでしょうね」

そんな等がこの世を去ったのは1999年2月のことだった。広島証券取引所に上場していたファーストリテイリングが、いよいよ東証一部への上場を果たした5日後の夕方のことだ。

土曜日だったこの日、浦は社員の結婚式に出席していた。その帰路にクルマで自宅近くにさしかかった時に携帯が鳴った。等の妻である喜久子からだった。

「うちの人が倒れて、救急車で病院に運ばれました。浦さん、行ってもらえないでしょうか」

急いで行き先を変えて宇部興産中央病院に向かうと、病室には正が一人で酸素マスクをつながれて横たわる父を見守っていた。正の表情からは、それまでに見たことがないほど生気が消えていた。医者に症状を聞くと、「残念ですが……」と返ってきた。夕食の餅を喉に詰まらせたことが原因だという。

「最期はあっけないものでした。何もできなかった。最期に話すことも……」

それが親代わりだった男との別れだった。

等が息を引き取る頃、柳井家の面々が次々と病院に駆けつけてきた。等には四人の子がいる。正から見て姉が一人に、妹が二人。姉の広子が号泣していると、正は「こんな時に泣くな」とたしなめた。すると広子が「こんな時に泣かんといつ泣くんね」と食ってかかった。正はまともに返事しようともしない。

そんな様子を呆然としながら見つめていたのが妹の幸子だった。相変わらず家族にも素っ気ない兄だ。親の死に目に際しても、そう思わざるを得ない。

それから3週間後に宇部の市民斎場で社葬が執り行われた。社員を代表して弔辞に立ったのが浦だった。万感の思いをこらえながら、用意してきた別れの言葉を読み上げた。

「会長。あえて会長と呼ばさせていただきます。お別れが今でも信じられません。私が30余年前に会長に初めてご指導を受け始めて以来、会長から商いの心配り、人間としての生き方を身をもって教えていただきました。そのすべてが、今も脳裏をひとときも離れることがありません」

途中で、どうしてもこみ上げてくる。中学を出たその日から、あの銀天街のにぎやかな家庭で商売のイロハをたたき込まれた。毎日がただただ、忙しく過ぎていった。

息子に店を託すと自分以外の古株たちが愛想を尽かしてことごとく去ってしまった。それからも、父がどれだけ息子と会社のことを気にかけてきたかは、浦だけが知っている。

そんな記憶が、どうしても頭の中を巡る――。浦は言葉をつないだ。

「ファーストリテイリングが今日あるのも、会長がその礎を築かれたおかげです。心残りなことは、ようやく会社が世間に認められて『さあ、これから』という今お別れをしなければならないことです」

「悲しみは尽きませんが、いつまでも思い出に浸ることは会長の教えに背くことだと思います。この上は、会長の教えを守り全社員一丸となり、世界で一流企業と言われる会社を目指していくことをお誓い致します。どうぞ天国より我々をお見守りください」

柳井正の涙

参列者が一様に驚いたのが、この後に喪主として挨拶した柳井正の様子だった。話し始めると、訥々とした言葉がつながらなくなり、やがて嗚咽するような話しぶりとなった。目から涙が流れて止まらない。

これまでに人前で涙を見せたことがあっただろうか。子どもの頃には父に厳しく叱りつけられてメソメソと泣いたことはあったかもしれない。誰もが見たことのない柳井正の姿が、そこにあった。

「父は僕の人生最大のライバルでした」

そう言うと、もう言葉が出てこない。

その様子を目にした妹の幸子は、あの病院でのシーンを思い出さざるを得ない。

「ああ、あの時に一番泣きたいのは兄だったんだなと思いました」

この時、正は何を思っていたのか。本人に聞いた。

「オヤジが死んで思い出したのが、オヤジが喜んだ時のことでした。僕が宇部高校と早稲田大学に合格した時かな。特に早稲田に通った時なんかは皆さんに自慢して回っていましたからね」

小さい時から「なんでもいいから一番になれ」と言われて厳しく育てられた。頭ごなしに怒鳴りつけられ、平手打ちが飛んでくることは日常茶飯事だった。それが期待の裏返しであることは子供ながらに分かるような、分からないような……。

思春期になるとずっと父のことを避けてきた。毛嫌いしていた時期もあった。それでも父の喜ぶ姿が、最後に浮かんできた。25歳で銀行通帳と実印を預けられ、「失敗するんやったら俺が生きているうちにせえよ」と告げられた時に感じた重圧は今も忘れられない。

思えば、誰よりも息子である自分に期待し続けてくれたのが父だった。その表現の仕方が下手くそだったことが、今思えばいかにも父らしい。

父と子の間のことである。他人である私には立ち入れない。だからこの辺にしておく。ファーストリテイリングとユニクロという日本で生まれたグローバル企業の創業者は柳井正であるというのが私の考えだ。ただ、その始まりにあったのは、中国から引き揚げてきた不器用な男が始めた小さな紳士服店だった。

すべての物語には始まりがある。ユニクロ物語の原点を記憶している人は、今ではほとんどいない。だからあえて柳井正にとっての「最大のライバル」の最期をここで書き記しておくことにした。

第5章

飛躍

東京進出とフリースブーム

国立競技場

目の前の背番号10にボールが渡る瞬間を見計らっていた。試合開始の前から「まずはこいつをぶっ倒してやろう」と狙いを定めていた相手だったからだ。5メートル以上の距離を猛然とダッシュして間合いを詰めると、玉塚元一《げんいち》は10番をめがけて渾身のタックルを見舞った。

「く」の字に体が折れ曲がった10番がたまらず地面に崩れ落ちる寸前のことだ。その左をさっそうと駆け抜ける男に楕円のボールをつなげられた。

(しまった!)

そう思った時にはもう遅い。

タックルに飛び込んだ玉塚が慌てて振り返ると、ボールを右腕に抱えた平尾誠二はそのまま敵味方が折り重なり合う密集地帯を華麗なステップで駆け抜けていった。平尾の背番号12があっという間に玉塚の視界から消えていく。後にミスターラグビーと呼ばれる男の鮮やかなトライで、伝説と言われることになる大一番が動き出した。6万人近い大観衆の歓声がこだまする。玉塚の耳には、その大音量がやけに遠くに響いた。

1985年1月6日、国立競技場——。

ラグビーの大学日本一を決める大学選手権の決勝に駒を進めたのは前人未踏の3連覇がかかる王者・同志社大学と、大方の予想を裏切って快進撃を続けてきた慶應義塾大学だった。

同志社は平尾のほかにも、4年生には後に日本代表でも活躍する大八木淳史などスター選手がずらりと並ぶ。かたや慶應は15人のスタメンのうち実に13人が付属高校の出身だった。

ここまでの4年間、相手チームからも「お坊ちゃん」と露骨にバカにされることもあったが、血へどを吐くような猛練習を積み重ねて頂上決戦までたどり着いていた。気を失うまで自分を追い込み、頭から水をぶっかけられて正気に戻る。4年生になっていた玉塚も、そんなことを何度経験してきただろうか。

前半5分のラインアウトから生まれた平尾のトライで一気に同志社ペースになるかと思われた試合は、そのまま膠着状態に入った。機先を制した王者・同志社に対し、じりじりと巻き返す慶應。後半に入ると両軍が何度も互いのゴールラインに迫るが、いずれもギリギリのところでトライは許さない。

ラグビーファンの間で語り継がれることになる伝説のシーンが生まれたのは、そんな緊迫した試合が終了間際に差し掛かった時間帯のことだった。慶應ボールのスクラムからキャプテンの松永敏宏が抜け出し、フルバックの村井大次郎にボールが渡った。

（行け！）

後方で見つめる玉塚は心の中で叫んだ。いや、言葉ともいえない何かを叫んでいたような気がする。ボールを抱えた村井が、ついにゴールラインを超えた。

大歓声が国立に響く。時計は残り時間1分を指していた。

起死回生の同点トライだ。しかも村井が飛び込んだのはゴールポストのすぐ横だった。続いて慶應に与えられるキックにはほとんど角度はつかず、決めるのはなんということはないだろう。それが入れば慶應の逆転となる。

世紀の大逆転――。

誰もがそう思った瞬間に無情の笛が鳴り響いた。慶應側に手でボールを前に投げるスローフォワードの反則があったと宣告されたのだ。

これが本当にスローフォワードだったのかどうかについて、ラグビーファンの間ではその後に長く議論が繰り返されることになった。ここではその点については言及しないが、それほど微妙な判定だったことは確かだろう。

ただし、ラグビーにおいて審判のジャッジは絶対である。トライは認められず、慶應は力尽きた。

(俺のせいで負けた……)

ノーサイドの笛を聞いた時だけではない。後々まで玉塚は自らに問い続けてきた。

玉塚のポジションはフランカーだ。誰よりも早く密集に飛び込み、相手のチャンスの芽を潰す。決して目立つポジションではないがチームのために、どこまでも泥臭く体を張るのがフランカーというものだ。そんな役割にこの上ない誇りを感じていた。だから、いつだって相手のぶっとい足に弾き飛ばされる恐怖にうち勝ち、己の身体をぶつけることができた。

ただ、あの時はどうだっただろうか――。今でも思う。「あいつをぶっ倒してやろう」という自分勝手なプレーを選択してしまったのではないか。心の中に存在した小さなエゴが判断を狂わせたのではないか……。

味方の危機を未然に防ぐのがフランカーの役目なら、あの時、瞬時に相手の動きを読んでタックルに飛び込むのを踏みとどまり、後方から突進してくる平尾に標的を変えるべきだった。その瞬間には最良の判断を下したつもりだったが、時間がたつほどに悔しさがこみ上げてくる。

(俺のせいで負けた)

自分のミスで栄冠が手のひらからすり抜けてしまった。そう、認めざるを得ない。それがラグビーに明け暮れた玉塚にとっての、「伝説の国立」での苦い記憶となった。ずっと後になって玉塚はあの日のことをこう振り返った。

「あの時、仲間たちと本当に悔しい思いをしました。でも、もしあの試合に勝って栄光をつかんでいたらどうだったか。どちらの方が後の人生にとってよかったのかなとよく思うんですよ。あれは私に与えられた試練だったんじゃないかって」

あの失敗があったから、あの失敗を取り返してやると思い続けてきたからこそ、誰よりも熱い思いで前に進めたのではないか。それは兄貴分に導かれるようにユニクロの門をたたき、絶頂とどん底をくぐり抜けた日々でも変わることはなかった。

後に柳井正から後継社長に指名されながらわずか3年で実質的に更迭されてユニクロを去った玉塚の原体験が、あの遠くにこだまして脳裏から消えることのない国立競技場の大歓声だった。

ここまでユニクロの物語は柳井正という人物を主人公に、元来は内気で人付き合いが決して上手とも言えない若者がどうやって数々の壁を乗り越えて、一介の紳士服店の若旦那から経営者へと成長していったのかを描いてきた。その先に目指した世界一への道のりでは、商店街の時代にはいなかった才能たちが柳井のもとに集い、やがてユニクロを世界へと押し上げていく。

従って、この先は柳井を中心に、柳井のもとに集まってきた新しい才能たちがどうやって世界で戦ってきたのかを描くことになる。

ただし、「才能」と言っても特別な能力を持った者たちではない。もともとはどこにでもいる若者たちだった。「普通の若者」が集い、知恵を絞り、壁を乗り越えようとする物語だ。そこには成功もあれば失敗もあった。これまで描いてきた柳井正の歩みがそうであったように。

体育会系の兄弟分

あの日から3年――。玉塚は社会人チームに進むことなく企業戦士の道を選んでいた。旭硝子（現ＡＧＣ）に入社し、工場勤務を経て東京・丸の内の本社にある化学品の海外営業部門に配属されることになった。そこで出会ったのが兄貴と慕うことになる男だった。

いつもややオーバーサイズのダブルのジャケットを羽織り、ガニ股で旭硝子の廊下を闊歩している。ただし、その男は旭硝子ではなく伊藤忠商事の社員だという。それが澤田貴司だった。

澤田は旭硝子の社内ではすでにちょっとした有名人になっていた。それまで全く取引がなかった旭硝子に伊藤忠の営業マンとして飛び込み、何度冷たくあしらわれても翌日には何もなかったかのようにまた笑顔で現れる。なんでも、吉祥寺にある担当部長の自宅に突撃してきたこともあったという。

旭硝子は三菱財閥の創始者である岩崎彌太郎の甥を創始者に持つ。社名に三菱を冠してはいないものの三菱グループの中でも名門企業のひとつとされ、総合商社の中では当然のように三菱商事が取引を仕切っていた。その分厚い壁に風穴を開けたのが、この伊藤忠の営業マンである澤田貴司だった。旭硝子でたまたま余った５００トンのウレタン原料の販売を引き受けたことを突破口に、あれよあれよという間に取引を広げてしまった。

（あの人が澤田さんか）

玉塚はすぐにこの5歳年上のやり手の営業マンを認識した。本社に配属された玉塚が伊藤忠との窓口役に任命されたからだ。

澤田は上智大学アメリカンフットボール部の出身で、社会人になってからもアメフトを続けていた。上背はそれほどないとはいえ、どうりで大きめのスーツの上からでも明らかにがっちりした体格が見て取れるだけでなく、いつ会っても真っ黒に日焼けしているわけだ。その澤田も玉塚のことは事前に知っていたという。

「こいつがあの玉塚かと思いました。なんといっても黄金期の慶應ラグビー部のメンバーですからね」

学生時代から体育会系社会にどっぷりとつかっていた二人は、すぐに意気投合した。ある夜に玉塚が澤田に電話したことが二人の距離をぐっと縮めたのだという。

「澤田さん、いま六本木で慶應のヤツらと飲んでるんですけど、よければ来ませんか」

慶應大学ラグビー部OBの猛者たちが集まる店に澤田がおっとり刀でかけつけると、そのままドンチャン騒ぎが始まった。こうして二人は会社の垣根を越えてしょっちゅう飲み歩く仲になった。

余談だが、伊藤忠の中で化学品部門は決して主力ではない。それどころか傍流中の傍流と言えた。そこに澤田の2年後に入社してきたのが、後に伊藤忠の社長となる石井敬太だった。石井も早稲田大学高等学院時代にラグビー部の一員として花園に出場した経験を持つ。ちなみにポジションは玉塚と同じフランカーだった。石井にとってすでに社内で名をとどろかせていた澤田はあこがれの先輩だったという。

「澤田さんの口癖は『いいかお前、絶対に負けんじゃねえぞ』でした」。そして今も当時も澤田のモットーが「気合いと根性」だ。社内で日陰的な部署にありながら、若くして誰もが認めるような実績を残し、誰にも負けないような情熱で社内にも社外にも「澤田ファン」をつくっていく。そんな先輩の姿を見て、石井は「俺もこんな風になりたいと思いました」と当時を振り返る。

根っからの体育会系気質の澤田と玉塚――。文字通りの兄弟分となった二人がこの後、西日本一帯を中心に勢力を広げつつあったユニクロの「第2幕」を描く中心人物となっていくのだった。

伊藤忠社長への直訴状

時は流れて1990年代半ば――。先にキャリアの扉を開いたのが、兄貴分の澤田だった。

「そんなにやりたいんだったら、社長に手紙でも書いたらどうだ」

こう澤田に話したのは当時の伊藤忠社長、室伏稔の秘書だった。「小売業はお客さんのことを一番よく知っている。だから、いずれ小売業が力を持つ時代になるはずです。商社はもっと小売業に関わっていくべきだと思います」。こんなことを力説する澤田は当時、37歳。商社マンとしていよいよ脂が乗ってきた時期だった。

澤田はこの秘書のアドバイスを真に受けた。「そうだ」と思えばすぐに行動に移すのが現場でたたき上げてきた男の流儀だ。

澤田が書き上げた「リーテイル戦略　ＩＴＣの収益構造の抜本的改革へのチャレンジ」と銘打ったレポート。宛名には「室伏社長殿」とある。ちなみにＩＴＣとは伊藤忠のことだ。澤田は本当にこのレポートを室伏に直接届けたのだった。

１９９５年12月27日。年の瀬も迫った土曜日のことだ。レポートの冒頭に、澤田はこんなことを綴った。

「本レポートは（中略）、今後ＩＴＣがこの小売分野に如何に取り組んでいくべきかを、独断ではあるが、示唆出来ればと思い提出させて戴くものである」

Ａ４用紙3枚にまとめられたそのレポートの内容は、一社員が社長に小売業への参入を直訴したものだった。

化学品のトレーダーとして名を上げていた澤田がなぜ突然、小売業への参入を訴えかけたのだろうか。このあたりの経緯を説明するには、やや時間を遡《さかのぼ》る必要がある。

室伏への直訴から4年近く前のことだ。

ある日、澤田の机の上の固定電話が鳴った。電話機のディスプレイは社内からの内線通話であることを示していた。相手は常務の山村隆志だった。受話器を取ると山村は「話があるからちょっと来てくれ」と言う。

ところで、山村は常務取締役のほかに業務本部長という肩書を持っていた。業務本部とは長らく伊藤忠の司令塔的な役割を担い、重要な意思決定にはことごとく関与するエリート部門とされてきた。

ちなみに業務部（本部）を社内の司令塔に育てたのは、元陸軍軍人にして終戦後に11年に及ぶシベリア抑留から帰国した瀬島龍三であることは広く知られている。後に伊藤忠社内だけでなく政界にも隠然たる影響力を行使し、「昭和の参謀」とも呼ばれた瀬島は、戦時中に自らが所属した参謀本部をモデルに業務部を築き上げていったと言われている。

そんなエリート集団を率いる社内の実力者がいったい自分になんの用だろうか——。山村が澤田に告げたのは、いかにも業務本部が暗躍していそうな最重要機密だった。

「実は、うちとイトーヨーカ堂とのプロジェクトが動き出すことになったんだ」

この前年、イトーヨーカ堂グループはアメリカでセブンイレブンを生んだサウスランドという会社を買収していた。ただ、当時のサウスランドは経営不振にあえいでいた。そこに伊藤忠も5%を出資した上でイトーヨーカ堂を支援する形でセブンイレブンの展開に関わっていくという。アメリカにある本家セブンイレブンの再生計画である。

「それを君にやってもらいたい」

山村は、化学品トレーダーである澤田を米セブンイレブン再生計画の担当者に指名するというのだ。

澤田はまったくの門外漢と言っていいキャリアを築いてきた自分が指名されたことに驚きを隠せなかったが、そもそも当時の伊藤忠にはコンビニどころか流通業のエキスパートと呼べる人材はほとんど見当たらなかった。この時点で伊藤忠は何度も流通業への本格参入を見送っていたからだ。

では、どうするべきか。

澤田はその場で考えた。よく考えれば、未開の地に飛び込むのはいつだってスリリングな経験のはずだ。ダメ元で旭硝子に日参した時もそうだった。澤田は突然の起用を引き受けることにした。

その後に待っていたのが、日本にコンビニをもたらした男との出会いだった。鈴木敏文である。イトーヨーカ堂で1973年にサウスランドとの提携交渉に携わり、セブンイレブンの日本進出を実現させたのが鈴木だった。

ところで、アメリカで暮らした経験のある読者なら理解いただけるかと思うが、同じセブンイレブンと言ってもアメリカと日本では、今ではまったくの別物だ。私もアメリカ駐在時代に現地のセブンイレブンを利用したが、置かれている商品の回転スピードが違うのは一目瞭然だ。なんと言っても、食べ物の質や量が違う。日本のセブンイレブンの棚に並ぶ食品の充実ぶりを恋しく思い出すことが多かったものだ。

コンビニは日本で独自に進化し、アメリカの本家を手中に収めた。今ではアジアを中心に世界に輸出するまでになっている。その立役者といえる経営者が鈴木であることに異論を唱える者はいないだろう。

血気盛んな商社マンである澤田が鈴木と出会ったのは、セブンイレブンが日本に進出してからすでに20年近くがたち、日本人の生活にすっかりコンビニが溶け込んでいた頃のことだ。この年、鈴木は親会社にあたるイトーヨーカ堂本体の社長にも就任している。

そんな「コンビニの父」を間近に見ることになり、澤田は圧倒された。その手法は徹底した現場主義だった。現場の店長から直接不満を聞き、「ちょっとパンがヨレヨレになってしまって……」と言われれば、パンのメーカーと直接掛け合う。工場が遠いことが原因だと分かれば新しい工場を作ってもらうよう交渉する。

弁当やサンドイッチ、おにぎりを支えるのは食品メーカーだけではない。配送網にはとことんこだわり抜き、配送用のトラックのタイヤのすり減り具合まで計算させる。

こんな現場レベルでの細かい計算を積み重ねていった結果が、日本をコンビニ大国に押し上げたのだと教えられた。

高度にシステム化された近代的なチェーン店経営を支える徹底した現場主義——。それが、澤田が見たコンビニ成功の秘訣だった。

「10年も待てるか!」

気づけば流通業にどっぷりとつかるようになっていた澤田が、「今こそ伊藤忠も流通業に参入すべきだ」と思いたち、時の社長である室伏稔に直訴したのが、前述した1995年の暮れのことだった。澤田のレポートに目を通した室伏は社員を前にした年頭の挨拶で「今年、私が強調したいのはリテール関連事業への思い切った参画による収益拡大だ」と言明した。

伊藤忠がいよいよ流通業に参画する。そう考えた澤田は社内の有志を募って流通業参入に備える部署を立ち上げてしまった。

ところが、そこから先に進めない。時を同じくしてバブル崩壊後の不況がいよいよ深刻化し、日本を金融不安の暗い影が覆い始めていた。澤田たちが何度、プロジェクトを上申しても役員陣が首を縦に振ることはなかった。返ってくるのは判で押したような「時期尚早」のひと言だった。

そんなある日のこと。またしてもあるプロジェクトが否決されると、当時の上司が澤田をなだめるようにこう話した。

「10年待て。あと10年すればおまえの夢もかなうから」

澤田の思いをくみ取った上でのアドバイスだったのだろうが、澤田は内心で「10年も待てるかよ」と毒づいた。今にしてみれば「僕は焦っていたんでしょうね」と振り返る。だが、「今すぐ小売業で勝負したい」という思いは、どうしても消せない。

1997年4月、澤田は39歳で伊藤忠を去る決断を下した。

伊藤忠を去ることを決めた澤田には、後日談がある。澤田が最終出社日に荷物の整理をしていると室伏から電話がかかってきた。一緒に昼食に行かないかというのだ。伊藤忠本社のすぐ近くにある日本料理店のカウンターに並び、ふたりでしこたま酒を酌み交わした。「見ていてください。俺は絶対に流通でトップになりますから」

澤田が決意表明すると、室伏は「やっぱりお前は面白い奴だなぁ。お前のその夢を、伊藤忠で叶えてやれなかった。すまんな」とつぶやいた。

伊藤忠がファミリーマートを買収したのは、その1年後のことだった。東京から遠く離れた宇部で「伊藤忠はとうとう本気になってくれたか」と感慨ひとしおだった澤田はその時、柳井正が描くユニクロの東京進出の陣頭指揮を担っていた。

これもさらに後日談になるが、澤田がユニクロも離れてからずっと後の2016年2月3日、ファミリーマートが新社長に澤田を迎えるという驚きの人事を発表した。セブンイレブンの経営に感銘を受けて室伏に小売業参入を直訴してから20年。澤田は再びコンビニの世界に戻ってきたのだ。

そのトップ人事が内定したちょうど1週間前。室伏は84歳で息を引き取っていた。親子ほども年が離れた情熱家を見守り続けた老将は、天国で何を思っただろうか。

「小せぇオヤジだな」

伊藤忠を去る決断を下した澤田に、リクルートの西日本エリア担当者が声をかけてきた。山口の宇部にユニクロというアパレルチェーンを運営するファーストリテイリングという会社があるという。

「宇部？　ノラクロ？　あ、ユニクロか……」

澤田がその名前を聞いたことがなかったのも無理はない。ユニクロは西日本でじわりと店舗数を増やし、関東にも進出していたが、1994年に出した関東1号店の千葉緑店は当初から客の入りがいまいちだった。その後も、都心をぐるりと取り囲むように走り郊外の大動脈と言われる国道16号線の外側にぽつりぽつりと店を出す程度で、都内での知名度はゼロと言っていい状況だった。

ところが、このリクルートの担当者が妙に熱心に口説いてくる。

「ここの社長の柳井さんに会っておいて損はないから。会うだけでいいから一度会ってもらえませんか」

実はこの頃、澤田は次の仕事が内定していた。スターバックスの実質的な創業者であるハワード・シュルツから日本法人の幹部として招聘されていたのだ。ただ、「そこまで言うのなら」と思い、その柳井正という男と会ってみようと考えた。

この頃のユニクロはあの銀天街の隣にあるペンシルビルから本社を移していた。瀬戸内海に面した宇部空港に着くと、澤田が乗るクルマはすぐに町中を通り抜けて左右には農村が広がった。しばらくすると人家もまばらな山の中を走り始める。そのまま30分近くクルマが走り続けた。

ファーストリテイリングの本社と言われたのは、小さな川に沿って走る片側1車線の一本道に沿ってぽつんと立つ平屋の建物だった。道路の向かいに人けのない資材置き場のような土地があるだけで、あとはうっそうと繁る木々が周囲を取り囲んでいる。本社の建物も山の斜面が迫る場所に立っていた。

これはとんでもないところに来たものだと面食らいつつも、社長室に入るとチノパンにセーターとラフな格好の柳井正が待っていた。この時、48歳。

(なんだ、小せぇオヤジだな)

澤田が内心でそう思ったのもつかの間のことだった。ひとたび口を開くと、柳井は口角泡を飛ばす勢いで語り始めた。

「アパレルは15兆円もの市場規模を抱えています。しかも、日本の流通業はアメリカに次いで大きなマーケットなんですよ」

「それなのにまともに経営している会社なんてひとつもないじゃないですか。正しい経営をして、最高のモノを最高のサービスで、最低のプライスで届ける。そんな当たり前のことをやれば絶対にこのマーケットを取ることができるはずです」

ついさっきまで「小せぇオヤジだな」とみくびっていたのが嘘のように、澤田は柳井の熱弁に引き込まれた。やがて柳井はこの頃に温めていた構想を打ち明けた。柳井がベンチマークとし続けてきたという英国のネクストというアパレルブランドを日本で展開したいという。

「それを澤田君にやってもらいたいんです」

この構想自体は実現しなかったものの、いずれ流通業の世界で一国一城のあるじになるというのがこの当時の澤田の目標だった。実際、この初対面の際に澤田は柳井に「もしここに入ってもずっと勤める気はありませんから」と断っていた。

いずれ流通業でトップを狙うと豪語して伊藤忠を飛び出した澤田だ。ずっとユニクロにとどまる気はないと言いつつも、この熱弁を振るう「小さいオヤジ」の下でなら働いてみたいと考え始めていた。「柳井さんと会うまでは入社するつもりは1ミリもなかった」という考えをあっさりと翻したのだ。

「スターバックスのハワードもそうなんですが、『俺はこんな会社にしたいんだ』と熱く語る。その姿にかっこいいなと思ったんです。伊藤忠では会ったことがなかった。ファウンダーとサラリーマンの違いはこれだけあるんだと。どっちが良いとか悪いとかじゃないけど、単純に俺はこういう人間になりたいと思ったんですよ」

澤田はスターバックスからの誘いを蹴って、この聞いたこともない片田舎の新興アパレル会社に賭けてみようと考えた。入社にあたり、柳井に2つの条件を提示した。

ひとつは「店長をやらせてください」だった。店長がユニクロの要というのは柳井の持論でもあるが、澤田もまた現場を知らなければトップには立てないと考えたのだ。

もうひとつは「1年だけでいいので伊藤忠時代の年収を保証してください」だった。当時の澤田の年収は1650万円。言うまでもなく商社マンの高給は、こんな田舎の山中に居を構える無名の会社には望むべくもない。だが、澤田はこうも付け加えた。

「1年で自分がどれだけやれるかを証明してみせます。それでダメだと思ったら、その時はクビにしてください」

すると、柳井はすんなりと承諾した。伊藤忠の高給どころか、澤田は入社後わずか半年で役員に昇格したため、すぐに年収は2倍に跳ね上がったのだが。

澤田がユニクロに惹かれたのは、柳井という経営者の熱に触れたことだけが理由ではないだろう。澤田は伊藤忠時代に小売業への参入を提案したわけだが、ひとくちに小売業と言っても非常に幅が広い。

社長の室伏に宛てたあの3枚の直訴状には、実はこれから日本で勝負すべきフィールドとして、米国で次々と生まれつつある「カテゴリーキラー」と明記していた。柳井が後に

「駅前食堂」と切り捨てた力を失ってからのダイエーや百貨店のような「なんでもそろう店」ではなく、特定の分野に特化した商売を仕掛けていくべきだと提案していたのだ。

カジュアルウエアで日本のカテゴリーキラーの座を目指していたのが、この頃のユニクロだ。前述の通り、澤田はオファーを受けた時点でユニクロやファーストリテイリングの名前は知らなかった。この宇部の外れの山の中に本社を置く無名企業に迷いなく飛び込めたのは、ずっと追い求めてきたカテゴリーキラーの原石が、目の前に現れたからだろう。

アメ村で見た現実

こうしてユニクロにやってきた澤田。希望通りに大阪・ミナミの繁華街「アメ村」にある店に派遣された。そこで見たのは、柳井が熱く語った理想とはかけ離れた現実だった。澤田にとって一番ショックだったのが、店の従業員が誰もユニクロの服を着ていないことだった。理由を聞くと、辛辣な言葉が返ってきた。

「なんて言うか……、デザインがダサすぎますよね」

「これ、洗ったら色落ちするし、めっちゃ縮むんですよ。こんなん最低やないですか。そら、着たいって思いませんよ」

売り場の誰もがユニクロの服に誇りを持っていない。それどころか口を開けば散々にこき下ろしている。

「安かろう、悪かろう」というイメージからの脱却はユニクロにとって以前からの課題だった。この時から2年ほど前には「ユニクロの悪口言って、百万円」という広告を全国紙に掲載している。お客からのクレームを服の出来栄えにつなげる取り組みをしてきたつもりだったが、現実にはそのお客に服を売る店員でさえ、いまだにユニクロの悪口を平気で口にしていた。

いきなり現実を見せつけられた気がした澤田は居ても立っても居られなくなり、ペンを取った。

「この商品はボタンが取れやすい」

「現場のスタッフが今のテレビCMは恥ずかしいと言っている」

「商品によってばらつきがあるのは中国の工場のレベルがマチマチだからじゃないか」

現場で見えてきたユニクロの改善点をびっしりと手書きでしたためたレポートを、宇部にいる柳井にFAXで送ったのだ。それも、毎週のように続けた。

すると柳井から連絡が入った。

「君のFAXを読んだんだけど、その通りだと思う」

澤田の進言に耳を傾けただけではなかった。

「君が責任を持って解決してくれ。会社の経営全般を見てくれ」

こうして柳井は澤田を宇部に呼び寄せて経営企画室長に任命した。その直後に澤田が商品の不備を指摘すると「だったら商品の責任も持ってください」と言って商品本部長も兼任することになった。

さらにその2カ月後には「次の株主総会で選任するから」と言って取締役常務に抜擢した。澤田の起用はこれにとどまらず、それから1年後には副社長に任命する。入社からわずか1年半で店長修業の身分から副社長にまで昇格したのだ。

異例のスピード出世だが、そもそも柳井は当初から澤田に大きな期待を持ち、自分を支える側近にしようと考えていたという。それは自分の経営哲学を注入しようとしていたことからも明らかだった。

澤田が入社すると、柳井はすぐに1冊の本を手渡した。柳井が人生を変えた本として挙げるハロルド・ジェニーンの『プロフェッショナルマネジャー』だ。

ボロボロになるまで読み込まれたその本を開くと、いたるところに線が引かれている。柳井の思考を徹底的に学んでやろうと考えていた澤田は、線が引かれている箇所をすべてノートに書き写していった。

ABC改革

澤田という新たな右腕を得て動き始めたユニクロ改革。

澤田が入社した翌年の1998年6月に「ABC改革」と名付けた取り組みがスタートした。ABCは「オール・ベター・チェンジ」の略で、「すべてをよりよく変える」という意味だ。広島・袋町の本通りから少し離れた通称「うらぶくろ」で産声を上げてからこの時点ですでに14年がたっていたユニクロを刷新しようという意味が込められていた。

そのきっかけとなったのが、澤田が柳井に送り続けたFAXだった。このABC改革こそが、1984年に生まれたユニクロにとっての第2幕といえるものだった。

当初は他社から買い付けた服を大量に並べる「カジュアルウエアの倉庫」からスタートした。すぐにそれを香港でヒントを見つけた製造小売業（SPA）へと進化させた。生まれたばかりのユニクロにいきなり国際分業のビジネスモデルを持ち込んだのだ。

ただし、ここまでならすでにSPAを確立していたアメリカのGAPなどの後追いでしかない。日本では先行したSPAを自らの手でさらにどう前に進めればいいだろうか。柳井が自問自答し続けていた「ユニクロの進化」へと着手したのが、1998年に始まったこのABC改革だった。

では、具体的にユニクロをどうつくりかえようというのか。様々な改革のゴールをひと言で要約してしまえば、「つくった服をいかに売るかではなく、売れる服をいかにつくるか」への変革ということに尽きる。そのために、柳井は「売れる理由を売り場で表現せよ」と言う。

つくったものを売る商売から、売れるものをつくる商売へ――。

まさに商売の理想とも言える言葉であり、多くの人が「言うは易し」と感じることだろう。これは後の章でも触れるが、柳井は「最後の改革」として、ＳＰＡから「情報製造小売業」への転換を掲げる。その本質は実はこのＡＢＣ改革となんら変わらない。売れるものを作るにはどうすればいいか。その一点を追求し続けてたどりついたのが製造小売業とデジタル革命との融合だった。

情報製造小売業については第11章で詳しく触れるとして、この時に始まったＡＢＣ改革こそが、初期のユニクロを、現在我々が知るユニクロへと進化させる転換点だった。

「売れるものをつくる」という理想形から逆算すれば、やるべきことが次々と浮かび上がった。その範囲は服のデザインにとどまらない。どうやってつくり、どう売るか。改革は会社全体に及んだ。

以下に代表例を列挙しよう――。

まず急務だったのが、１４０社近くにまで増えた中国の生産委託先工場の集約だ。１社あたりの生産量を増やすことで品質を安定させるのと同時にコストダウンにもつなげる。さらに絞った委託先に「匠《たくみ》」と呼ぶ生産技術のプロを送り込んで品質の底上げを図る。

ワンマン経営からの脱却も課題に挙げた。澤田をはじめ社外から才能を集めることで、小郡商事時代から続く古参幹部による古い経営体制を刷新することを目指していった。

柳井が「店長が主役」と標榜し始めたのもこの頃のことだ。第４章で紹介した通り、柳井が自らの経営理念を煎じ詰めるようにして考案した「17カ条の経営理念」の第８条には当初、「社長中心」と明記されていた。その限界に気づき、現場主導の店づくりに転換し始めたのがこの頃である。

ちなみに柳井はこの第8条の「社長中心」という文言を、この頃には「全社最適、全社員一致協力」と書き換えていた。尊敬する松下幸之助が唱えた「全員経営」にならったものだ。全員経営の推進力となるべきと考えたのが、現場を預かる店長たちだ。この後、スター店長の育成に力を入れていくことになる。

大企業病との戦い

こんな改革を実行する直接のきっかけは澤田のレポートだったが、柳井には胸の内に秘めた危機感があった。この当時はユニクロの出店数が300店を超え、いよいよ全国展開に向けて動き始めていた。勢いに乗るように見えるユニクロだが、社内に見え隠れし始めた微妙な変化に、どうしても目をつむることができなくなっていたのだという。ユニクロ第2幕に話を進める前に、そのあたりの経緯に触れたい。

柳井が上場を計画するにあたって、その補佐役となった会計士の安本隆晴に「1997年に日本を代表するファッション企業になる」と書いた紙を手渡したことは第4章で触れたが、その1997年がちょうどこの頃にあたる。

広島証券取引所に上場して銀行のくびきから逃れるように仕掛けていった出店攻勢も軌道に乗っていたが、まだ「日本を代表するファッション企業」とは言えないのがユニクロの現状だった。

そのために欠けているピースは、はっきりしていた。日本最大の消費地であり、ファッションの発信源でもある東京都心での存在感だ。ここまで国道16号線の外側に出店していたが、東京での知名度はゼロと言っていい。そんな状況に終止符を打つため、柳井はいよいよ都心の一等地で勝負する準備を整えていた。日本市場を制するための天王山に攻め込むのである。

ハロルド・ジェニーンの「三行の経営論」に触発されて自ら定めた世界一というゴールから考えれば、あくまで通過点のはずだ。そう考えればユニクロはまだ地方で成功を収めたに過ぎない。それでも300店にまで店舗網が広がると、どうしても見えてきたのが内なる病だった。すべての成功したスタートアップが経験する大企業病という病だ。

これは決して精神論の類いではなかった。ユニクロの失速は、端的に数字に現れていた。柳井が上場によって一気呵成に出店を加速させる資金を手にしたのが1994年7月のこと。その2年後にあたる1996年8月通期決算を見ると、売上高が約600億円で経常利益は46億円弱。これだけを見ると悪くない数字だろう。だが、一般に小売業の成績の指標となる新規店の数字を除いた「既存店売上高」を見ると、前期比で7％減っていた。

出店攻勢に出た結果、大量に売れ残りが発生し、値引きセールで在庫を処分していくという悪循環に陥ったためだ。翌1997年も状況は変わらない。さらに1998年8月期には値引きを回避するために発注を抑えると、逆に品薄となった。利益率は改善したものの、売れ筋の商品が店頭からなくなってしまったため既存店売上高は下がり続けた。こんな不安定な経営から脱するには、「売れそうな服」を集めるのではなく、自ら「売れる服」をつくりださなければならない。

停滞感を示すのは企業の通信簿である決算の数字だけではなかった。

1997年にはスポーツウエアの「スポクロ」と、ファミリー層にターゲットを絞った「ファミクロ」を新業態として始めたが、お客にとってはもともとユニクロに行けば手に入った服をわざわざ3つの店を回って買い求める手間ができる。当初から不満しか聞こえてこなかった。ふたつの新業態はわずか半年で撤退するという散々な結果に終わっていた。

後に柳井は「独りよがりな商売だった」と自らの失敗を認めるが、では、なぜ独りよがりになってしまったのか。

一連の問題の本質はなんだったのだろうか――。そう考えたときに見えてきたのが、これまでの成功の延長線上に明日の成功もあるはずだという考えが、知らず知らずのうちに社内に広がっていたのではないか、ということだった。

「現実の延長線上にゴールを置いてはならない」というのは、ジェニーンの教えだったはずだ。それなのに現状はどうか。

スポクロとファミクロは見方によっては失敗を恐れずに新しいことに挑戦した結果とい

うことになる。だが、果たして本当にそうだろうか。一番大事なお客の視点を忘れた結果ではないか。

「この頃から大企業病が見え始めてきたんです。組織が大きくなるとやはり大企業病になるんですよ。だから、それを潰す。アントレプレナーというのは、それをやるんです」

こうして「金の鉱脈」だったはずのユニクロをゼロから作り替える仕事に、柳井は没頭し始めた。

「ほとんど失敗する」

その前に、もう少しだけ柳井がこの時期にユニクロ改革に挑んだ理由について触れたい。少し時間を戻す。澤田が入社する以前のことで、上場の1年後にあたる1995年9月のことだ。柳井は「P・B・開発」という考察を4枚の紙にまとめた。

P・Bとはプライベートブランドのことだ。当時のユニクロはまだリーバイスなど有名ブランドも店頭で取り扱っていたが、当初は「別注」と呼んでいた自社デザインの服に、全面的に切り替えようと考えていた。

この考察は「なぜP・Bを開発しなければならないか。カジュアルメーカーの作っている商品に満足できない」という一文から始まる。他社の製品では満足できないというわけだ。それは繰り返しになるが、単に国内外の有名ブランドを集めただけの「カジュアルウエアの倉庫」から、現在のユニクロの姿に変わろうとしていたことを意味する。香港で見つけたSPAがその第一歩であることは何度も触れたが、柳井はこの頃に他社製品の取り扱いをやめて全面的に自社製品に切り替える覚悟を固めたのだった。

私がむしろ興味深いと思うのは、この考察書の2枚目に記された一文だ。

「失敗したらどうするのか。ほとんど失敗する」

柳井が構想した「新しいユニクロ」は、失敗を前提にしたものだと自ら指摘しているのである。新しいユニクロでは、生産委託先の工場に大量に発注する代わりにその全量を引き取ることでコストを大幅に抑える。香港で見つけたSPAのビジネスモデルだ。

ただし、そのビジネスモデルには巨大なリスクが伴う。発注した分をすべて引き取るということは、全量を売り切らなければ、売れ残り分はユニクロが引き取るためそっくりそのまま在庫となり、損失となる。

はやりすたりを見計らっていては、どうしてもこの売れ残りリスクとは無縁ではいられない。流行を見誤ることは、すなわち在庫が積み増すことを意味するからだ。

それならば、はやりすたりを先読みするファストファッションのような思考ではなく、自ら「常に売れる服」をつくりだせばどうか。全量買い取りを前提としたSPAが宿命的に抱える「売れ残り＝損失」というリスクを極小化し、お客にとっても本当に必要な商品を提供できるのではないか。さらに、その服を常識外れと思えるくらい大量に造ることで他社がまねできない低価格を実現する。

そんな新しいユニクロのビジネスモデルを構想した柳井だが、それは失敗が大前提となる挑戦だと自ら分析していたのだ。まさに柳井にとってのビジネスの師のひとりであるジェニーンが指摘する「言うは易く、おこなうは難し」である。

ジェニーンはこの言葉の直後にこう続けている。

「肝心なのはおこなうことである」

後に柳井に、この時に自ら「失敗したらどうするのか。ほとんど失敗する」と書き記した意図を聞くとこんな答えが返ってきた。

「そもそも新しいことをやると失敗するものなんですよ。でも、失敗することは問題じゃない。（大切なのは）失敗から何を得るか。失敗の原因を考えて次に失敗しないために何をすればいいのかを考えるのが経営者なんですよ。だから、失敗しないと始まらない。そういうことです」

この言葉にこそ、柳井の経営哲学が凝縮されている。ユニクロの物語は失敗を見つけてそれを改善していく歩みと言える。私は「ユニクロの歩みは足し算と引き算の繰り返し」だと表現したが、正しく言えば、引き算に終わってしまったことを足し算に〝創り変える〟ために何をすればよいのかを考え続け、行動してきたのが柳井正という経営者なのだろう。

もちろん無謀をよしとするのではない。柳井は「失敗しないためにとことん考え抜け」とも話す。そこまで考えて最善を尽くしたつもりでも、経営に失敗は避けられない。ならば失敗から何かを学び、より大きく成長するためには、つまずいてもまた這い上がってやるという覚悟が最初からなければ始まらないということだ。

これも余談になるが、柳井が尊敬する経営者として名を挙げることが多い本田宗一郎も、著書『俺の考え』の中でこんな言葉を残している。

「私の過去などは、現在を成功というならまさに失敗の連続で、失敗の土台の上に現在がのっかっているようなものである。研究所では現在こうやっているうちにも失敗している。研究所なんていうのは、九九パーセントが失敗で、それが研究の成果である」

「人は坐ったり寝たりしている分には倒れることはないが、何かをやろうとして立って歩いたり、駆け出したりすれば、石につまずいてひっくり返ったり、並木に頭をぶつけることもある。だが、たとえ頭にコブをつくっても、膝小僧をすりむいても、坐ったり寝転んだりしている連中よりも少なくとも前進がある」

本田宗一郎は「成功とは99％の失敗に支えられた1％である」という言葉を好んで使ったが、意図するところは柳井の失敗哲学と同じだろう。

社内にはびこり始めた大企業病を打ち破り、自ら「ほとんど失敗する」と見越したビジネスモデルをつくりあげる。そのために着手したのがＡＢＣ改革だった。

「つくったものを売るのではなく、売れるものをつくる」

その発想の転換を体現するメガヒット商品が誕生しようとしていた。１９００円という常識破りの価格を実現したフリースだ。フリースが象徴する新しいユニクロを、世間にどう知らしめるか。また前置きが長くなったが、そこから始まるユニクロの第2幕の仕掛け人が右腕と期待する澤田だった。

成功への問い

ユニクロが「日本を代表するファッション企業」に駆け上がるための勝負の場として選んだのが、流行の発信地である原宿だった。実は小郡商事時代にも出店を考えたことがあったが賃料が高すぎて話にならなかった。それから10年以上がたち、いよいよ勝負を仕掛ける準備が整ったのだ。

名だたるファッションブランドが居並ぶ原宿で、どうやって「ユニクロ」をアピールするか。問いかけるべきは「カジュアルウエアの倉庫」ではない。自らデザインし、海外で作るSPAによる「ユニクロの服」だ。柳井がABC改革で掲げてきたのは「売れる服をいかにつくるか」であり、「売れる理由を売り場で表現せよ」だった。

ところで、これは後々の章でも繰り返し触れることになるが、ユニクロの歩みを振り返ってみると、ユニクロという会社が大きく階段を駆け上がるタイミングがいくつか存在する。面白いことに飛躍を遂げる際に、必ずと言っていいほど行われてきたのが「ユニクロとはなにか」という自らへの問いかけである。ユニクロという会社、そしてユニクロの服というものを自ら定義し直すのだ。そんな行為を、大きな飛躍の際には必ず繰り返してきたのだ。

これはユニクロの物語をひもとく上で極めて重要な要素だと、私は考える。1984年の第1号店の時は「ありそうでなかったカジュアルウエアの倉庫」が、ユニクロそのものだった。だが、それから時代は進み「ユニクロとはなにか」も変わっていく。売れるものを集めただけの「倉庫」から、売れる服、言葉を換えるなら誰からも必要とされる服を他社では実現できない価格で提供する会社へと進化させようとしていたのが、この1998年の都心進出のタイミングと重なった。

では、肝心のユニクロの服とはなにか――。先に挙げた柳井が記した「P・B・開発」の考察書では「カジュアルのスタンダード」と表現されている。それをわかりやすく表現したのが、この頃から社内でも頻繁に使うようになった「ノンエイジ・ユニセックス」という言葉だ。早い話が老若男女が体型や嗜好に関係なく誰にでも着てもらえる万人向けの服ということになる。そして、その服を他のどの会社より安い値段で売る。

言葉にすれば平凡な響きだが、これは1990年代の当時の常識を覆す発想だったという。ダイエーの洋服部門を経てユニクロに転じていた中嶋修一は、こう証言する。

「誰にでも着られる服というものが当時はなかったんです。コンセプトを絞り、ターゲットを絞るのがこの世界の常識だったので」

服ごとにターゲットとする顧客層を絞り込むということは、多くの品番を設定し、ひとつずつの品番を小分けに作っていくことを意味する。数多くの服を次々と生み出し、それらを頻繁に入れ替えていくことが宿命となる。いわゆるファストファッションはこのサイクルを迅速に回して次々と流行を商品に反映させていくビジネスモデルだ。

柳井が目指したユニクロの服というのは、その常識とまったく逆の道を行くものだった。誰にでも着てもらえる服、しかも流行に左右されずに長く着てもらえる服。そんな服を作ろうと思えば服の品番数を絞り込み、ひとつの服を大量に作ることになる。

「そもそも業界の常識がおかしいんですよ。みんなが着られる服というのは絶対にあるはずだから」

中嶋は当時、柳井が頻繁にこの言葉を口にしていたことをよく覚えているという。品番を絞って同じ服を大量につくれば、確かに価格は安くできるし良い素材を使いやすくなる。ただし、それは同時に大きなリスクを意味する。思惑が外れて売れ残れば膨大な在庫を抱えることになり、巨額損失に直結するからだ。そうならないために、「売れる服」をつくるために、当たり前の努力を重ねるのが、中嶋が見たユニクロの流儀だった。

「社長に何度も言われるんです。『どこが去年と違うんですか』、『どこが他社と違うんですか』と。それが尋問のように続く。つまり、売れる理由です。売れる理由をひとつずつ積み上げていくんです」

こんな「尋問」の果てにつくりあげようとしたユニクロの服を誰にでも分かる形で体現

する服こそ、勝負の原宿店の顔になるべきだ。
それは何なのか――。

こんな根源的な問いかけを託されたのが、そしてユニクロにとっての天王山の戦いと言える都心攻略のための戦略を任されたのが、柳井が新たな右腕として起用した澤田だった。新生ユニクロの自己表現と言えば良いだろうか。

オープン予定日は1998年11月28日の土曜日。その日が刻一刻と近づいてくる。

「店の前に映画のポスターを張り巡らせてはどうか」

「店中にDJのブースを置いて盛り上げてはどうか」

社内からは斬新なアイデアが次々と飛び出してきた。ユニクロの服の代表選手に関しても様々な意見が飛び交う。一定の販売数量が見込めるTシャツやジーンズが有力候補だった。

「なるほど、面白そうだ」と思うものの、果たしてそれで本当に「ユニクロとはなにか」を表現できていると言えるのだろうか。それで本当に「売れる理由を表現する売り場」をつくれるのだろうか……。澤田は自問自答するが、どれも正解だとは思えない。

「あの頃はずっと悩み続けていました。夢の中でも考えていました」

フリースで勝負

そんな、ある日のこと——。

澤田はこの日も、原宿店のマーケティング戦略について思いを巡らせながらオフィスをふらふらと歩いていた。ふと、一人の女性社員が目に止まった。澤田は彼女の机の隣に置いてある大きなゴミ箱に腰掛けて、世間話のように話しかけた。

「阿部ちゃんさぁ、こんな田舎の会社に来てホントに後悔してないの？」

澤田がそう話しかけたのは、阿部あゆ子という社員で、英国のマーガレットハウエルという高級ブランドから転職してきたばかりだった。そう言う自分自身も同類なのだが、わざわざこんな宇部の外れの山の中に来ることはなかったのではないかと、冗談交じりで声をかけたのだ。すると、阿部はユニクロの価値が世間に伝わっていないという話を始めた。

「みんな、いいものを作ろうと頑張っているのに、いまいちお客さんに伝わっていませんよねぇ。残念というか、もったいないですよね」

「ふーん、そう？　やっぱそう思う？」

澤田もまた、店長修業で派遣された大阪・アメ村の店で、店員にさえユニクロの価値が認識されていない現状を痛感させられた経験を持つ。阿部の話に耳を傾けた。

「例えば、このフリースって、すごくいいじゃないですか。これ、うちの両親にも送ったんですよ」

阿部の両親は、その上着を喜んで着ているという。

「あー、そうなんだ」

(確かにフリースは便利だよな……)。そんなことを思いながら、澤田はゴミ箱から腰を浮かせて、またトボトボとオフィスを歩き始めた。

フリースとはポリエステルの一種から作る繊維素材のことで、主に上着として使われていた。軽くて暖かいため登山やスキーの愛好家などには愛用されていたが、一般にはまだ知られていない。アメリカのモールデンミルズという会社が最大手だが、ニーズが限られるため1万円以上するのが普通だった。

ユニクロもこの会社に「別注」としてフリースを発注していた。その後、香港の工場に調達先を切り替えて価格は4900円からと割安に設定した。ユニクロの店頭で並ぶ他の商品と比べれば高額な部類に入るが、それでもすでに年間80万点以上が売れるようになり、主力商品のひとつに数えられるようになっていた。

(なるほど、フリースか……)

確かに、良い商品だなと思う。性別や年代を超えて誰にでも着てもらえる、まさに「ノンエイジ・ユニセックス」だ。他社なら1万円以上もする商品を、香港の工場を使うことで自社企画にして半額ほどの格安で売っているところも、いかにもユニクロらしい。それに、日本ではまだまだ一部の人にしか知られていないが、一般の人にもっと着てもらって良いモノなんじゃないか。これから冬を迎える。シーズン的にもちょうど良い……。そんなことを考えながら、澤田はオフィスを後にした。

翌朝――。

当時、澤田は宇部に単身赴任していた。毎朝早くに起きて、家の近くにあるときわ公園の池の周りを走るのが日課だった。走っていても原宿店のことが頭から離れない。ふと用を足そうと池のほとりにあるトイレに入った時だった。昨日の会話が唐突に頭の中でよみがえった。

(これだ。やっぱりフリースだ！　もう思い切って原宿を全部、「フリースの店」にしちゃったらどうだ？)

なぜこの時にひらめいたのかは分からないが、「これしかない」と考えた。澤田はそのまま自宅にダッシュして愛車に飛び乗り、オフィスに直行した。まだ始業前のガランとして人けのないオフィスを見渡すと、奥の部屋から物音がした。柳井の社長室だった。

「柳井さん、原宿の件ですが、フリースで行かせてください！」

部屋に駆け込むなり、澤田はこう訴えかけた。柳井は黙って続きを促す。

「フリースに絞り込んでですよ。もう、店を全部フリースにしてしまうってのはどうですか」

しばらくじっと黙り込んでいた柳井が短く伝えた。

「澤田君がそう思うんだったら、やってみろ」

原宿店

11月28日、原宿店のオープンに合わせて店を視察するため柳井と澤田は早朝に宇部空港を発った。窮屈なエコノミー席の隣に座る柳井をチラリと見ると、いつになく表情が渋い。

「澤田君。やっぱり今回はいくらなんでも使い過ぎだろう」

柳井はこう言ってたしなめてきた。原宿店のオープンにあわせたキャンペーンに、全権を託された澤田が予算を大きく超える7000万円を使っていたからだ。

「はい、ちょっと使い過ぎてしまいましたね」

その場は小さくなるしかない。「フリースに自信あり」のキャッチコピーで駅や電車にポスターを貼りまくった結果が大幅な予算オーバーだった。

羽田に降り立ち、電車を乗り継いでJR原宿駅を出ると、一行は店のある場所まで坂道を下っていく。少し歩くとロッテリアの前あたりから行列ができていた。

(こんな早い時間なのにロッテリアがなんかイベントでもやってるのかな)

そう思いながら澤田が視線を人の群れの先にやると、その行列はオープンしたばかりのユニクロ原宿店へと続いていた。

「澤田君、行列だ」

隣で歩く柳井が独り言のように話しかけてきた。澤田は思わずその行列を凝視した。

この日、澤田は3階建ての原宿店の1階をすべてフリースだけで使うという思い切ったレイアウトにしていた。色とりどりのフリースを、人の手が届かない高さにまでずらっと並べる。すると実にカラフルな棚が天井が高く開放的な空間を取り囲む。その数、7000枚。まさに「売れる理由を表現する」レイアウトだった。

その棚の前に黒山の人だかりができていた。綺麗に積み上げられたカラフルなフリースが、むしり取られるようにしてあれよあれよという間になくなっていく。店の入り口の大きなガラスドアの前には、店内に入りきらないお客が列をなして並んでいた。

その光景に、澤田は思わず見入った。

「ヨッシャ！」

予算オーバーで叱責されたことなど、もはや頭の中から消えていた。社内で異論もあったフリースのキャンペーンが大成功していることは、火を見るより明らかだった。

思わず拳を握りしめる。ただ、隣で同じ光景を目の当たりにした柳井は少し驚くと、すぐにいつもの表情に戻っていた。

「これじゃ在庫がすぐになくなってしまうぞ。今すぐに関東中の店からフリースをかき集めろ」

矢継ぎ早に指示が飛ぶ。

「人も全然足りないだろう。すぐに他の店から応援を呼んでくれ」

「警備員も足りていない。このままじゃ、お客さんが危ないだろ。すぐに手配してくれ」

柳井にとっては「金の鉱脈を見つけた」と言った、あの広島・うらぶくろの1号店での経験がフラッシュバックしたのだろう。あの時は地元のラジオ放送で「もう来ないでください」と訴えたが、全くの逆効果だった。同じ失敗を繰り返すわけにはいかない。

こうしてユニクロの第2幕は、慌ただしい原宿の目抜き通りから始まった。

弟分をスカウト

来店客でごった返す原宿店の喧噪を後にした柳井と澤田は、そのすぐ近くにある店で昼食をとることになっていた。店に入ると、アメフト部出身の澤田にさらに輪をかけてガタイの良い男が待っていた。その表情は、澤田と同じように浅黒く日焼けしている。玉塚元一だった。

「うちに来るからには、まずは店長からやって店のことを勉強してもらう。それでいいですか」

柳井が事務的に伝えた。玉塚は「ええ、ぜひお願いします」と返した。これで玉塚の入社が決まった。その様子を隣で眺めていた澤田は、ほっと一息つきつつも、不安を隠せないでいた。

「うちの会社がＩＴシステムを刷新しようとしてるから、お前、プレゼンしに来いよ」

澤田がそう言って弟分の玉塚に声をかけたのが、これより少し前のことだった。旭硝子で化学品の輸出を管理していた玉塚はその後、シンガポールへの転勤や米国でのＭＢＡ留学を経て日本ＩＢＭに転職していた。澤田とは仕事で直接関わらなくなってからも付き合いは続いていた。

（澤田さん、宇部の運動着屋さんに転職したの？　いったい、どうしちゃったの？）

伊藤忠を退職した澤田がユニクロに転じたと聞き、玉塚は内心ではこんな風に思ったという。だが、少し調べてみるとその「運動着屋さん」が西日本では飛ぶ鳥を落とす勢いで出店ラッシュをかけているという。そんな時に澤田から声がかかったのだ。この時、玉塚は日本ＩＢＭに転職したばかり。数えてみれば、これが４件目の商談だった。

渡りに船とばかりに宇部に飛ぶと、会議室で澤田と柳井が待ち構えていた。二人や他の幹部陣と並んで同席していたのが堂前宣夫《どうまえのぶお》だった。後に聞くと、マッキンゼー・アンド・カンパニーを経てユニクロに入社したばかり。学年は玉塚より６つ下にあたり、この時はまだ30歳手前だが童顔のため、もっと若いように見えた。

玉塚のプレゼンが始まると、三人は黙って耳を傾けた。

「これから御社も中国の工場での生産規模が拡大しますので、日本の店舗ともっと距離を近づけて、需要予測の精度を高めて……」

そんな内容を事前に用意した資料をもとに話すと、微に入り細に入りツッコミを入れてくるのが堂前だった。

「それってどんなロジックで言ってるんですか。データを提示してください」

童顔には似つかわしくない厳しい視線で遠慮なく畳みかけてくる。しどろもどろになる玉塚。柳井は腕組みしながら何も言わない。ただ、刺すような視線がこちらを捉えて放さない。

「しっかり準備したつもりですが、なめていました。今思い出しても恥ずかしい、上っ面のプレゼンです。需要予測なんて、それこそ日々、そういうことを必死に考えている人たちに対して、俺は上から目線でなにを偉そうに話しているんだって……。柳井さんはそうとは口に出さないですが『能書きはいいから結論を言え』という雰囲気でした」

玉塚はこの日のことを、こう回想する。なんとか質疑応答を終えると、柳井と堂前が足早に部屋を後にした。二人の後ろ姿を見送ると、ずっと黙って聞いていた澤田が険しい表情で吐き捨てた。

「タマ、お前ちょっとここに残れよ」

二人だけになった会議室で澤田は弟分に厳しい口調で語りかけた。

「お前、アメリカのビジネススクールなんかに行っていったい何を勉強してきたんだよ。カタカナ語だけ覚えて帰ってきたのか。言ってることの意味がわかんねーよ。ホント、つまんねー男になっちまったな。おい、どうなんだよ！」

年齢も会社も違えども、互いに体育会系社会で育ってきた二人だ。弟分を前にした澤田の言葉には遠慮というものがない。玉塚は筋肉質の身体を、いつになく小さくさせて聞き入った。

「それで、お前、ＩＢＭに入ったけどこの先、どうしたいんだよ。何がやりてぇんだよ」

澤田がたたみかける。

「俺は将来、経営者になりたいんです」

「そうか……。だったらタマさぁ……、お前、うちに来いよ」

澤田が思いもしなかったことを告げた。転職したばかりの日本ＩＢＭを辞めてファーストリテイリングに来いという。ちなみに日本ＩＢＭは高給で知られていた。

「ユニクロってストックオプションとかあるんですか」

「バカヤロウ！　そんなもん、あるわけねーだろ」

こうして話はシステム営業から玉塚のスカウトへと急変していった。

「それでいいな。柳井さんに言っておくからな。うちに来いよ」

どうやら、澤田は大真面目なようだ。

場末のまんじゅう屋

こうして柳井に玉塚をスカウトしようと持ちかけた澤田だが、柳井からはあっさりと断られてしまった。

「彼はダメだろ。あれは、おぼっちゃんじゃないか」

柳井が玉塚を評価していないことはなんとなく分かってはいた。日本ＩＢＭの営業マンとしてのプレゼンが取るに足らなかったことが要因だろうが、柳井が却下した理由はそれだけではなかったようだ。

玉塚の祖父は玉塚証券という証券会社の創業者だ。もっと遡れば曽祖父の代から両替商を営む金融一家の出だった。この玉塚証券は合従連衡をへて現在はみずほ証券となっている。当然、玉塚は恵まれた家庭に育った。慶應大学ラグビー部の出身であることは前述したが、東京の〝上流階層〟の子弟が集まる慶應幼稚舎の出身である。

「彼はボンボンだろ。そういう苦労していない人間はうちではダメだよ」

柳井がこう言って切り捨てようとすると、澤田は食い下がった。

「そうですけど、あいつはああ見えていい奴なんです。それに、僕は伊藤忠の頃からあいつのことはずっと知っていますけど勉強熱心で、できる男なんです。絶対に採った方がいいですよ」

そう言われてみれば澤田と似て、いかにも直情径行な男に見える。

この時期はユニクロがいよいよ都心に攻めこもうという勝負の時だ。優秀な人材は喉から手が出るほど欲しい。そもそも人の手が足りていない。攻めのタイミングではこういう男は、悪くない。

「まあ、君がそれほど言うんだったら……」

こうして玉塚の採用が決まった。柳井はこの時、まさか後に玉塚を自身の後継者に指名するとは露ほども思わなかった。そもそも意中の人物が他ならぬ澤田だったからだ。


東京の大企業から飛び込んできた澤田と玉塚によって、ユニクロの第2幕は切って落とされようとしていた。澤田が原宿店で仕掛けた「フリースのユニクロ」は、誰も予想しえないような空前のブームを生み出し、ユニクロの名を全国に知らしめていく。あの銀天街のペンシルビルで柳井が宣言した「日本を代表するファッション企業になる」という野望を現実のものとしていくのだ。

ただし、原宿で火が付いたフリースブームは、去っていくのもまた早かった。しばらくすると攻めの時期はあっけなく終わりを迎えたのだ。

すると柳井と体育会系兄弟の間にすきま風が吹き始めた。それは、柳井にとっては日本一の次に定めた世界一の野望を実現する道程で、避けては通れない不協和音と言えるものだった。

ところで、入社に先立ち玉塚は澤田だけでなく柳井からも「君は将来、どうなりたいんですか」と問われていた。

「僕は将来、起業するか経営者になりたいと思っています」

玉塚がこう答えると、柳井は「そうですか」と言って、こんなことを話した。

「いいですか。MBAで習うようなことも大事かもしれない。でも、商売なんていうのはMBAで習う理論だけでできるようなもんじゃないんですよ」

そう言って、柳井はこんな例え話を続けた。

「例えば、これは場末だなっていう場所にまんじゅう屋を開くじゃないですか。どうすれば売れるだろうかと考えて一生懸命になって作ったまんじゅうを店に並べるんですよ。ところが、待てど暮らせどお客は来ない」

「そうなると考えるわけです。やっぱりもっと値段を下げるべきなのかな、看板が小さくて気づいてもらえないのかな……、ってね。そこでチラシをまいてみたらポツポツとお客は来るようになった。だけど、誰も買ってくれない。お金を払ってくれない。そうこうしている間にも従業員には給料を払わなくちゃならない。お金はどんどん減っていく……」

「そうするとねぇ……、『このままじゃ倒産する』と思って胃がキリキリと痛むんですよ。経営者というのは、それでも考え続けるんですよ」

玉塚が黙って耳を傾けていると、柳井が言葉をつないだ。

「いいですか。そういう経験をしないと絶対に経営者にはなれません」

この時の柳井の言葉を、玉塚は今も忘れることができない。経営者として文字通りに胃が痛む思いを、この後にユニクロ社長となった玉塚は身をもって味わうことになるのだった。

第6章

挫折

「会社が壊れていく」、
新たな才能と去りゆく老兵

バルセロナで見たライバル

それは、原宿店のオープンを間近に控えた1998年8月初旬のことだ。

柳井は夏休みを取ってスペインに家族旅行に出かけた。スペインは学生時代に妻の照代と出会った思い出の地でもある。この頃、長男の一海《かずみ》は大学を出て激務で知られるゴールドマン・サックス証券に入社したばかり。次男の康治はまだ大学生だった。

息子たちが社会へと巣立っていく時期のことだが、原宿出店でユニクロがいよいよ「日本を代表するファッション企業」の座をうかがう頃でもある。その間際のほっと一息つける休みを過ごすのに選んだのが、スペインだった。柳井夫妻が出会ったのは南部アンダルシアの古都グラナダで、そこから若い正と照代は満員の夜行列車に乗ってイベリア半島の真ん中にある首都マドリードへと向かった。

この時に家族連れで訪れたのはマドリードに次ぐスペイン第2の都市、バルセロナだった。地中海に面するこの美しい街は夏のこの時期、ひときわ観光客であふれかえる。石畳の旧市街をはじめ市内のレストランはどこに行っても夜遅くまでにぎわうのが、夏のバルセロナだ。

そんなにぎやかな南欧の街にやって来ても、柳井の視線はどうしても同業者に向いてしまう。というより、嫌でも目に飛び込んでくるのが、通りを行く人々が手に持つ「ZARA」と大書された紙袋だった。

ZARAはスペイン発の世界的なファストファッション企業であり、後にユニクロが世界一の座を巡って挑戦する絶対王者と言っていい存在となるブランドだ。ユニクロを生み出したのが柳井のファーストリテイリングなら、ZARAを運営するのはアマンシオ・オルテガというたたき上げの男が創業したインディテックスという会社だ。一般的には「ザラ」と呼ばれるが、本拠を置くスペイン北西部ガリシア州では「サラ」と発音するので、本書ではZARAと表記する。

「ZARAのインディテックス」と「ユニクロのファーストリテイリング」、あるいはオルテガと柳井は後々まで常に比較される存在となる。会社とブランドの成り立ちや互いの立ち位置は実はまるで違うのだが、いずれも世界的な巨大アパレルチェーンということでひとくくりにされることが多い。

ZARAを築いた男

ここから少し、ユニクロにとっての後のライバルのことを説明したい。オルテガは1936年に四人兄弟の末っ子として生まれ、フランス国境に近いバスク地方の山あいの街で育った。ちょうどスペイン内戦が始まった年で、日本の元号では昭和11年にあたる。柳井より13歳年上ということになる。

父は鉄道関係の仕事をしており、貧しい家庭だったという。13歳の時に父の仕事の関係でラ・コルーニャという街に移ると、家計を助けるために中学校を中退して地元の紳士シャツ店で働き始めた。ラ・コルーニャはスペインの地図を書けば、左上の角に位置する港町だ。

オルテガはこの後、兄と姉が働いていた服地の店に職を移す。ここで知り合った後に妻となる縫い子の女性と一緒に、女性用のバスローブと下着の会社を立ち上げたことが起業家としての原点となる。1963年のことで、この時、オルテガは27歳。13歳から服飾の仕事をしているのですでにキャリアは10年を超える。

この時点では販売店に服を卸す女性向けアパレルのメーカーだったが、小売業に参入する理由は抜き差しならない緊急事態に直面したことにあった。直接のきっかけはドイツの取引先が突然、大量のキャンセルを突きつけてきたことだった。困り果てたオルテガはその商品を他社に売ろうとしたがまったく売れない。ならば自分たちで売りさばくしかない。

もうひとつの理由は既存の流通システムへの疑念だったという。スペインの大手百貨店に売り込みに行ってもバイヤーと話が合わない。「女性たちがなにを求めているのか。この人たちは本当にその声を聞いているのか……」。そんな疑問がこみ上げてくる。消費者に直接ヒアリングして流行を見極めようとするのは、後々までオルテガが大切にしてきた信念だという。商品を納めていた百貨店などの売り手が商品のこともお客のこともまともに理解しようとしていないのなら、自分たちで売ればどうか――。

こうしてオルテガが立ち上げたブランドがZARAだった。1975年なので、ちょうど柳井が宇部の銀天街で浦利治とたった二人で再出発していた時期と重なる。

ところで、オルテガは地元スペインのメディアにもほとんど登場しない謎多き人物として知られる。柳井が家族とバルセロナを訪れた数年後に、インディテックスの広大な本社を訪れた和歌山の編み機メーカー、島精機製作所創業者の島正博は、初めてオルテガと会ったときのことを鮮明に覚えているという。

案内された会議室でZARAの幹部陣と商談していると突然、部屋の明かりが消えた。部屋の入り口の方に視線を向けると使い込まれた作業着を着た老人がスイッチを押したことが分かった。

「まだ昼間だから電気はいらないだろ」と言っているという。この老人こそがアマンシオ・オルテガだった。その言葉を通訳から聞かされると、同じく戦後の焼け野原から現場でたき上げてきた島はいたく感銘を受けたという。

「片手は工場に、もうひとつの手は顧客に」というのがオルテガの哲学という。アメリカでZARAが破竹の勢いで進撃を始めると、ニューヨーク・タイムズが取材に訪れたが、オルテガの時間は取れないと言われた。だが、工場現場を撮影していると、作業員に交じって仕事をしているオルテガその人を発見したという逸話も残る。

巨大企業となってからも階層主義を嫌い、長らく社長室を持たずに社員たちと同じエリアに机を構えていたという。

そんな現場主義に立脚した小売業を目指したオルテガが立ち上げたZARAは、地元ラ・コルーニャ近辺に持つ自社工場と連動して、女性たちに求められる服を次々と店頭に送り込むビジネスモデルを確立した。入れ替わりのスピードは商品によって異なるが、後にその回転速度は平均して3週間となる。スピード感を維持するためグローバル展開を始めてからも多くの工場はスペイン国内か、ジブラルタル海峡を隔てた隣国のモロッコに持ってきた。

紳士服を源流に持つユニクロに対して、女性向けランジェリーが始まりのZARA。

小売店から始まったユニクロに対して、メーカーを原点とするZARA。

誰にでも着てもらえるベーシックウエアのユニクロに対して、流行に迅速に対応して売れ筋商品を次々と取り替えるファストファッションのZARA。

生産の国際分業に乗り出したユニクロに対して、スピード重視の国内生産にこだわるZARA。

こうして列挙しただけでも互いのDNAがまったく異なることは理解できると思う。共通点といえば、いずれもファッションの中心地からは遠く離れた小さな港町から出発したことと、現場からたたき上げながら常に外の世界にヒントを求め続ける創業者がいたことだろうか。もちろん、どちらにも長所と短所があり、どちらが優れていると言いたいわけではない。

こんな未来のライバルの存在を痛感せずにいられなかったのが1998年夏のバルセロナ旅行だった。では、ZARAはいったい、どんな服を売っているのだろうか。柳井が店をのぞいてみると意外なことが分かった。

8月初めの強烈な日差しが照りつけるこの時期にもかかわらず、ZARAの店頭に並んでいたのはほとんどが秋冬物だった。すでに次のシーズンを見越して他社を出し抜こうとしていたのだ。

ファストファッションといえば流行に合わせて服を供給しているというイメージがあるが、実際は流行に先駆けて服を供給し、むしろ流行を自ら創り上げている。言葉を換えれば「売れる理由」を自ら仕掛けて創っているとも解釈できる。

そんな店舗のほとんどがバルセロナでは目抜き通りに集中的に立地している。これも流行を創り上げるためなのかもしれない。当然、認知度も高まる。この時点でZARAは地元スペインから世界展開を始めてすでに10年になる。

それと比べてユニクロはどうか――。ZARAの店頭で商品を手に取ると品質や価格では絶対に負けない自信が、柳井にはあった。

だが、この時点でユニクロはまだまだ「郊外の店」の領域を出ない。日本一の座を狙う都心攻略を前に、自分たちのはるか先を行く巨大なライバルの姿をまざまざと見せつけられた。いずれ挑むべき高い壁の存在を実感した異国の夏だった。

「会社が壊れていく」

原宿店での大成功から火が付いたユニクロのフリースブームは、そのまま全国へと広がっていった。その勢いがいかに猛烈なものだったかは、数字で振り返れば一目瞭然だ。

原宿店をオープンさせたのが1998年11月末のことだ。その年の冬にフリースが飛ぶように売れて1999年8月期の売上高は初めて1000億円を突破した。その年の冬には勢いをそのままに850万枚のフリースを売って翌2000年8月期には売上高が2倍の2289億円に達する。さらに勢いはとどまらず、次の冬には2600万枚のフリースが売れて2001年8月期の売上高は4185億円に達した。

たったの2年間で売り上げ規模が4倍に膨れ上がったのだ。まさに爆発的な伸びである。日本中を金融危機の暗い影が覆い、自動車とともに戦後の日本経済を支えてきたエレクトロニクス産業が坂道を転げ落ちるように凋落していくさなかの急成長ぶりは掛け値なしに異常な事態だと言っていいだろう。柳井はついに「日本を代表するファッション企業」の座を勝ち得たのだった。
ただし、その舞台裏は順調な成長企業と言うにはほど遠い状態だった。

原宿店のオープン日に採用が決まった玉塚元一は、その日に柳井から言い渡された通りに店舗での研修を終えるとすぐに山口に呼び戻された。マーケティングの担当となったのだが、喫緊の課題は人の確保だった。

「成長するのは良いことだけど、あまりに急なので会社の形が壊れていくんです。物流のシステムがとてもじゃないけど追いつかない。ITシステムのキャパがすぐに足りなくなる。ファスナーの生産が追いつかない。売れ行きに追いつくための出店が間に合わない。現場を支える店長の教育に手が回らない……」

そこに柳井が追い打ちをかける。毎週月曜朝に開く幹部陣による会議の席上だった。フリースの供給が間に合わずに欠品が相次いだことに激怒した。

「こんなことを続けていたらお客さんの信頼を失ってうちは潰れてしまう。ゼロベースで全部を見直すんだ」

オフィスも人が入りきらなくなり、澤田が初めて訪問した小さな川沿いの本社からさらに山の中に入った高台へと移転していた。現在も登記上の本社を置く場所で、社内では「キャンパス」と呼ばれる。芝生の敷地に運動場も併設し、地方大学のキャンパスのような建物が並ぶからだ。

玉塚は、平日はこのキャンパスで働くが、土日になると東京に通う生活が始まっていた。東京に出ると品川駅前の品川プリンスホテルの1フロアをほぼ借り切って人材紹介会社を20社ほども集める。そこで朝から晩まで採用面接を行うのだ。

マクドナルドなど有名チェーン店で店長の経験があると聞けばその場で即採用。そうでもしなければ売り上げの急拡大にとてもじゃないが追いつけない。

休みらしい休みはない。だが、いずれはユニクロを飛び出して一国一城のあるじを目指そうと考えていた玉塚にとって激務はまったく苦ではなかったという。

「会議なんかでは毎回、柳井さんにボコボコにやられるんです。ホント、きつかった。でも確かに成長できている。そういう感覚があった。それでつくづく思ったんです。『俺は回遊魚なんだ』、と。泳いでいないと死んでしまうタイプだと」

集う才能

「この会社は磨けば玉になると思うぞ」

転職を考えているという伊藤忠の後輩にこう語りかけたのが、澤田貴司だった。「柳井さんっていう社長が今、若くて優秀な人材を集めて新しく経営体制をつくろうとしているところなんだ」。そう言う澤田によると、特に必要としているのがファイナンスに明るい人材なのだという。

「でも、僕は小売業とかアパレルの経験はありませんが」

森田政敏《まさとし》がこう返すと、澤田は「全然大丈夫。小売りとか服とか、今のアパレルの常識にとらわれない経営チームを作ってこの業界そのものを変えていきたいんだ」と言う。

森田は小売業界での経験がないどころか、本音を言えばユニクロのこともファーストリテイリングのことも知らなかった。ただ、伊藤忠では有名人だった澤田が会社を飛び出してこの聞いたこともない会社に転職したことだけは、先輩から聞いていた。

森田はこの時、36歳。伊藤忠では発電プラントの営業マンとして世界中を飛び回ってきた。発電所の建設で不可欠なファイナンスの理論を深く学ぶためにもアメリカの名門シカゴ大学でMBAを取得したエリートである。ただ、1990年代後半のこの頃には金融不安が日本経済を覆い「商社不要論」まで噴出していた。何か新しいことを始めるなら今しかない。そう考えてユニクロへの転職を決断した。

この森田と、すでに副社長に昇格していた澤田、玉塚、それにマッキンゼーから転じてIT関連や経営企画を担当していた堂前宣夫の四人が当時、破竹の勢いで成長するユニクロの新世代を代表する顔として度々、メディアに取り上げられた。四人はメディアから「ABC改革四人組」などと評されることも多かった。実際には四人以外にも東京の大企業などから続々と幹部候補として人材が集まり始めていたのだが、澤田、玉塚、堂前、森田の四人は新時代のユニクロを象徴する存在と目されたのだった。

森田が入社した際の肩書は管理本部副本部長だが、柳井から「ファイナンスのことはぜんぶ任せるから」と言われ、実質的に財務の責任者となる。しばらくするとCFOと呼ばれるようになり、柳井からは決済に使うはんこを預かることになった。

印象的なのが職場の雰囲気だったという。キャンパスには多くの社員が机を並べる大部屋がある。そこで黙々と仕事をして、一日が終われば帰路につく。キャンパスの周囲は森の緑に囲まれ、同僚と連れだって飲み歩くような店もない。そもそも多くの社員がマイカーで通勤しており、社内での飲み会の習慣がほとんどない。

「まるで永平寺にでも入ったような感覚でした」

東京・青山の一等地に本社があり、取引先や同僚と銀座や赤坂に繰り出すことの多い商社マン時代と比べれば生活のサイクルががらりと変わってしまった。

「それに、なんと言っても柳井さんが修行僧のようなイメージです。趣味といえばゴルフくらいで、あとは仕事ですから」。柳井は酒を飲むこともない。早朝にキャンパスに来て夕方になる前に帰宅すると、自宅では読書に時間を割くことが多い。その姿があたかも人里離れた福井県北部の山中で曹洞宗の開祖道元の教えを一心に学び実践する禅僧たちの姿に重なったのだという。

ただし、開山から800年近くの間、今も変わらず静かな日常が過ぎていく禅寺とは全く異質な空気感が、そこにはあった。

「会社全体が無我夢中。そういう雰囲気でした」

実は澤田からは「会社の売上高が1000億円くらいで停滞している。そのことに柳井さんは強烈な危機感を持っている」と聞いていたのだが、いざ入社してみると原宿店で火が付いたフリースブームが始まった。社内に見え隠れし始めた大企業病の兆しに柳井が身構えていたことは前述した通りだが、もはやそんなことも言っていられないような事態が始まってしまったのだ。

つくればつくっただけ、仕入れれば仕入れただけ、フリースをはじめとする「ユニクロの服」が売れていく。そうなると日銭がどんどん入ってくるため、資金繰りを心配する必要はない。森田は財務や経理を統括する金庫番としての仕事のほかに出店戦略も担当していたのだが、気づけばそちらが主務となっていた。

ユニクロの出店は以前から大和ハウス工業との二人三脚だった。幹線道路沿いのロードサイドに土地を見つけ、大和ハウスの営業マンと一緒になって地主と交渉して店を出していく。そんなサイクルがすっかり定着していたが、原宿店を皮切りに都心に攻め込み始めるとそれでは追いつかなくなっていた。

都心では有望な店舗物件が見つかる機会も限られる。その一方ですでにオープンした店からは悲鳴にも似た声が聞こえてくる。とてもお客をさばききれない、と。チェーン店の出店戦略では既存店の商圏と重複しないエリアに店を出していくのがセオリーだ。顧客を奪い合ういわゆるカニバリズムを避けるためだ。だが、そんなに都合良くはことが回らない。

「店のエリアが重なることはもう、覚悟の上でした。そうしないと間に合わない。お客さんが店に殺到してパンクしてしまう。そんな状態でした」

森田は当時のユニクロが置かれた状況を、こう証言する。

原宿店を皮切りに、堰を切ったような勢いで広げていったユニクロの都心店では、文字通りの自転車操業が繰り広げられていた。池袋駅前の東口にオープンした店では、在庫を置くようなスペースもない。ひっきりなしにトラックが店の脇の道に横付けして商品を搬入していくという状況が続いていた。

ある朝、開店前に店の前に並んでいたのが柳井だった。お忍びで視察に来ていたのだ。驚いて出迎えたエリアマネージャーが、ここぞとばかりに窮状を訴えかけた。

「この店では一日1000万円を売り上げますが、ひとつ悩みがあります。在庫のスペースがなくて品出しが間に合わないんです」

「なにか対策はないんですか」

「隣のビルに空き部屋はあるんですが……」

「いくらですか」

「月150万円です。高くて手が出ません」

「いいでしょう。すぐに借りてください」

何事も即決。そうでもしなければとても店を回せない。都心では倉庫になりそうなビルの空き部屋を次々と借りていかなければサプライチェーンが機能しない状況に陥っていた。一方で郊外店から届くのが「ユニクロ渋滞」の悲鳴だった。本社のキャンパスには毎日のように周辺住民から苦情が届く。うれしい悲鳴のようにも思えるが、常態化してしまうと次第に客足は離れ、地域住民からも疎まれる。

「こんなことがずっと続くわけがない。まさに異常です。次第にそう思うようになりました」

ブームのただ中で金庫番を託された森田は、入社してすぐに一抹の不安を覚えるようになっていた。

ジョン・ジェイとの出会い

この当時のユニクロの快進撃を語る上でもう一人、忘れてはいけないのがジョン・ジェイというクリエイターの存在だ。前章で、ユニクロは大きく飛躍する際に必ずといっていいほど「ユニクロとはなにか」、「ユニクロの服とはなにか」を自己定義してきたと述べた。原宿店ではノンエイジ・ユニセックスなどの価値観をフリースで表現したわけだが、フリースだけではユニクロは語れない。

ユニクロとは何者か、それを消費者にどう伝えるか——。

自らを表現するために柳井がその力を借りたのが、このジョン・ジェイというクリエイターだった。

ジェイは米国オハイオ州コロンバスで小さなクリーニング店を営む中国系移民の子として生まれた。家は貧しく子供の頃から家業を手伝い始めたという。

子供の頃は英語が話せず、楽しみといえばテレビを見ること。何を話しているのかはよく分からないクルマのCMを眺めながら、「いつか自分もこんな生活がしたい」と夢見たという。

「広々としたリビングに大きなソファ。そこに腰掛けてテレビでも見ながらくつろぐ。そんな生活を手に入れることが、幼い頃の私が描いたアメリカンドリームでした」

夢をつかもうと学業に打ち込み、地元の名門オハイオ州立大学でグラフィックデザインを学んだ。その後、ニューヨークの出版社を経て最盛期を迎えていた米百貨店のブルーミングデールズに転じた経験を持つ。雑誌のアートディレクターから百貨店のマーケティング責任者に転じるのは異例のキャリアチェンジと言えるだろう。

「ほかの人たちは不思議だったと思う。ただ、私は新しい自分のポートフォリオを造るために一生懸命に働いたんです。人生のチャンスを逃さないために」

そんなジェイに次のチャンスが転がり込む。ハリウッドのスタジオやロンドンのデザイン事務所などから数々のオファーが舞い込む中で、何年にもわたってラブコールを送ってくれたのが、ポートランドに本社を置く新興の広告会社、ワイデン＋ケネディ（W＋K）だった。

今では世界的な広告会社として知られるW＋Kだが、当時はまだ創業から10年ほど。同じくポートランドの郊外を地元とするナイキのCMを手掛けてその名を知られるようになっていた。ナイキのコーポレートメッセージとも言える「JUST　DO　IT」を考案したのもW＋Kだった。

広々とした家に大きなソファを——。そんな幼い頃にぼんやりと思い描いたアメリカンドリームをすでに手に入れていたジェイ。「ここから離れるつもりはなかった」という刺激があふれる街、ニューヨークを後にして、西海岸のオレゴン州にあるポートランドという街にやって来たのが1993年のことだった。

その日にオフィスに行くと創業者のダン・ワイデンが「君はスポーツのことは知っているか」と聞いてきた。それから3日後、ワイデンが誰かと電話で話していた。「友人のジョンが来たから、彼にやってもらおうと思っているんだ」。ワイデンが話していた電話の相手こそ、ナイキ創業者のフィル・ナイトだった。

こうしていきなり最大のクライアントであるナイキの担当に抜擢され、その後もコカ・コーラやマイクロソフトの広告クリエイティブを務めたジェイ。着実に実績を残してワイデンの信頼を得ると、1998年に東京進出にあわせて支社長に起用された。日本でナイキとの仕事を広げることが目的だったという。

ただ、ナイキとの仕事を維持するだけでは面白くない。ジェイが日本企業とのビジネスを広げようと考えていた矢先に澤田の知人の紹介で出会ったのが、柳井正だった。「柳井さんは好奇心の塊のような人だと思いました」。矢継ぎ早に質問攻めにしてくる初対面の柳井に対して、ジェイはこんな印象を抱いたという。

偶然かもしれないが、ポートランドにあるW＋Kのオフィスの一階には「Fail Harder」という言葉が掲げられている。「もっと盛大に失敗してみろ」。ダン・ワイデンがクリエイターたちに対して、失敗を恐れずに創造力を示してみろという意味の「挑戦状」だったのだという。

言わんとすることは柳井の失敗哲学と同じだろう。失敗覚悟で攻めのクリエイティブを目指すのがダン・ワイデンの哲学であり、それを受け継いだのがジョン・ジェイだった。そう考えれば柳井の価値観とシンクロするのは必然だったと言えるかもしれない。

こうしてユニクロのクリエイティブ担当となったジョン・ジェイ。その目に、新しくなった「ユニクロの第2章」はどう映ったのか。ジェイはこう語る。

「これは服の民主主義なんだなと思いました」

ユニクロがつくるノンエイジ・ユニセックスで誰にでも着られる服を、こんな風に捉えたのだという。では、「服の民主主義」の価値をどう伝えればいいのか。

ナイキ創業者から学んだ手法

柳井がポートランドまで飛んでダン・ワイデンにも会い、正式に広告作成の契約を結ぶしばらく前のことだ、正式契約を前にジョン・ジェイがユニクロの役員陣を前にプレゼンする機会があった。1999年5月のことだ。

プレゼンの冒頭でジェイが1本のビデオを流した。自分たちでカメラを手に持ち収録したものだという。写された場所はニューヨークのワシントンスクエア。ニューヨーク大学のすぐ隣にあり、マンハッタンの中でも流行に敏感な若者たちが集まる場所と言える。そこを行き交う人たちにユニクロのフリースを手に取ってもらい、思い思いに感想を話してもらった。

「こりゃ楽でいいね。カラーもクールだし」

「じゃ、この服っていくらだと思う?」

「うーん、75ドルくらい?　じゃなきゃ、100ドル?」

「日本で15ドルで売ってるんだ」

そう言うと一様に驚くニューヨーカーたちの表情を、カメラが捉える。柳井はその映像にじっと見入った。

映像が終わると、ジェイはこんなことを話し始めた。

「お分かりでしょうか。我々は消費者のインテリジェンスをもっとリスペクトしなければならないということです。多くのマーケッターは消費者より自分たちの方がスマートだと思っている。消費者を上から見下している。でも、それは大きな間違いなんです。人々のことを愚かだとさえ思ってしまっている。だから、愚かなコマーシャルが作られてしまうんです」

ジェイがこの動画で伝えたかったのは「ユニクロのフリースはニューヨークでも安いと思われる」ということではない。「自分たちが思っているより消費者はちゃんとユニクロの価値観を理解してくれる」ということだ。

ならば、自分たちが言いたいことばかりを押し売りするようなコマーシャルではユニクロの真意は伝わらない。そんなやり方では、「服の民主主義」は伝わらない。そういうことを、柳井をはじめとするユニクロの役員陣に語りかけた。

テレビCMといえば柳井には苦い経験がある。柳井は常々、チラシを「お客様へのラブレター」と言い、ユニクロが飛ぶ鳥を落とす勢いで拡大し始めてからも微に入り細を穿ってチェックしてきた。ただ、テレビCMとなると明らかな失敗作を流した経験があった。

1994年に放送されたもので、店のレジにおばさんが商品かごを持ってくると「ちょっと兄ちゃん、これな、おばんくさいんやねん」と言いながらその場で服を脱ぎ始める。「ほんでな、ちょっと換えて！」。大阪で生まれ育った私の耳にはややわざとらしい感じがするどぎつい関西弁でまくし立てながらズボンまで脱いでしまう。最後にテロップで映る「ユニクロは理由を問わず返品交換いたします」のサービス精神を伝えたかったのだが、これにはクレームが殺到し、わずか3カ月足らずで放送を中止してしまった。制作段階で社内でも意見が割れたが、実は柳井は内心で「これは傑作だ」と思っていたという。

翻ってジョン・ジェイの言葉に耳を傾けてみれば、消費者に対して自分たちのメッセージを押しつけていたと言われればその通りだ。では、この男ならどんなコマーシャルで「ユニクロ」を伝えてくれるだろうか。

できあがったテレビコマーシャルはこの年の秋冬物の商戦に合わせて流されたのだが、覚えている読者も多いのではないだろうか。

歌手の山崎まさよしがギターを弾きながら問わず語りに話し始める。

「こういうことやってるとね、言えなかったこととかも言えたりするし、なかなか日ごろ言えないことも音楽だったら言えるような気がするし。都合がいいかな」

画面には「ミュージシャン　27才」。そして最後に「ユニクロのフリース15色　¥1900」と映し出される。よく見ると山崎まさよしはフリースを着ているのだが地味なグレーで、そう言われないと分からない。そもそも最後まで商品やユニクロの名前が出てこないので、最初はなんのCMなのかも分からない。話している内容も、服とはまったく関係ない。

こんな調子のCMが15パターン作られた。学者や俳優、イラストレーター、一般の小学生も登場する。いずれも服とはまったく関係ないことを話して終わり。最後にフリース15色と1900円が表示されるだけだ。

「ユニクロとはなにか」を煎じ詰めた上でジョン・ジェイが考え出したのがこのテレビCMだった。そこにはどんな意図が込められているのか。

「文化人もミュージシャンも小学生も同じ。我々はどの人にも同じように接している。どんな人生を生きたいか、生きているか。そのストーリーを本人に語ってもらう。そこにユニクロがある。それで何が言いたいかは伝わると思った。『我々は民主的な会社なんです』なんて言う必要がないんです。見る人のインテリジェンスに訴えかける内容だから」

どんな人にも同じような感覚で着てもらえる「服の民主主義」を、この問わず語りの方法で伝えたわけだ。「服に個性が必要なのではなく、それを着る人が着こなしてみて初めて個性が生まれるのが服というものだ」という柳井の信念を形にしたともいえるのが、この問わず語りである。ちなみに撮影はカットなしのシングルテイク。語り手の「素」が伝わることを意識した。

こうして生まれた「新しいユニクロ」を伝えるCMはすぐに話題となった。数字にもはっきりと現れ、前年の原宿店のオープンで人気商品となったフリースはこの年にブームと言われるまでになった。柳井はジョン・ジェイという新しい力を得て「ユニクロとはなにか」、「ユニクロの服とはなにか」という自己定義を、全国に伝えることに成功したのだ。

ところでこのＣＭの作成方法には下地があった。Ｗ＋Ｋにとって最初のクライアントでもあるナイキだ。

「ナイキがニューヨークのストリートで使われるためにはなにが必要なのか」。Ｗ＋Ｋに転じたばかりのジョン・ジェイに与えられたのが、こんなテーマだった。

ジェイがたどり着いた答えは「広告しないこと」だった。そこに行き着くために手にとったのが、ハンディカムだ。小さなビデオカメラを手に取りニューヨークのストリートに繰り出す。そこで片っ端からナイキについて意見を求めた。

「普通なら広告エージェンシーには戦略プランナーがいて、その人たちがクライアントの〝なぜ〟に答えるでしょう。でも僕はそれが正解じゃないと思った。答えを知っているのは現場にいる人たちのはずだって考えたんだ。まずはその土地を深掘りし、文化を深掘りする。そうやって人々の信頼を勝ち得ていくんです」

ジェイが「シティー・アタック」と呼ぶこの手法を確立した課程でメンター的な存在となったのが、クライアントであるナイキ創業者のフィル・ナイトだったという。

「文化の理解こそがマーケティングの神髄。これはフィルから学んだことです。彼と仕事ができたことは私にとっての幸運でした」

Ｗ＋Ｋが手掛けたナイキのＣＭといえば伝説となったのが、バスケットボールのスーパースター、マイケル・ジョーダンを起用したものだろう。試合会場へと歩きながらジョーダンが語りかける。

「キャリアで失敗したシュートは9000本。300試合に負けた。26回、ウイニングショットを外してきた。今までミスしてきた。何度も、何度も、何度も……。だから私は成功する」

最後に翼のロゴと「JUST　DO　IT」の文字だけが写し出される。日本でも放映されたため、覚えている方も多いのではないだろうか。このCMで取り入れた手法を再現したのが、ユニクロの「服の民主主義」を伝えるCMだったのだ。

「泳げない者は沈めばいい」

こうしてユニクロの第2章は、柳井を取り囲むように続々と集い始めた新しい才能たちの手で動き始めた。柳井が掲げる社長中心主義からプロ集団への脱却である。

その一方で、慌ただしいブームと急成長のただ中で居場所をなくしたのが古参幹部たちだった。

「岩村君。俺はもう辞めようと思うちょるんや」

ちょうどジョン・ジェイが「新しいユニクロ」を伝えるCMの作成に取り組んでいるただ中の1999年8月のことだ。ユニクロにとって最古参となる浦利治が、やはり古くから柳井を支えてきた岩村清美にこう打ち明けた。

浦は柳井がまだ小学生だった頃から住み込みでメンズショップ小郡商事で働き始め、柳井が店を継ぐようになると、たった二人で出発した。柳井にとっては社員というより兄弟のような存在で全幅の信頼を置いてきた人物だ。その浦のことを「一番尊敬する人」と言うのが、やはり銀天街の紳士服店に飛び込み浦のしぐさを盗むようにして仕事を覚えてきた岩村だった。

尊敬する先輩からの唐突な告白だったが、岩村は意外に思うことはなかったという。岩村も時を同じくして浦と同じ考えに至っていたからだ。引き際を考えたきっかけは毎週、柳井が社員に配る業務連絡の紙だった。そこに記されていた言葉に、思わず見入った。

「泳げない者は沈めばいい」

貪欲に成長を求め続けていたこの時期に、柳井が好んで使っていた言葉だった。実は柳井のオリジナルではなく、マイクロソフト創業者のビル・ゲイツがよく口にすることだと本を通じて知っていた。

ゲイツはインターネットという破壊的なイノベーションを社会に起きる「津波」だと言い、そこで生き残るにはどうすればいいのかを説いた。それが「Sink or Swim」。溺れたくなければ泳げという意味だが、慣用句的に「いちかばちか」や「のるかそるか」と訳されることが多い。

ユニクロもまた大変革期を迎え、服の民主主義という概念を世に問う新しい企業に生まれ変わろうとしている。その波を泳ぎきるために社員も成長して欲しいという意味を込めたメッセージだった。

ただ、岩村はその言葉から目を背けられなかった。私はその言葉を目にした時の心境を、ストレートに聞いた。岩村からはこう返ってきた。

「それを読んで思いました。『自分はもう戦力じゃないんだ。いらないんだ』と。自分はもう沈まないといけん。死なないといけん。溺れかけている人間なんだと、そう思ったんです」

小郡商事を、柳井を、ユニクロを、ここまで支え続けてきた男の悲痛な思いが詰まった言葉だった。

「そう思っていた時に浦さんから辞めると聞かされた。それで、俺も辞めんといけんなと思いました」

浦にとっては意外だったようだ。

「いやいや、ガンちゃんは残らないけんよ。まだまだやることがあるから」

岩村はまだ47歳だ。まだまだ働き盛りのまっただ中である。だが、浦が退職を思いとどまるように諭しても、岩村は首を縦に振らない。

岩村には思うところがあった。澤田たち新しい人材が自分たちにはない才能を持っていることは認める。だが、どうにも受け入れられない。

彼ら新参者たちは柳井を囲む会議で足を組みながら話す。柳井のことは「社長」ではなく「柳井さん」と呼ぶ。それは間違いじゃないと思う。柳井もそんなことは気にかけず、何も言わない。柳井が形式ばったことより実力を問う考えの持ち主であることは重々承知している。どの面々も自分よりずっと優秀で荒波を泳ぎ切る才覚を持った「回遊魚」である。ただ、頭では理解できても、やはり受け入れられない。

一方の浦はなぜ辞任を申し出たのか。これも本人に聞いた。

「やっぱり会社を変えていかないといけないと思ったんです。ABC改革はオール・ベター・チェンジの略ですが、一番変えないといけないのは人だと思いました。人を変えないとこれ以上成長はできないと。それなら自分はもうお役御免です。正直に言えば、ついていけなくなると思いました。それは自分が一番よく分かっていましたから」

浦は岩村を連れて柳井の社長室に行き、辞意を伝えた。

「もう自分たちはついていけないと思います。商売は分かりますが、経営はできないので」

すると、柳井はきっぱりと告げた。

「僕もそう思います」

なんとも冷酷な物言いではないか――。浦も岩村も、あの銀天街の零細紳士服店からついてきてくれた忠臣中の忠臣だ。その時間が長いだけでなく、濃密な付き合いだ。

銀天街から抜け出そうともがき続けたあの暗黒の10年をともにし、香港で見つけたヒントを形にするため走り始めた柳井に黙ってついてきてくれたのが、この二人だった。小郡商事がファーストリテイリングになってからも、浦は管理業務を取り仕切り、岩村はバイヤーや営業部長としてユニクロを支えてきた。

その二人のことだ。考え抜いた上で進退を申し出たことは、柳井にもすぐに分かった。だからこそ、偽りなく思ったことをストレートに伝える。こういう点も実に柳井らしい。ただ、いかんせん生来の口下手である。言葉では伝えられないこともあった。二人の退任が決まった9月のある日のことだ。


その日、キャンパスの広大な中庭ではタレントを呼んでちょっとしたファッションショーのように社員たちに向けて新商品を披露する会が催されていた。その壇上に、柳井は二人を招いた。居並ぶ社員たちの前で手作りの感謝状を手渡したのだ。

「浦さん。あなたの優しさ、気配りのおかげで解決できた会社の危機、社員の不安、不満が多くありました。この40年間、本当に会社に献身的に尽くされ、特にお客様への奉仕の精神。お客様からの信頼は社員一同の模範とするところでした」

柳井が感謝状を読み上げると、キャンパスの裏山から花火が盛大に打ち上げられる。続いて岩村にも、社長室では伝えられなかった思いを伝えた。

「20余年前、あなたが入社された時の記憶が今でも鮮明に目に浮かびます。苦しかったこと、つらかったことの方が多く、楽しかったことが少なかったかもしれませんが、あなたの我が社のパートナーとしての努力のおかげで、日本一のカジュアル専門店に成長することができました」

確かに、二人の老兵は新しいユニクロの中で「泳げない者」になってしまったのかもしれない。だが、沈めばいいなんて思ったことはない。二人がいなければ今のユニクロはない。この日、感謝状の文言に込めて柳井が伝えたかったのは、そういうことだったのだろう。

こうして商店街から柳井を支え続けてきた忠臣たちは去った。世界一というゴールに向かって走り始めた柳井とユニクロにとって、この別れもまた、避けては通れない道だった。

柳井が憧れたブランド

すべてが順風満帆に見えた新しいユニクロ——。だが、その舞台裏はまさに火事場そのものだった。

「会社の形が壊れていく」

新世代のリーダーのひとりである玉塚元一が振り返った通り、現場は疲弊していく。そんな中で柳井が打ち出したのが、悲願の海外進出だった。2000年前半のある日、柳井は唐突に宣言した。

「今こそ海外に行く。ロンドンだ」

実は以前から売上高が3000億円を突破すれば海外進出すると、社内では公言していたのだが、ジョン・ジェイが仕掛けた問わず語りのテレビCMが大反響を呼び、1999年の秋冬物商戦で「フリースブーム」がいよいよ過熱していた。おおかたの予想をはるかに上回る売れ行きとなり、2000年8月期決算で売上高が2000億円を超えることは確実な勢いを示していた。

実際に店をオープンさせるには1年ほどの準備が必要になる。ならば、3000億円超えのタイミングに備えて、今動くべきだと考えたのだ。

ただ、なぜロンドンなのかについては、柳井からは社員に対して明確な説明がなかった。後にこう説明する。

「国体で優勝すれば次はオリンピックで金メダルを狙う。最初から決めていたことです」。言うまでもなくハロルド・ジェニーンの「三行の経営論」から学んだ逆算思考だ。世界一というゴールを決めたからには日本一は通過点に過ぎない。世界で戦うならまずはファッションの本場であるニューヨークかパリ、ロンドンと決めていたという。著書では市場の規模感や開放性などを勘案してロンドンを選んだとしているが、私の取材にはこんな風に答えた。

「ロンドンが好きだからですよ。学生の時にロンドンに行ってね。古い文化と若い人たちのカウンターカルチャーが混ざり合っている面白い土地だなと思ったんですよ」

柳井はそう言うと椅子から立ち上がり、社長室の棚から1冊の冊子を取り出した。

「これは僕の宝物なんです」

それは英ネクストの商品カタログだった。1987年の秋冬物とある。冊子を開くと左右に1枚ずつ写真が大写しになっている。商品の説明文のような文字もない。カタログというより、イギリスの何げない日常を切り取った写真集という方が近い感じがする。柳井がロンドン視察の際に感銘を受けて持ち帰ったものだという。広島のうらぶくろにユニクロ1号店をオープンさせてからしばらくたった頃のことだ。

「どの写真もカッコいいでしょ。モデルが自分の服として着こなしている。これって今の服だと言われればそう思う。つまり、時代を超越したデザインなんです。この1980年代のネクストは世界最高の洋服屋だったんじゃないかな。僕はこういう服屋を作りたいなと思ったんですよ」

柳井が明かしたのは意外なユニクロのお手本だった。確かに時代を超越したデザインというのは、後のユニクロのコンセプトにつながるものがある。ノンエイジ・ユニセックスだけでなく時代の流行に左右されない万人のための服。そのスタイルを先取りし、柳井が憧れ続けてきたのがこの当時のネクストだったという。

ネクストの源流をたどれば19世紀に英国中部の地方都市にあった紳士服店になるが、ユニクロに先立つ1982年にカジュアルウエアのブランドとなり、早くからSPA方式を取り入れて急成長していた。生い立ちもその後の歩みもユニクロとよく似ている。柳井が意識するのも当然だろうが、単に見栄えの良い服を売るだけでなく魅力的なライフスタイルを提供するという哲学に感銘を受けたのだという。

そんな憧れの存在が、ロンドンではライバルとなる。2000年6月に現地法人を設立し、1年後のオープンを目指して準備に取りかかった。

ロンドン進出

ユニクロ初の海外店なので右も左も分からない土地で商売をするなら、現地の人材に委ねようということになった。柳井が選んだのがイギリスの百貨店マークス&スペンサーで新規事業などを担当するスティーブ・ポンフレットだった。優秀な男という触れ込みだったが、柳井は面談した際の印象について「まあまあだった」と振り返っている。

そのポンフレットが中心になり、自らの人脈からGAPヨーロッパ幹部などを続々とスカウトしていった。こうして結成された経営陣は社内で「ドリームチーム」とも呼ばれた。

ポンフレットが率いるドリームチームの面々を日本に迎えると数週間の研修で「ユニクロとは」を理解してもらおうと考えた。この当時は日本側もフリースブームのまっただ中でまったく人の手が足りない。よく言えば「郷に入りては郷に従え」ということで地元のプロ集団に託したわけだが、その実態はユニクロをよく理解しない寄せ集めの経営チームでしかなかった。これがすぐに裏目に出る。

ロンドンの経営はポンフレットに任せるといっても日本側の担当者も必要になる。ロンドン進出計画の統括役に起用されたのが玉塚だった。玉塚はマーケティング担当としてジョン・ジェイらとの広告戦略にも携わっていたが、英語が話せて、旭硝子時代に海外法人を立ち上げた経験が買われた。

日英混合の経営陣に課せられた目標が「3年で50店舗」だった。イギリスでは新参者であり、海外展開の経験もないユニクロだが、ちょうど10年前の1991年に銀天街のペンシルビルで上場を目指して柳井が掲げたのが「毎年30店」だったことを考えれば、それほど野心的な目標を掲げたという自覚もなかったのかもしれない。

だが、この計画が一人歩きし、すぐに破綻することになる。

2001年9月、その日は晴天に恵まれた。ユニクロはロンドン市内に4店舗を同時にオープンさせた。ロンドンっ子たちの憩いの場でもあるハイドパークのすぐ南側にあるナイツブリッジ店の前には巨大な招き猫を置き、ずらりと並んだ太鼓を打ち鳴らすパフォーマンスでお客を迎え入れた。ユニクロが遠く離れた東洋から来たブランドであることを高らかにアピールするものだった。

ところがその日、現地に駆けつけた柳井は明らかに不機嫌だった。理由は開店を待つ店内での出来事だ。自分が着ているシャツにシミを見つけたポンフレットが陳列されたシャツを手に取ってその場で着替えたのだ。これに、柳井は激怒した。

「何をやってるんだ！　それは店の売り物だぞ」

すると堰を切ったように怒りにまかせて現場の幹部たちを叱責し始めた。
「そもそもこの陳列はなんだ。ぐちゃぐちゃじゃないか！　全部やり直しだ」
玉塚を呼びつけて「君がしっかりしないでどうするんだ」とカミナリを落とす。日本なら当たり前にできていたはずのカラフルで整然とした服の展示が、まるでできていない。そのことに我慢ができなかったのだ。

オープン初日は大々的な広告の甲斐もあって客の入りは上々だった。だが、柳井は予定を早めてその日のうちにロンドンを後にしてしまった。

その柳井も洗礼を浴びた。柳井はオープニングセレモニーにスーツではなくセーターを着て登壇していたのだが、これを現地のメディアが皮肉った。「日本人は洗車でもした後のような格好でセレモニーに参列するのか」。そこには東洋からやってきた名も知れぬ新興ブランドへの露骨なさげすみが見て取れた。

これが、世界を目指したユニクロの挫折の第一歩だった。

忘れてしまった「問い」

出だしこそ売れ行きが上々だったロンドンの4店舗だが、年末のクリスマス商戦になる頃には化けの皮がはがれたように現実を突きつけられるようになっていた。ひと言で言えば、思ったようにはお客が来てくれないのだった。

いったい何が原因なのか——。本来なら一度立ち止まって足元を見つめ直す必要があるはずだが、そうはいかなかった。店長やスタッフの採用は歯止めを利かせることなく続けられ、低調な売れ行きに見合わない大がかりな物流網が築かれていく。大型倉庫には売れずに在庫となった商品が残されているにもかかわらず……。

ちぐはぐな事業運営の根底にあったのが「3年で50店舗」の目標設定だった。50店舗から逆算して必要な人員やサプライチェーンが築かれていったのだ。イギリスの消費者たちがユニクロの服を認めて手に取ってくれるなら、なんの問題もない。だが、現実はそうではない。それなのに決められた目標値をクリアするために杓子定規のように店舗やサプライチェーンの規模だけが膨らんでいく。

ようやく手を打ったのはオープンから1年以上が過ぎてからだった。ロンドンだけでなくマンチェスターなども含め英国内に21店まで膨らんだ店舗網を、いったん整理することを決めた。ロンドンの5店舗にまで集約し、大がかりな人員削減に着手した。ポンフレットを筆頭とする「ドリームチーム」の面々とも契約を打ち切っていった。

ペンシルビルで「まずは日本一」を目指して猛烈に前進し始めてから10年。スポクロやファミクロのような小さな失敗はあったものの、このイギリスでの撤退戦はユニクロが初めて経験する本格的な後退だった。

そんな撤退戦が避けられない状況に立たされ、じりじりと追い詰められていたのが現地に駐在する玉塚だった。ユニクロは結局、この後に40人いた本社スタッフは10人ほどにまで切り詰めることになった。弁護士を交えての胃の痛むような交渉が連日続く。この頃はテムズ川の流れを眺めながら、玉塚はつくづく思ったという。

「俺はなんてバカなんだ」、と。

玉塚に続いて英国事業の立て直しのために派遣されたのが伊藤忠から転じてCFOの重責を任されていた森田だった。日本で起きるフリースブームから一転してユニクロが初めて経験する撤退戦。その最前線に立たされた森田には忘れられない光景がある。

ある店で閉店セールが終わり、売れる服を売り尽くした後の店頭に立った森田。ガランとした抜け殻のような売り場に立つと、しみじみとこみ上げるものがある。「なぜユニクロはイギリスで通用しないんだ」、と。

「日本で通用したことが、イギリスでは全く通用しない。最後は原価割れまで値下げしてなんとか売り払いました。我々にはその程度の価値しかないと言われているようなものです。まさに敗戦処理。その悔しさを痛感させられました」

いったい不振の理由はなんだったのか。玉塚に言わせれば、「仏を作って魂込めず」だった。「ユニクロのようなもの」をこの地に作りはしたものの、その実は日本で築き上げてきたユニクロとは全く別物になってしまっていたということだ。

「あれは玉塚君たちのせいではない。僕の責任なんです。考えが甘かった」

柳井はこう言って振り返る。現場を直視しようとしないドリームチームの経営にも不満はあったが、そもそも日本で築いたユニクロの哲学を移植しようとせずに安易に「郷に入りては郷に従え」の発想で人任せにしてしまったのは、柳井の責任だ。

もっと本質的なところを考察すれば、結局はユニクロがその成長過程で繰り返してきた「問い」を忘れてしまっていたということなのだろう。「ユニクロとはなにか」「ユニクロの服とはなにか」、である。日本で柳井たちが自己定義してきたユニクロの姿を、そこに持ち込むことができなかった。これこそが海外展開におけるユニクロの失敗の本質だろう。

ユニクロが経験することになった初めての大きな挫折――。だが、それはロンドンにとどまらなかった。時を同じくして足元の日本にまで退潮ムードが広がってきたのだ。

逆回転するユニクロ

フリースブームと呼ばれたユニクロの快進撃。だがブームは、やはりブームでしかなかった。２００１年から翌年にかけての秋冬物シーズンが終わる頃になると、明らかに客足が遠のくようになっていた。端的に言えば、飽きられたのだ。

この頃、ちまたで使われるようになったのが「ユニバレ」という言葉だった。街を歩いていると同じフリースやシャツを着た人に出くわす。すると「ユニクロだとバレてしまった」と思ってしまう。ちなみに私は当時、京都に住む学生だったが、しばしば耳にしたのが「ユニかぶり」という言葉だった。学校に行くと全く同じユニクロの服を着ている人と出くわすことが多くなったからだ。

ユニバレという言葉が示すのは、それほどユニクロの服が広く愛用されるようになったという事実だが、アパレルにおいて「他の人と同じものは着たくない」という消費者心理は無視できない。実際、着ている服が「ユニクロとバレてしまうのが恥ずかしい」というニュアンスで使われることが多かった。

こんなこともあって、飛ぶように売れていたはずのフリースが店頭に残るようになり、他のシャツなどの商品の売り上げもパッタリと落ち込んだ。

柳井は後々になってブームの終わりは予見していたもので「むしろホッとした」と振り返るが、急速に逆回転し始めた現場を目の当たりにした当時は、そんなのんきなことを言ってはいられない。

2001年8月期に4185億円に達した売上高は、翌年には3441億円にまで落ち込んだ。わずか2年で4倍に急拡大した売り上げが、今度はたった1年で2割近くも消えてしまったのだ。

焦りとも怒りとも受け止められる柳井の叱責の矢面に立たされたのが、副社長で事業全般の責任を負う立場になっていた澤田だった。毎週月曜朝の会議では柳井の怒声が響く。

「なぜフリースが売れなくなった。どの色が、どのサイズが落ち込んでいるんですか」

澤田が現場から上がってきた数字をもとに説明すると、柳井の怒りの火に油が注がれる。

「数字だけで話をするんじゃない！　ちゃんと現場に行って確認したんですか。今からデジカメを持って店に行ってこい」

現場でかき集めた写真をもとに説明すると、さらに追い打ちが待っている。

「やっぱりXSとXLだけが売れ残っている。こんなんじゃ売れるわけがないだろ、澤田君！」

こんなやり取りが堂々巡りのように続く。体育会系気質の澤田は、ボスからの叱責を黙って受け入れた。「しょうがないですよ。業績が悪いんだから当然のことです」。そう言いながらも当時の心境について語り始めると本音が出る。

「そりゃ、悔しくてしょうがないですよ。人を削る、店を閉める、トラックを減らす、服の生産を止める……。何もかもがうまくいかない。そんなことは自分のキャリアの中で初めての経験でした。全部がつらくて仕方がなかった。家に帰っても暗いまま。あの時の僕のことは、女房も見ていられなかったと思いますよ」

この当時、澤田にとって本音をぶつけられるのは弟分の玉塚ただ一人だった。たまにロンドンに電話しては「俺もつらいけど、お前も大変だな。お互いにがんばろうぜ」と励まし合う。「今日はあのクソジジィにこんなこと言われてさぁ」。柳井のことをそんな風に言えるのは、玉塚が相手の時だけだ。「澤田さんも大変っすね」。そこから他愛もない話になる。

ある時、玉塚は「澤田さんも、柳井さんから何を言われてもキレないでくださいね」と返すことがあった。なんの気なしに普段の会話の中での言葉だったが、まさか現実になるとは、この時には思ってもみなかった。

ジェットコースターのように急降下を始めたユニクロ――。

実はこの時、柳井は澤田に社長就任を打診していた。社内では罵倒に近い言葉を浴びせかける一方で、黙って行動に移す姿を見てユニクロのバトンを託すならこの男しかいないと考えていたのだという。

これに、澤田は「考えさせてください」と言ったまま回答を保留した。実は柳井からの社長打診はこれが2回目だった。1回目は飛ぶ鳥を落とす勢いだった頃のことだ。その時には引き受けるつもりだったが、柳井の方が前言を撤回してきた。

「よくよく考えたんだけど、この前の話な。やっぱりなかったことにしてもらえないか」

理由は長年付き従ってくれた浦と岩村の退任だった。新しい人材が次々と加わり、メディアでは澤田を筆頭格に「ＡＢＣ改革四人組」と取り上げられることが増えていたタイミングだ。

「ここで社長を変わったら、あたかも君が辞めさせたように受け止められるかもしれないだろ」というのが柳井の言い分だったが、これには澤田も「僕もそう思いますよ」とあっさりと納得した。昼休みに澤田がジョギングに出ようとしたところを柳井に呼び止められての立ち話だったので、周囲を行き交う社員たちもまさかそんなことをこの二人が話し合っているとは思わなかっただろう。

2度目の社長打診は真剣そのものだ。それなのに澤田が回答を保留した理由のひとつは、肩書が変わったところで柳井の会社には違いがなく、なにが変わるわけでもないだろうということ。ただ、本音は違った。ユニクロが曲がり角を迎えたこの時期。「ぶっちゃけて言えば、僕に立て直せる力があるのかと」。その自信がなかったのだ。

「社長の件、やっぱり僕には受けられません」

キャンパスの社長室でそう告げると、柳井は残念そうな表情を浮かべながら「君に受けてもらえないんだったら、他に誰かいるか。やっぱり僕は社長を替わりたいんだ」と言う。50歳になったら会長に退くという考えを、柳井は以前から澤田には告げていたのだった。

「玉塚がいいんじゃないでしょうか」

澤田がこう言うと、柳井はうなずいた。「まあ、確かに君に受けてもらえないんだったらなぁ……」。実は柳井は2度目の社長打診に際して社員に後任として誰がふさわしいと思うか、意見を募っていた。澤田に次いで支持を集めていたのが玉塚だったのだ。

玉塚の激高

そんな密室の会話の後に開かれた2002年5月の緊急役員会のことだ。ロンドンから一時帰国した玉塚も役員のひとりとして参加していた。その席で唐突に告げられたのが澤田の退任だった。業績不振の責任を取るとの説明だった。何も知らされていない玉塚はその場で激高した。思えば、柳井の目の前でこれほど怒りをあらわにしたのは、後にも先にもこの時だけだろう。

「そんなのおかしいじゃないですか。なんでこんなことになるんですか。こうなったのはここに居る俺たち全員のせいでしょ。それなのになんで澤田さんだけが……。澤田さんだけが責任を取るって、どういうことですか！　俺にはこんなの到底納得できないですよ！」

一同が黙りこくる。時間が止まったかのような張り詰めた空気を破ったのは、澤田の一喝だった。視線を玉塚に向けると、

「おいゲン！　お前、いいかげんにしろよ！」

澤田がもう一度、不振の責任を取って辞任するのだと説明すると、玉塚はそのまま言葉を飲み込んでしまった。役員会が終わると、玉塚は澤田に話しかけた。「澤田さん、ここで諦めちゃダメですよ。もう一回、一緒にやりましょうよ」。それでも澤田はうつむいたままだ。ひと言だけつぶやいた。

「もういいんだ。もう、決めたことだから」

すると柳井から「澤田君、玉塚君。二人とも社長室に来てくれ」と声をかけられた。社長室に入ると、その場で告げられたのが玉塚への社長打診だった。澤田からも「お前しかいないから」と促される。

「その時は突然だったので、なんの準備もできていなくて」

社長を要請されても玉塚の腹の中にあったのは、澤田が責任を取らされることへの怒りだった。澤田と柳井。その場で促されるようにして玉塚は答えた。

「ええ、分かりました」

こうして玉塚の社長就任が決まった。この時、玉塚は39歳。柳井、澤田とともに新社長就任の記者会見に臨むと、ラガーマン時代にも浴びたことのないような大量のフラッシュが浴びせられた。停滞感が漂うユニクロが決めた唐突な社長交代。玉塚は若き新時代のリーダーとして受け止められた。

だが、そんなことはあまり記憶に残っていないという。玉塚が忘れられないのは、この記者会見の直後に開いた社員たちへの報告会だった。一同の前に出た澤田が話し始めようとすると、言葉にならずに嗚咽し始めた。スピーチするはずが、言葉にならない。悔し泣きなのか、それとも惜別の念なのか。兄貴と慕った男の、見たこともない姿だった。

こうして玉塚を先頭に再出発することになったユニクロ。その先に待っていたのはハッピーエンドではなかった。

第7章

逆風

迷走した禅譲劇

祭りの後始末

社長就任が決まった玉塚元一はロンドンを後にして日本に帰国した。週末にぶらりと訪れたのがユニクロ躍進のきっかけとなった原宿店だった。日曜日の午後3時ごろ。一週間の中でも買い物客の入りがピークになる時間帯だ。ところが、店に入ると不思議な錯覚を覚えた。

（あれ、開店前？　そんなわけねぇよな……）

店内に人はほとんどおらず、音がしたかと思えば店のスタッフだった。きれいに並べられた服が、人の手が届かない高さにまで積み上げられている。その棚に手を伸ばす人はいない。視線を入り口の方に戻すと、ガラス張りの店の外を慌ただしく行き交う人が見える。その人の波が素通りしていく。店の扉が開くことはない。

国内販売に急ブレーキがかかっていることは会議に出てくる数字を見て分かっているつもりだった。だが、実際に客が入らないガランとした売り場を見ると、資料に記された数字以上にユニクロが置かれた窮状のリアリティーが伝わってくる。

原宿店は玉塚の入社が決まった日にオープンした。玉塚も柳井に会うためにここを訪れ、フリースブームに火を付けたあの長蛇の列を目撃している。その店から、人が消えている。

「これから会社はどうなってしまうんだろうって、足がすくむ思いがしました」

人の消えた原宿店に立った時に襲ってきた言葉にしがたい恐怖心を、玉塚はこんな風に回想する。

実際、数字は日増しにシビアになっていくユニクロの現状を突きつけていた。

2002年の夏の到来を控えたこの時期。山口のキャンパスにある在庫コントロール部という部署の部長となった若林隆広は頭を抱えていた。問題は半年ほど先に控える秋冬物の商戦だった。フリースをはじめ前年の冬から持ち越した売れ残りの服が文字通り山のように倉庫に眠ったままだったからだ。

前年に売れ残った服を次の冬も売らなければならない。金額換算で実に900億円分。一冬の売上高は2000億円に満たない。実に半分が売れ残りとなって翌年に持ち越された計算になる。これをどうにか売り切らないことには新しい商品を投入できない。そうなれば客足はさらに遠のき、負のスパイラルに落ち込んでしまう。海外の工場に発注した分をすべて買い取ることを前提とするSPAというビジネスモデルが宿命的に抱えるリスクが、ユニクロを追い詰めていた。

柳井を取り囲む幹部陣による「リーダー会」が始まった。表向きはこの呼び名だったが、出席者たちからは「消化方針会議」と呼ばれていた。売れ残りをいかにさばいて消化するかが議題だったからだ。過ぎ去ったフリースブームの帳尻合わせ。祭りの後始末である。

ロンドンで始まった撤退戦は、本国の日本にも及んでいたのだ。

消化方針会議では、まず若林が一品ずつどう売っていくかの方針を話す。原価割れの価格設定が日常茶飯事となった。服の企画立案から生産、販売までを管理するマーチャンダイザーたちからすれば、手塩にかけてつくりあげた服が二束三文でたたき売られるのは我慢がならない。

若林は売れ残り品の販売を、店ごとに競う販売コンクール方式を採り入れた。見方によればさながら投げ売り合戦である。すると新作を売りたい営業サイドからは「それはないだろ」という声があがる。

「会議ではケンカばかり。怒鳴り合うこともしょっちゅうでした」

こう言う若林も、ユニクロが坂道を駆け上がり始めた1993年に入社して以来、店を転々としながら現場でたたき上げてきた。だからこそ、この時期に「お客さんがユニクロから離れていくのが分かった」という。

消化方針会議を見守る柳井はつとめて冷静な表情を崩さない。実は以前からブームがいずれ終わることは社内で予言していたのだが、あらためて「やはりブームは終わった。これで良かったんだ。これでやっと正常な経営ができる」と幹部陣に話すようになっていた。

確かに、売り上げが落ちたといっても手元の資金は潤沢で、財務基盤は盤石だ。ブーム直後の2002年8月期決算を見ても、営業利益が半減したが、それでも500億円を上回る。売上高営業利益率（ROS）は15％だ。決して危機的な数字ではない。

そうは言っても平静を装いながらも若林らの目に、その表情にはいつも以上に厳しさがにじむ。ストレスのせいだろうか、顔にはできものが浮かぶようになっていた。

だが、ピンチを成長のきっかけに変えてしまうのが起業家の発想というものだ。この頃、柳井は社内に号令を発していた。

「今こそチェーンストアを超えろ。今までのやり方をゼロから見直すんだ」

金太郎あめ方式の限界

ユニクロの経営が１９９０年代半ばまでは自ら社長中心主義を掲げて運営されてきたことは、これまでに何度か指摘した通りだ。

店舗の運営も、柳井の命を受けたキャンパスからの指示が絶対視されてきた。本部から毎週送りつけられるＦＡＸに書かれている指示が絶対なのだ。どの服を店の一番目立つ場所に置くか、どの色をどの色の隣に並べるか、地域に配るチラシで何をアピールするかなどが、事細かく決められている。

チェーンストア理論で言う「クッキーカッター」だ。全国どこに行っても売り場のサイズが違うだけで、基本的には同じ店。店で働くスタッフの仕事を画一化していくことで徹底的に無駄を排除していく考えだ。平たく言えば、どこでも同じの金太郎あめ方式である。

ユニクロの社名を小郡商事からファーストリテイリングに変えたのが1991年のことだが、これはファストフード店のような高度にシステム化された効率的な店を手本にしたことが由来だ。柳井の頭の中にあったのが日本マクドナルドを全国チェーンに育て上げ、日本人の食文化まで変えてしまった藤田田《でん》が築いたビジネスモデルだった。

だが、そこに矛盾が見え始めてきた。

2002年の当時には全国の店舗数が600に迫ろうとしていた。すると隠せなくなってきたのが、中央集権型経営の限界だった。その弊害を表すエピソードとして柳井が著書や講演などでたびたび語るのが、あるお客から届いた苦情の話だ。

その日、まだ小さい子供を連れた母親が「子供が急病になったので電話をお借りできないでしょうか」と、店のスタッフに願い出たという。その日は雨が降り続いていた。まだ現在のようにスマホがない時代のことだ。店の外に出て子供の急患に対応してくれる病院を探し回ろうとすればかえって体調を崩しかねない。

ところがその店の店長は電話を貸すのを断ってしまった。その母親には、「電話を貸せない決まりになっています」と言って譲らなかったという。後日、この母親の夫から本部あてに電話がかかってきた。「子供が急病になっていると知りながら電話を貸すことも断るとは、どういうことか」、と。

この報告を聞いた柳井は怒りを通り越してあきれてしまった。そしてユニクロに蔓延《まんえん》し始めた病の存在を痛感させられた。

チェーンストアにとってマニュアルは絶対に必要なものであるという考えは今も変わらない。マニュアルを暗唱することを、今もスタッフには求める。ただし、それは「絶対」のルールではない。マニュアルとは必要最低限の決まりが書かれたものに過ぎない。優先すべきは目の前にいるお客である。

だが、実態はどうか。

マニュアルや社内ルールが、現場を預かるスタッフに考えることを放棄させて、いつの間にかユニクロは「形だけのチェーンストア」になってしまってはいまいか。マニュアル通りに動くことが最優先となり、そこに書かれていることの意味について深く考えることをやめてしまってはいまいか。さらに言えば、日々の仕事も本部からの指示待ちになってはいまいか……。

そんな疑問が湧き上がる。疑問どころか、現実の問題として目の前に突きつけられているのだった。問題の原因は、決して現場にあるわけではない。中央集権型の経営スタイルが過ぎる余り、上意下達の官僚主義がはびこり始めていたことこそ、本当の問題なのだ。

社長中心主義との決別

そんな矛盾を痛感した柳井が社長中心主義を撤回したのだが、組織は思った以上に肥大化し、硬直的になっていた。売上高が倍々ゲームで伸びるブームの時期には目配りができなかったが、そんな内なる病が目に付くようになった。そのまま放置すればいずれ挑戦を恐れる組織になってしまうだろう。そうなっては停滞あるのみ。ブームの反動減よりずっと怖いのが、この大企業病という病なのだ。

伊藤忠商事から転じた澤田貴司から届く現場レポートをきっかけにABC改革が始まったことは第5章で触れた。そこでも大企業病と表現したが、最も深刻な症状が、この本部と現場との乖離だろう。軌道修正するにはブームが過ぎ去ったこの谷間の時期を逃す手はない。

「店は店長次第」

「店長は社長の分身。会社の主役だ」

「〝全店〟という売り場など存在しない。〝個店経営〟を徹底せよ」

「そのために店長はスタッフを主役に育てよ」

「独立自尊の商売人たれ」

柳井がこんなことを繰り返し語り始めたのは、この頃のことだ。ちなみに今も言い続けている。「今でも浸透しないですからね。だから浸透するまで言い続けるんですよ。店長の力量を高めないと進化はないから」

ただし、言葉だけでは現場は動かない。社長中心主義から店長中心主義への大転換を制度に落とし込まなければ絵に描いた餅に過ぎない。

実は、ＡＢＣ改革の一環としてすでに手は打ち始めていた。原宿店のオープンでフリースブームに火が付く直前のことだった。全国を14のブロックに分けて各ブロックごとにマネージャーを置く。さらにその下に数店舗を管轄するスーパーバイザーを置くことにした。

本部があるキャンパスが店舗の指揮官となるのではなくサポート役に転じるようにとの狙いだが、それだけではむしろ指揮命令系統が階層化されて増えるだけだ。つまり、形の上ではより大企業的になってしまう。組織階層が増えるということは、一歩間違えれば官僚主義を加速させる原因になってしまう。

これはスタートアップが巨大化する上でおしなべて経験することだろう。大企業病という名の官僚主義との戦いである。少数精鋭の本社が機能することは間違いではない。ただ、それが行き過ぎれば現場の活力をそぐことになる。多くの起業家たちが直面してきた課題である。

「大きくなったユニクロ」が直面したのも、そんな矛盾だった。そうなっては本末転倒だ。それを乗り越えるために、「既存のチェーンストアを超える会社に進化せよ」というわけだ。

柳井が採り入れたのは全国を分割するやや封建主義的といえる統治体制だけではなかった。ブームが本格化し始めたさなかの１９９９年2月に導入したのがスーパースター店長制度だった。

早速、柳井自身が面接して、第１弾として16人のスーパースターが選ばれた。それまで本部のキャンパスが指示していた商品の発注や陳列の仕方、チラシの打ち方、スタッフの採用や配置など店舗経営のほぼ全権を委ねる。柳井の言葉を借りれば「社長の分身」を制度化したのだ。

その狙いは「店長→スーパーバイザー（エリアマネージャー）→ブロックリーダー→本部」と階層化された組織の「末端」に位置する店長に、本部に匹敵する権限を与えることで組織全体のパワーバランスを崩しにかかることにあった。

その代わりにスーパースター店長の責任は大きい。ボーナスは最大で1000万円を超えるが、ゼロになることも理論上はありうる。

こうして始まったユニクロの統治改革——。そのチャンスをつかんだスーパースター店長も現れた。ただし、巨大化した組織の改革というものはやはり一朝一夕には実現しない。それを思い知らされたのが、この時から10年ほど後に厳しく指弾されることになる労務問題だった。そのことは第9章で述べたい。

現場主義の新社長

会長の座に納まった柳井がユニクロの統治改革に乗り出す一方で、社長に就任した玉塚はユニクロの不振の原因解明に乗り出した。その方法は徹底した現場主義だった。

マジックミラーの向こう側に続々と案内されてくる人たちが、口々にユニクロへの不満をぶちまけていく。

「フィッティングルームが汚すぎてあんなところで着替える気がしない」

「ユニクロの服は部屋着としてはいいんだけどねぇ」

「チャックが閉まりにくいのをどうにかして欲しい」

「あの店の警備員が感じ悪いんだけど、なんとかならないんですか」

まるでドラマで見る警察の取調室のような場所に10人ほどのお客に入ってもらい、ひたすらユニクロへの注文を話してもらう。その言葉に、マジックミラー越しの隣室に控える玉塚ら経営陣がじっと耳を傾ける。玉塚が「四の五の言わずにまずはお客さんの声を聞いてみよう」と言って始めたヒアリングだった。場所は東京の秋葉原と蒲田。流行の発信地と言われる若者の街、原宿や渋谷より広い層の本音が聞ける。

1組あたり1時間半。それを3〜4組ぶっ通しだ。聞き終わると玉塚がホワイトボードの前に立って幹部陣を前に反省会を始める。商品、店舗、性別、お客の年代とマトリックスに表を書いて聞いたばかりの声をまとめていく。

こんな作業を通じて見えてきたのが明らかなユニクロの弱点だった。お客の意見をまとめていくと、圧倒的に多かったのが女性からの不満だった。誰にでも着られる服を目指したはずが、女性視点が置き去りになっていたのだ。男性にとってはすんなり受け入れられる服でも、女性の目から見れば至らない点が多い。やはり女性には女性のための服が求められるという、よく考えれば当たり前の指摘なのだが、それはユニクロが追い求めたノンエイジ・ユニセックスの盲点とも言えた。

そもそも数字から考えれば、女性客たちの不満がもっともなことだと理解できた。この時点でユニクロの女性向け商品の比率は15%。一方で、首都圏では概ね7~8割が女性客だった。品ぞろえと顧客層の間に、明らかなミスマッチが存在していたのだ。こうして女性向け商品の比率を15%から50%に引き上げようということになった。

「やっぱりブラジャーとかインナーの数が足りなさすぎるよ」

「それならデザイナーにもっと女性を起用すべきだ。まずは予算段階から女性向けを少なくとも30%にしないと」

「いやいや、いきなりそんなにやったら絶対に売れ残りますよ」

「それは覚悟の上だ。最初は廃棄覚悟でもやらないと」

「いやいや、廃棄って、そりゃダメでしょ。そうならないためにデザイナーだけじゃなくマーチャンダイザーも増員させないと仕事が回らないですよ」

マジックミラーの隣室で、こんな議論が始まる。次々と浮かび上がる問題への対策は即断即決だ。その場で誰がいつまでに何をやるかを決めていく。玉塚はそのまま幹部陣を率いて飲み会に突入する。そうすると、極論とも言える意見が飛び交い始める。

「女性にこれだけ来店してもらえるのは願ってもないチャンスじゃないですか。いっそのことユニクロは偉大なる下着メーカーを目指すってのはどうですか」

発見はいつも現場に潜んでいる。「お客様は答えを教えてくれるわけじゃない。でも、アイデアは教えてくれる」。それを形にするのが新社長としての玉塚の役割だった。

一方で、玉塚は時間を見つけては店舗回りを優先させるスケジュールを組んでいった。店頭に立ち、店長たちの言葉を聞きながらメモ帳にペンを走らせる。こちらはユニクロ再建のヒントを探すほかに、もうひとつの狙いがあった。

「新社長がどう見られるか。店長たちからすればお手並み拝見なんです。なんの実績もない新社長が信頼を勝ち取るためには、こちらから現場の心をつかみにいかないといけないと思ったんです」

カリスマ創業者の後を継ぐサラリーマン社長としては正攻法から着手したといえるだろう。

玉塚は就任時に3年後の2005年8月期に「売上高を4500億円にする」との目標を掲げた。これはブームがピークに達した2001年8月期の数字（4185億円）を超える規模にまでユニクロを戻すという意思表示と言える。実際、玉塚が社長に就任した直後の2003年8月期に売上高は3097億円で底打ちし、その後は徐々に回復基調に乗せていった。地道に足元を見直していく玉塚流の経営で再びかつての坂の上へと、ユニクロは登り始めたのだった。

だが、そのやり方に、柳井は満足しなかった。後に著書『成功は一日で捨て去れ』でこう振り返っている。

「玉塚君にしてみれば『会社を危険にさらしたくない』と考え、賭けを避けたとしても仕方がなかったのかもしれない。玉塚君がやっていることは確かに堅実でいいのだけれど、それだとグローバルに活動する企業、あるいは革新的な企業になれないのではないかと危惧した」

そして玉塚体制でのユニクロ改革に対して、端的にこんな評価を下した。

「ユニクロを普通の会社にしてほしくなかったのだ。ぼくには安定成長志向は満足できない」

中国での挫折

国内で守りを固める玉塚。それに対して柳井の目は世界に向いていた。

先陣を切って進出したロンドンからは日々、苦戦の報告が届く。玉塚をロンドンから呼び戻してからは、伊藤忠から財務責任者として引き抜いた森田政敏が21店舗にまで膨らんだ販売網の撤退戦を強いられていた。結局、店舗網はロンドンの5店舗にまで縮小された。2001年に進出した際に一挙に4店舗を同時オープンしたのだから、振り出しに戻ったと言える。

それでも進軍のラッパはやむことがなかった。玉塚が新社長としてロンドンから呼び戻されてからしばらくした2002年9月末、海外展開の第2弾として中国・上海に2店舗を同時オープンさせた。

玉塚が社長を打診される以前からすでに決まっていたことなのだが、これが玉塚新体制に暗い影を落とすことになる。

中国進出を託されたのは三人の男たちだった。いずれも留学生として中国から日本に渡り、ユニクロの門をたたいた。リーダー格の林誠と、高坂武史は日本に帰化していた。もうひとりの潘寧《パン・ニン》は、後にユニクロのグローバル展開を成功に導く立役者となる人物だ。1987年に19歳で日本に渡り、この年に34歳になる。

ユニクロと潘が上海で経験した挫折と成功については次章で詳しく述べる。結論から言えば、曲折を経てようやく成功の扉を開いたのは玉塚が実質的に更迭された直後のことだった。

上海の2店舗は当初、ロンドンとほぼ同じ失敗の道をたどることになった。「ユニクロのようなもの」をそこに作り、中国のお客からそっぽを向かれたのだ。当時の中国では「日本と同じものでは売れない」との前提に立ち、日本と比べて安い代わりに品質を落とした服を店頭に並べてしまった。

後になって気づくことになるのだが、それでは中国の消費者はわざわざ海外から来た店で買い物をしてくれない。日本が高度経済成長期を迎えていた頃に海外からやってくる見たこともない商品が「ヨーロッパ舶来の」などと仰々しく宣伝されたことを考えれば、当然の消費者心理なのだろうが、そんな当たり前のことに気づき、潘が立て直しに奔走するのは2005年になってからのことだった。

結果的にはこの年、玉塚は社長から退いた。もし海外事業の立て直しがあと1年でも早ければ、運命は違っていたのかもしれない。

東レとの提携

ブームから一転して苦戦が続くユニクロだが、後の反転攻勢を支える種まきはすでに始まっていた。その象徴となるのがユニクロにとって欠かすことのできないパートナーとなる東レとの戦略的提携だ。

時はやや遡り、フリースブームのさなかにある1999年8月。柳井は東レに繊維供給で全面的に協力して欲しいと打診した。それまでは東レにとっては「関連事業」の位置づけである服をいくつかユニクロに供給する程度の関係で、取引の規模はごく小さなものだった。柳井はこの付き合いを発展させる形で東レの本業である繊維の力を借りたいと願い出たのだ。

この当時ではユニクロはまだまだ地方の新興企業に過ぎない。日本を代表するメーカーである東レとは比肩すべくもない存在だった。果たしてまともに相手にしてくれるかどうか……。

柳井には勝算があった。柳井の目を引いたのが東レの中興の祖とも呼ばれる前田勝之助の主張だった。この当時、すでに繊維は斜陽産業と目されていたが、前田はそれまでの「脱繊維」の路線を180度転換させて本業回帰を主張していたのだ。

「繊維は日本の中では成熟産業だが、発展途上国ではものすごい勢いで伸びているんです。こちらは技術も営業のノウハウも持っている。『これから脱繊維だ』なんていうのは、経営者として何と言うか、あまりにも周囲が見えていないと言いますか……」

成長著しいアジアに目を向け、祖業復活を熱く語るインタビュー記事が日経ビジネスに掲載されたのが1997年3月のことだった。この記事を読んでいた柳井は「この人なら」と考えていたのだ。「僕と同じ考えの人がいるんだなと思っていた」という。

少し付記しておくと、前田は単に「古くなった繊維」を復権させただけではない。現在の東レの主力事業である炭素繊維を長年にわたって育て上げてきた人物でもある。一技術者として着目した炭素繊維だが、1960年代に開発が中断されてしまう。だが前田は上層部に開発再開を訴え続けて再開にこぎ着け、その後は課長、部長、工場長、そして経営トップとして炭素繊維の可能性を紡ぎ続けてきた。

その前田との面会にこぎ着けたのが2000年4月のことだった。繰り返しになるが、この時点でユニクロと東レでは会社としての「格」が違うというのが周囲の一致する見方だろう。だが、そんな大先輩に対して柳井は真正面からこう語りかけた。

「フリースの成功を世界に広めたいんです。そのためには素材で差別化しないといけないんです。僕たちは東レさんが考えているようなオペレーションを勉強したいんです。我々をパートナーとしてくれるような会社は東レさん以外にありません。だから、力を貸していただきたいのです」

この日、柳井は経営陣を引き連れて東京・日本橋の東レ本社を訪れていた。迎える東レも役員陣が総出だった。ともに総出の折衝だ。だが、会談は柳井と前田の一対一の話し合いとなった。

柳井が前田の会長室に招き入れられる。この時、柳井は51歳で前田は70歳。経営者としても前田は大先輩にあたる。そこで柳井が切り出したのが、この「我々のパートナーは東レ以外にない」という口説き文句だった。

残る両社の役員陣は別室の大会議室に控えていた。柳井と前田が30分ほど話し込むと、一同の前に現れた。

「これからファーストリテイリングさんと全面的に協力することになった」

前田が自社の幹部陣に向けてこう宣言した。

その日の夜、前田は行きつけの赤坂の料亭「たい家」に幹部陣を集めた。祝いの席の際に前田が好んで使っていた店だ。

実はこの日の会談で、柳井は前田に「うちだけの専門組織を東レの社内につくってもらえませんか」と打診していた。「運命共同体になって欲しい」ということだった。

この時点で、東レから見ればユニクロは数ある供給先の一社に過ぎない。そんな会社が自分たち専門の組織をつくってくれというのだ。しかも、柳井はユニクロ専門組織のトップを当時の社長である平井克彦に務めて欲しいと要求してきた。地方の新興企業が、名門企業の実力会長に全面協力を要請したのだ。まさに前代未聞の要求である。

普通に考えれば無茶な要求に、前田は満額回答することを決断した。柳井の要請に従い、ユニクロ専門の組織「GO推進室」を社内に設置することを、たい家に集められた幹部陣に宣言したのだ。当時、前田に秘書として仕えており、後にGO推進室の室長となる石井一は、この席で前田が口にした言葉を昨日のことのように覚えている。

「君たち、分かっているだろうな。これは是々非々じゃない。〝是々是々〟だからな」

前田は柳井との対談を通じてユニクロの可能性を強く感じ取っていたのだ。こうしてユニクロと東レの蜜月関係が始まった。前田が会長を退任した後の2006年には正式に戦略的提携を結ぶのだが、その後も両社の取引は右肩上がりで増え続けることになる。

その第1弾がフリースだった。東レから原料を買ってインドネシアで糸にして中国で縫製するという国際分業体制を確立したことで、他社を圧倒する低価格を実現させたのだ。

これに続いたのが「あったか素材」の開発だった。真冬でも暖かく着ることができる下着を実現できないかというアイデアは前田との会談より少し遡る1999年にユニクロの社内で着想があったのだが、後のヒートテックという形で実現するには、東レの力が欠かせなかった。

ヒートテックを可能にしたのは4つの材料からなる特殊な繊維の開発だった。吸湿発熱効果の高いレーヨン、高い保温性を持つマイクロアクリル、速乾性に優れたポリエステル、それにストレッチ性が高いポリウレタンの4つである。まさに東レの技術の粋を結集させたのが、両社で共同開発したヒートテックだった。

ちなみにユニクロと東レはフリースとヒートテックでの協力を原点に、ウルトラライトダウンやエアリズムといった後の大ヒット商品でも密接に協力している。

更迭

こうして生まれたヒートテックというフリースに代わるユニクロの新たな武器――。だが、その販売の陣頭指揮を取る玉塚にとっては不運が重なった。

ヒートテックは2003年に商品化されたのだが、この年の冬は日本列島を暖冬が覆ったのだ。当然ながら、「あったか素材」を求める消費者は期待したほどの数とはならなかった。結局、ヒートテックが爆発的に売れ始めたのは2007年頃からだ。

玉塚体制となってからのユニクロは、数字から見れば決して悪い成績ではない。就任直後の2003年8月期の売上高3097億円を底に、3399億円、3839億円と盛り返していく。この間の最終利益はほぼ倍増させた。ヒートテックが雌伏の時を過ごす間にもカシミア製品などのヒット商品も生んだ。

だが、柳井はそんな地道な業績回復に満足しない。2005年4月の中間決算では、辛辣な評価を下す。

「上期は最悪でした。回復基調にあるという油断があり、経営判断の甘さが出ました。お客様のニーズがつかめず、市場からずれてしまった」

そしてこの年の通期決算は増収減益となり、ついに柳井は玉塚を実質的に更迭する決断を下す。当時は退任と伝えられたが、事実上の更迭人事だ。その理由について柳井は『成功は一日で捨て去れ』で、こう断言している。

「革新的なことに挑戦した結果の減益ではないので、最悪だ」

坂道を転げ落ちたユニクロを回復基調に乗せた功労者に対して、なんとも辛辣な言葉ではないだろうか。ただ、柳井は私の取材に対してはこう証言した。

「成長があって停滞もあって。商売ってそういうものなんですよ。波があるものなんです。当時は衰退の時期に入っていた。だから、あの時に（玉塚が）守りに入るのも当然なんですよ。僕は玉塚君には感謝している。玉塚君のほうが正常なのであって、僕のほうが異常なんですよ。彼はリーダーに向いていたと思います」

経営者として玉塚が取った顧客目線で地道にユニクロを立て直す戦略は決して間違いではない。それは理解している。だが、もう一度ユニクロを飛躍的な成長を果たすまでの軌道に乗せるためには、自分がもう一度最前線に戻らなければならないと判断したのだという。

一方の玉塚の目にはどう映ったのか。

会長となっていた柳井とは役割分担ができていなかった。今なら会長兼CEOと社長兼COOとして分担できるのかもしれない。だが、もともとマイクロマネジメント主義者の柳井にとっても、両者の役割の線引きができていなかったのだろう。

柳井は今週のチラシでは何をアピールするかといった細かな販促策にも口出ししないと気が済まない。人事案を巡っても意見が対立するようになっていた。

チームリーダーの評価では、少しでも成績が悪いと柳井が「一度降格させるべきだ」と冷徹な判断を下す。その場では反論できず、夜になって自分の考えをまとめた玉塚が「申し訳ないですが、私は納得がいきません」とメールを打つと、翌朝早くに「君の考えは甘い」と返ってくる。

会長と社長の線引きの難しさは、日本の大企業でも時にお家騒動の原因となる。玉塚は、ついついそこをあいまいにしてしまったと反省の弁を述べる。

「なんとなくの会長と社長でした。私がしっかりしないといけなかったのですが」

ふたりの路線が決定的に対立したのが海外事業を巡る考え方だったという。柳井が社内で打ち鳴らすグローバル化の進軍ラッパ。それに対して足元を固めようという玉塚の方針が、どうしても食い違うようになっていた。玉塚はこう証言する。

「私はまだロンドンの失敗を引きずっていました。膨大な在庫のトラウマがあったので……。私はブレーキ役になってしまっていた」

「結局、私はサラリーマン的な発想だったんですよ。それ自体は全然おかしくないでしょ。でも、柳井さんから見ると『やっぱりサラリーマンは……』になる。直接は言われなかったですけど、気に入らなかったのだと、我慢ができなかったんだと思います」

柳井自身は当時も今も「玉塚君はよくやってくれていた」と話す。思えば、玉塚が日本IBMの営業マンとして宇部までサプライチェーン改善の提案に来たのが二人の出会いだった。柳井は「彼はボンボンだろ」とまったく評価していなかったが、玉塚にとって兄貴分にあたる澤田がごり押ししたこともあって採用した。玉塚は毎週、東京と山口を行き来する猛烈な働きぶりで現場からの評価を高めていった。

前章で述べた通り、柳井にとって後継者の第一候補は玉塚ではなく澤田だった。その澤田から社長就任を断られたため、次善の策としての玉塚起用だった。

結果は悪くはない。だが、満足はできない。

それが社長交代を決めた柳井の本音だった。柳井は玉塚にこう告げた。

「一緒に降格してくれ。もう一回、一緒に経営を学び直そう」

柳井が自らも会長から社長に復帰するのだから、それは降格人事にあたる。社長に復帰する柳井が日本事業を管轄する。そして玉塚が欧州を中心に不振の海外事業を統括し、この頃には柳井と玉塚に次ぐナンバー3となっていた堂前宣夫を新たに進出したばかりの米国の担当に起用する。

そうやってようやく成長軌道へと回帰しつつあるユニクロを、世界で戦える会社に脱皮させようというのが柳井からの提案だった。

ミスターラグビーの指摘

玉塚にとってはあの時の柳井の経営論が、身にしみる。

場末に開いたまんじゅう屋に客が来ない。そのうちにカネがなくなり胃がキリキリと痛む——。まさにそんなことを痛感させられる3年間だった。

やや余談になるが、玉塚はあの国立競技場で対峙した平尾誠二と雑誌で対談している。ちょうどユニクロ社長として3年目を迎えた頃のことだ。同学年ということもあり、平尾とはその後に親交を深めていたのだが、その対談の中で平尾はこんなことを指摘していた。

「ユニクロの内部のことは分からないけど」と前置きしながら、リーダーシップの分業化について語っている。

「チームリーダー、ゲームリーダーに加えて、『イメージリーダー』の必要性も感じている。

リスクにがんじがらめになった方向性を打ち出すと、チームがこぢんまりとしてしまう可能性がある。それを打破する役割の人材が欠かせない。このあたりは実務家としての君は難しいところだね」

当時の玉塚にとっては、ユニクロの経営体制が抱える矛盾をズバリと突かれた気がしたのではないだろうか。この対談では玉塚は「何か嫌だね、そういう言われ方（笑）」と言葉を濁している。

選手としてはミスターラグビーと呼ばれ名声を打ち立てた平尾は、日本代表の監督となったものの世界の壁に跳ね返されて結果を残せずにいた。世界と戦う難しさを、全く別のフィールドではあるが玉塚より先に痛感していたのだ。

そんなかつてのライバルから投げかけられたのが、リスクにがんじがらめとなった組織を打破すべきイメージリーダーという新しい概念だった。この指摘についてどう思うか、それから20年近くたってからあらためて玉塚に聞いた。平尾はすでにがんのためこの世を去っていた。

「外部環境が変化したら新しい考え方を採り入れないといけないということでしょう。リーダーシップで重要なのは多様化を受け入れられるかどうか。やっぱりリーダーはまじめすぎる人じゃ、あかんねぇ……。ミスしないことを考える行動原理じゃ、ほかと差が出ない。平尾がそう語っていた」

「日本の経済界は、実にすごいリーダーを失ってしまったのだと感じました。悔しいですね……」

「君に頼まれちゃ、断れない」

玉塚は柳井から提案されたユニクロの世界分割案に対し、首を縦に振らなかった。

「わずか3年とはいえ社長をやっていた自分が中途半端に海外の責任者として残っても、と考えました。それに、私はもともといつか自分で事業をやりたいと思ってユニクロに飛び込んだ。それから7年の濃い時間を過ごして商売の原理原則を学ばせてもらったので」

この言葉は真実だろうが、本音とは言い切れないだろう。ユニクロでできることをやり尽くしたという充足感は、玉塚の言葉からは感じられない。むしろこの時の悔しさを取り戻そうとしてきた。その後のキャリアを見れば明らかだ。

ユニクロを後にした玉塚は、一足先に独立していた兄貴分の澤田とともに小売業専門の再生ファンド、「リヴァンプ」を立ち上げる。その後、玉塚はローソン社長に抜擢され、さらに日本のロッテホールディングス社長を歴任することになる。根底にあるのが、あのユニクロで経験した学びと屈辱をバネに小売業で自分が生きた足跡を残そうという果てることのない野望だろう。

ちなみに、ローソン社長時代にはファミリーマート社長となった兄貴分の澤田とコンビニ業界で真っ向勝負を演じているのだから、人生というのは時に想像もできないようなストーリーを用意するものだと思わされる。

玉塚はユニクロを去ったが、柳井との縁が切れたわけではない。2014年に玉塚がローソン社長に就任したばかりの頃のことだ。東京・六本木のオフィスに柳井を訪ねた玉塚が、柳井に懇願した。

「今度、うちのマネジメントオーナーの会合があるので、そこで柳井さんに講演いただけないでしょうか」

マネジメントオーナーとは、かつて勤めたユニクロのスーパースター店長を模した制度だ。玉塚がローソンの社長就任に先立ち2010年に顧問となった際に導入していた。

玉塚はローソンの目玉商品であるプレミアムロールケーキを机の上に並べ「これでお願いできませんか」と言う。

すると柳井は「そもそもローソンはもっと商売を絞ったらどうだ。ナチュラルローソンとか、あの100円の店（ローソンストア100）とかはやめてローソンに絞った方がいいんじゃないか」と話し始める。商売の話になると、相変わらず熱弁を振るうのだった。

ただ柳井は最後に、こう言った。

「そんなの君に頼まれちゃ、断れるわけがないじゃないか」

こうして柳井を特別講師に招いて開かれたローソンのMO（マネジメントオーナー）会

議。柳井には、チェーンストア経営について話してもらうはずだったが、700人ほどが並ぶ会場の最前列の端に陣取っていた玉塚はその内容を全く覚えていない。

「皆さん、玉塚君をどうかよろしくお願いします」

そう言って柳井が頭を下げた時に涙腺が決壊してしまったからだ。

「ユニクロを飛び出した時には『あのオヤジを超えてみせる』なんて言っていたかもしれません。でも、まだまだ俺は青いなと思わされる。今思えば、ユニクロでの経験もすべてがつながっている。柳井さんは商売の師ですから」

2005年8月に玉塚が退任して結局、ユニクロの経営は柳井が社長として全権を指揮する従来の形に戻った。経営体制だけを見れば完全な逆戻りである。

だが、ユニクロは玉塚体制の雌伏の3年をへて新たな局面へと階段を上ることになる。出足から躓《つまず》いてしまったグローバル企業への脱皮である。

第 8 章

突破口

世界進出もたらした「問い」

北京から来た青年

闇夜が溶け込むように広がる黒い海の向こうに見えた神戸の街には、光が満ちていた。

1987年。中国からやって来た19歳の青年の目に飛び込んできたのは、中国の夜では見たこともない光の洪水だった。子供の頃にテレビで見た「一休さん」や「おしん」の国が、目の前に広がっている。

北京から13時間かけて列車で上海にたどり着くと、息つく間もなく日中間を結ぶ定期船「鑑真」に乗船した。そこから東へ48時間。大部屋の船室で雑魚寝していると、ひどい嵐に見舞われた。

（このまま船体がバラバラに砕け散ってしまうんじゃないか……）

そう思うほどの強烈な時化《しけ》に襲われていたのが嘘のように、急に海が静まりかえった。瀬戸内の鏡のように穏やかな海が、19歳の潘寧《パン・ニン》を迎えてくれたのだった。

船を降り、港でパスポートに押された「神戸上陸許可」の文字を見て、ようやく異国の地にたどり着いたことを実感する。ただ、そんな感慨に浸る暇もなくそのまま夜行バスに乗せられ、早朝にたどり着いたのが東京・高円寺の駅前だった。

慌ただしくラッシュアワーの駅へと向かう人の群れ。どこからともなく漂ってくる立ち食いそばの出汁《だし》の香りが、長旅で疲れ切った身体に染みてくる。

そこには、何もかもが母国とは異なる日常が存在していた。

潘が驚かされたのが路上のあちらこちらに立つ自動販売機だった。母国の首都・北京でも見たことがなかった。北京では喉が渇けば道ばたの蛇口をひねるか、一分硬貨2枚でどんぶりにつがれるお茶を買うか。当時の為替レートで換算すると1円にも満たない。それなのに日本では1本100円の缶ジュースが人の手も介さずに次々と売られていく。

「それを見て生活水準の差を痛感しました」

今では極めて流ちょうな日本語を話す潘は、日本で見た原風景をそんな風に回想する。19歳の時にまったくの別世界に見えた日本という国。そのイメージが頭にこびりつくように残っている。

ユニクロに入社してからも母国は「工場がある途上国」であり、日本の服を売る場所ではなかった。ところが、知らず知らずの間に中国は驚異的な経済成長を遂げる。後にその成長力を見誤ったのは、あの19歳の時に神戸と東京で見た原風景が強烈すぎたからなのかもしれないと考えると、皮肉なものだ。

失敗続きだったユニクロの世界戦略の成功の扉を開いたのは、ふたつの国を知り尽くしたこの男だった。それは神戸の夜景を目に焼き付けた日から20年近く後のことになる。

19歳の潘青年が右も左も分からない異国の地で始めた新生活。学校より学びが多かったのがアルバイトとして働く職場だった。ホテル・ニューオータニで皿洗いの仕事を見つけると、辞書を片手にパートのおばさんたちから日本語を学んでいった。

このニューオータニでたたき込まれた日本ならではの接客の心得を、まさか後年になって自分自身が中国各地のユニクロの店で指導することになろうとは、この当時は思いもしなかった。

例えば、物陰に隠れて壁により掛かっていると先輩社員から烈火のごとく怒られたものだ。

「どこに居ても両手を前でそろえて真っすぐに立て！」

潘は内心で「なんで？　どうせお客から見えないのに。これって軍事教練かよ」と思ったが、その先輩が言うには、そういう他人に見えないところでの振る舞いが普段の接客に現れてくるから気を抜くなという。

続いて働き始めた三鷹駅前のパチンコ店では「ちゃんとお客さんの目を見て挨拶しろ」と口を酸っぱくして指導された。いずれも中国では考えたこともない接客の心得だった。最初は違和感が拭えなかったものの、若い潘は異国の流儀をスポンジが水を吸い込むように吸収していった。

大学院修士課程の修了を目前に控えた頃、日本で働こうと考えた時に出会ったのが柳井正だった。「キャンパス」に移転する前にあった宇部の山の中にポツンと建つ平屋のオフィスで行われた最終面談。就職活動生の潘よりもむしろ熱く語ったのは柳井の方だった。

「ファーストリテイリングは世界一のアパレル企業になりたいんです。だから当然、中国とも大きなビジネスをしていきます。君のような人が必要になるんです。だからぜひ、うちに入ってもらいたい」

一介の留学生を熱い言葉で口説く姿に感化されてユニクロの門をたたいたのが1995年のことだ。

上海での失敗

それから8年――。

潘は岐路に立たされていた。満を持しての中国進出を実現させたのが前年の2002年のことだ。上海に2店舗を同時オープンさせた。これが見事に大外れしていた。

(このままでは会社に居場所がなくなる)

それまで派遣されていた上海から山口に呼び戻された潘は、強烈な焦りにさいなまれる毎日を過ごしていた。

少し時を遡ろう。

ユニクロにとって中国は長く「売る場所」ではなく「作る場所」だった。新入社員として東京・町田の店に配属された潘も2年目には生産管理の部署に回され、中国のパートナー工場を指導する立場となったのだが、1996年の当時は、「初めて中国の工場に行った時には目が回るような感覚でした。人とミシンが密集していてバババババッとすごい音を立てているんですよ」と回想する。

潘の上司にあたる辻本充宏も当初はそのクオリティーの低さに目を丸くしたという。Tシャツ工場で抜き打ち検査をすると商品にくっきりと靴底のあとがついている。それを指摘すると、悪びれる様子もなく「そんなの洗えばいいじゃないですか」と返ってくる。梱包された段ボールを開けると出てきたのはネズミの死骸にアイロン、はさみ……。

このままではとてもじゃないが、世界で戦えるレベルのクオリティーを確保できない。そこで日本の他社から引き抜いた生産のプロたちを「匠《たくみ》」として現地に送り込み、現場をひとつずつ改善してユニクロが誇る国際分業のSPAを築き上げていった。

2000年代に入ると、中国はめざましい経済発展の入り口に差し掛かった。これからの中国は「売る場所」だとして柳井に出店を提案したのは、中国から帰化していた林誠だった。潘にとっては留学生としても先輩にあたる。

ユニクロをグローバル展開するタイミングを模索していた柳井はゴーサインを出し、2002年にイギリスに次ぐ海外進出の第2弾として上海に出店した。潘も林とともに上海に渡ることになった。

だが、結果は辛酸をなめたロンドンの失敗をそのまま繰り返すものとなってしまった。

「中国では日本のような価格帯は受け入れられない」

そう考えた林や潘らは、主力製品の価格を59元と69元に設定した。当時のレートで800円強から1000円弱ほど。日本よりずっと安い分だけ品質も下げてしまった。日本のユニクロとは素材も違えば生産を委託する工場も違う。匠たちが現場を駆けずり回って指導してきた成果は、上海店に並ぶ服には反映されていなかった。

これが裏目に出る。

すぐに他社からもっと安い類似品が出回ると、際限のない安値競争に引きずり込まれてしまった。「そうなると、お客さんからすればユニクロで買う意味がなくなってしまうんです。（品質の面で）期待が外れると二度と買ってくれない。負のスパイラルです」。潘は上海での失敗をこう総括する。客足は遠のき、日本的に言えば店頭は閑古鳥が鳴くようなありさまだった。

「ユニクロとはなにか」「ユニクロの服とはなにか」――。

その根本的な問いかけをしないままに勢いだけで進出した末の失敗が、ロンドンだけではなく上海でも繰り返されてしまったのだ。

フリースブームが過ぎ去った日本、柳井の憧れの地だったはずのロンドン、そして「作る場所から売る場所へ」の転換を狙った上海……。いずれからも客が遠のいてしまった。ガラガラの店頭が、当時のユニクロの危機的な状況を物語っていた。

すると、ロンドンに続いて上海でも撤退戦が始まった。店舗の完全閉鎖はかろうじて免れたが大幅な人員削減は避けられない。潘の名前もそのリストに挙がってしまった。

「もう君がここにいる必要はないんじゃないか」

当時の上司である林からそう告げられて、潘は上海を後にしたのだった。

「なにが足りなかったのか」

19歳で日本に渡ってから初めて経験した挫折。日本に戻されてからも「このままでは会社に居場所がなくなる」という焦りがこみ上げてくる。

潘は事業開発という部署に回された。M&Aを担当する部門なのだが、そこでもう一度、柳井の薫陶を受けることになったことが後々に生きることになる。柳井とはほぼ毎日、ミーティングが設定されることになり、その中で敗因をじっくりと考え直すことになったからだ。

「あの時に柳井さんから厳しく経営の指導をしていただいた。今振り返ってみると中国にいた時には市場をどう攻めるのか、自分の中で考えが定まっていなかったことを痛感させられました」

この時期に柳井の経営哲学を学び直そうと、柳井自身が社内で勧めていた本を手に取ったという。その中でも繰り返し読んだのが、マクドナルド創業者であるレイ・クロックの

『成功はゴミ箱の中に』だった。柳井自身があの銀天街で過ごした「暗黒の10年」の時期に何度も読み返し、自らを鼓舞した本だ。潘は「経営論だけでなく、逆境の中でどう生きるかを考えさせられました」と言う。

（自分たちには何が足りなかったのか。なぜ上海の店は失敗したのか）

そんなことに思いを巡らせ続ける雌伏の時を過ごしていた潘にチャンスが巡ってきた。ユニクロが香港に小さな店を開くことになったのだ。任されたのが潘だった。

それは決して恵まれた条件ではなかった。九龍半島南端の商業地、尖沙咀《チムサーチョイ》にあるミラマーショッピングセンター。繁華街の一角にあるものの、周囲と比べて客の入りはいまいちな施設だった。ユニクロ社内で開かれた会議でも「そんなところにお客さんが来るのか」と反対意見が相次いだという。

潘も追い詰められていた。

「ここで失敗したらもう、次はない。そういう思いでした」

生産管理を担当していた若手時代に上司だった辻本はこの頃に潘と再会して驚いたという。「彼はもともと体格が良いのですが、この頃は激痩せしていました。本当にびっくりしました」。この当時の低迷はユニクロ全体が経験する試練だったが、満を持して進出した上海から志半ばで送り返された潘にはひときわ捲土重来を期する思いがあった。

突破口は香港に

尖沙咀の店は確かに人の流れが良い場所とは言えない。店が入るのはショッピングセンターの3階だ。路面店と比べれば圧倒的に存在感はうすい。

だが、ひとつだけ他の候補地にはないメリットがあった。売り場が広いということだ。これが、潘にとっては極めて重要な要素だった。「ユニクロ」を表現するためには、それなりのスペースが必要だと考えたからだ。

上海から日本に戻された潘が1年間、見つめ直した失敗の原因。それは「ユニクロ」を表現できていないということだった。出直しを期する香港で同じ失敗を繰り返すわけにはいかない。香港ではどう戦うべきか。

もともと香港出店にあたってユニクロが探していたのは500平米ほどの売り場面積の小さなテナントだった。だが、それではユニクロは表現できない。そう考えた潘が見つけてきたのが、この尖沙咀のミラマーショッピングセンター3階にある売り場で、面積は約1200平米と当初想定の2倍以上ある。

実は当初、潘は割高の別の物件を見つけてきたのだが、柳井からは「潘君ねぇ、僕はお金がない時にはそんな無茶なことはしなかったよ」と苦笑いしながらたしなめられた。

ただ、柳井は「ユニクロを表現する売り場」という考えには賛成だ。潘がもう一度物件を洗い直して見つけたのが、このミラマーショッピングセンター3階の売り場だった。そもそも「ユニクロはなにをもって勝負するのか。それを考え抜いてください。競合他社と同じことをやっていていいのか」と、しきりに潘に問い詰めたのは柳井本人だった。

潘がたどり着いたグローバル展開の打開策——。それは「日本のユニクロをそのままぶつける」だった。

上海のように下手に現地の品質レベルに合わせてはいけない。店に並べる服はすべて日本と同じ。商品に付けるタグまで日本と全く同じ。さすがに値札だけは香港ドルにしなければいけないのだが、後はすべてが日本のユニクロの完全コピーだ。

店の内装も完全に日本と同じ。明るい木目調のフロアに白い天井。れんが模様の柱。そして天井まで色をそろえてずらりと積み上げられた服。壁には「日本休閑服装　最大品牌」とある。日本最大のカジュアルウエアのブランドという意味だ。

価格はむしろ日本より高く設定した。これには実は、柳井が香港で築いてきた華僑ネットワークからの助言もあった。「香港では価格を低く設定してはダメですよ。香港の人たちは『価格＝クオリティー』と考えますからね」。柳井にそうささやいたのが地元企業の経営者だった。

ただし、それだけでは「仏を作って魂込めず」だったロンドンと同じ失敗に陥りかねない。潘は接客の仕方まで、日本式をそのまま採用した。

最初に配属された町田店で店長から何度も言われた「この仕事をする目的はなにか。お客様の信頼を勝ち取るにはどうすればいいか」。その店長が口を酸っぱくして言っていたのが「ユニクロはヘルプユアセルフじゃないからな」だった。ユニクロは一見すると接客を極力なくした店に見えるが、店頭に立つからには常にお客の動きに目を配ってちょっとした要望に応えなければならないという教えだった。まさに柳井が言う「チェーンストアを超えろ」を体現していたのが、その店長だったのだろう。

そこにアルバイト時代にニューオータニと三鷹のパチンコ店でたたき込まれた日本式の接客の心得がシンクロする。

「お客様の目が届かないところでも両手は前に、直立不動で」

「ちゃんと目を見て挨拶せよ」

当初は軍隊式の精神論に思えた教えの意味が、今になって理解できる。19歳で日本に渡った時に見た異国のサービスや品質を、香港で再現するのだ。

こうして2005年9月末にオープンした香港・尖沙咀店は瞬く間に大人気店となり、わずか3カ月で黒字を記録した。ここから失敗続きだったユニクロの海外展開が巻き返しを始める。

潘寧の発見

「中国本土を立て直さないといけない。潘君、君がやってくれ」

柳井はこう言って中国事業全体のトップに潘を抜擢した。香港の店を成功に導いたことだけが理由ではない。「潘君はずっと僕と一緒にいたから。うちの商売の原理原則を、彼は知っている」。つまり「ユニクロとはなにか」を理解している人材だということだ。それが抜擢の理由だった。

この頃、中国では9店舗を展開していたが、2005年末に再び上海に渡った潘は北京にあった2店舗の閉鎖を断行した。上海でも繁華街の南京東路にあった店のサイズは1000平米ほどもあったが、ビル全体が老朽化しており、それでは十分にユニクロを表現できないと考えた。

ところで、「すべての仕事は売り場にある」が潘の信念だという。ユニクロだけで学んだことではない。学生時代に「そんなことまでする必要があるのか」と内心で毒づきながら「まあ、ここは日本だし……」と郷に入れば郷に従えの考えで日本式の接客術を学んだホテルやパチンコのホールでも同じだった。すべての仕事の本質は売り場に凝縮される。言葉を換えれば、すべての商売の方法は売り場が教えてくれる。

管理者になってからも潘は時間の許す限り店頭に立ってきたという。香港・尖沙咀店でも店の片隅に自分用の机を置いた。店員とミーティングしながらも店の様子に目配りするためだ。

売り場をじっと眺めていると、商売のヒントが見えてくる。

再び上海に渡ったばかりのこの時もそうだった。潘が気づいたのは、お金持ちに見えるようなお客ほどロゴが大きく入った服を手に取らなくなっているということだった。

中国がまだまだ貧しい国だった頃はまったく逆だった。それどころか欧米の有名ブランドのロゴをコピーしたニセ物が山のように売られ、多くの消費者がニセのロゴが入った商品を手にしていた。この当時にもそれは残っていたが、経済的に裕福そうな人ほど、そういった商品を敬遠し始めていたのだ。本物志向に目覚める人が増え始めていたということだろう。

そうであるならば「ユニクロのようなもの」が出る幕はない。香港と同じように「ユニクロそのもの」をぶつけるべきだと、潘は考えた。

尖沙咀での成功を移植するには、やはり広い売り場が必要となる。ユニクロを中国の消費者に知らしめるための旗艦店である。

米リミテッド創業者からのヒント

ここでやや話がそれるが、旗艦店の重要性は柳井も以前から感じていた。あの家族旅行で訪れたバルセロナで見た未来のライバル、ZARAが人を集めていたのが、まさにZARAというブランドのショーケースである旗艦店だった。

思えば、ユニクロもその直後に開いた原宿店でフリースに「ユニクロとはなにか」のメッセージを託していた。まだ旗艦店と言えるほどのサイズでもなかったが、フリースに絞り込むことで他社との違いを表現することができた。この原宿店での成功がその後の快進撃につながった。

旗艦店戦略のヒントはZARAだけにあったわけではない。

柳井が「僕が一番尊敬する商売人」と呼ぶのが、米リミテッド創業者のレスリー・ウェクスナーだ。1963年に叔母から借りた5000ドルを元手にオハイオ州コロンバス近郊にリミテッドの第1号店をオープンさせた。そこからわずか6年でニューヨーク証券取引所に会社を上場させ、柳井が広島でユニクロを始めた頃にはリミテッドは全米を代表する婦人服チェーンへと駆け上がっていた。

そんな業界の先駆者の自宅に招かれた際に、柳井が聞いてみたいと思っていたのが、世界と戦うにあたってのアイデアだった。ウェクスナーの答えは意外なものだった。

「実は、私はアパレルというのはこれ以上はもうダメだと思っている。国境を越えるなんて、グローバル展開なんて、できっこないと思う」

これには柳井も面食らった。

「いや、そうおっしゃいますが、僕は可能だと思います」

柳井が反論すると、ウェクスナーもこう付け加えた。

「ひとつだけ方法があるとすれば、それは自分たちでデパートみたいな巨大な店を作るということだ。そこに行けば自社の服がすべてそろっている。そういう店を作るんだ」

つまり、旗艦店を世界中で作れというのだ。ユニクロが当初やっていたような他社の服をかき集めた服のデパートのことではない。自分たちで作った服を一堂に集めた巨大店という意味だ。そういう店を作らなければ他社との違いを消費者に認めてもらうことはできず、いずれ埋没し不毛な価格競争へと巻き込まれていく。それが尊敬する商売人からのアドバイスだった。

実にシンプルだが実際にやるとなると簡単なことではない。旗艦店戦略には大きなリスクが伴うからだ。世界の大都市の目抜き通りに巨大な店を構えるにはそれ相応の資金が必要になる。１カ所にすべての商品を集めるということは、あまり売れない服もそれなりに取りそろえなければならないことを意味する。当然、在庫のリスクも高まる。売れる服と売れない服のサプライチェーンをそれぞれどう回すか。全量買い取りを前提とするＳＰＡ

の実力が問われるところだ。

この時、ウェクスナーが「例えば」と言って名を挙げたのが、すでに旗艦店戦略に打って出ていたZARAだった。柳井がバルセロナで見た店のような旗艦店なら、世界で戦える可能性はあるというのだ。

ちなみにウェクスナーは「アパレルはもうダメだ」と言いながらその後に女性用ランジェリーのビクトリアズ・シークレットや「アバクロ」でおなじみのアバクロンビー&フィッチを世界展開させている。

柳井はこの時からいずれ旗艦店戦略に出なければ勝ち目はないと考え始めていた。

「彼がヒントをくれたんですよ。もし成功したいなら世界のハイストリート（目抜き通り）に出て行って旗艦店を作って『ユニクロここにあり』と言わないといけない。そうやってブランドを築かないといけない」

香港でつかんだ旗艦店戦略の確かな手応えをすかさず世界中で問う。ユニクロが迅速に動けた背景には、異国の先駆者からのヒントがあったのだ。

生まれ変わった中国のユニクロ

2006年7月、上海市内でも大型のショッピングセンターである港匯《ガンフイ》広場（現在は港匯恒隆広場)。ユニクロは店の売り場を一気に4倍に増床拡大してリニューアルオープンさせた。ただし、場所は2階から4階のメンズフロアに移った。立地としては格落ちとなる。それでも広い売り場を確保したのは、言うまでもなく香港の尖沙咀店の成功を手本にし、上海で再現するためだ。

単に売り場の面積を広げただけではない。そこに作ったのは「日本のユニクロ」そのものだった。続いてオープンさせた正大《ジョンダー》広場店。上海市内を流れる黄浦江《ファンプー》のほとり、浦東《プードン》地区側に立つ東方明珠電視塔のすぐ近くにある正大広場にオープンさせたのが、売り場面積は2300平米余りとこの当時のユニクロにとってアジア最大となる店だった。

実はこの店に並ぶ服は日本よりやや高い値段に設定していた。中国で課される増値税の分を加味したこともあるが、潘が柳井に提案したのが「中国では『中産階級のブランド』というポジションを狙う」という戦略だったからだ。この点も香港式を踏襲している。

潘から呼び寄せられて日本のユニクロから上海に渡っていた馮尚紅《フェン・シャンホン》は、生まれ変わった「中国のユニクロ」について、こう回想する。

「実は、ガンフイをリニューアルさせた時には立地が悪くなるから、かえって売れなくなるんじゃないかと思ったんです。でも、『日本と同じものを同じように陳列する』という方針によって、それまでとは全く違う店になった。パッと見た印象が白くて明るい。天井の電気も床も明るい。(入社前に)大阪で初めてユニクロの店に入った時のことを思い出しました」

それからしばらくは休みの日にガンフィと正大広場を訪れては、ユニクロの手提げ袋を持つ人の数を数えるようになったという。ただ、手提げ袋の数を見るまでもなかった。「ユニクロとはなにか」という問いを形にした効果は、店に入りきらない人の列を見れば一目瞭然だったからだ。

こうしてユニクロの世界進出はようやく成功の端緒をつかんだ。フリースブームが去り柳井が後継者と目した澤田貴司と玉塚元一が去ったユニクロは、ここからまた坂道を登り始める。失敗は成功への教訓へと「上書き」してしまい、引き算の時代から足し算の時代へと歩みを進めようとしていた。

柳井は一気呵成に攻めようと日本から大量の人員を送りこんだのだが、その視線はすでに上海の次へと向けられていた。香港と上海での成功を、小売業の本場であり世界で戦う上で避けては通れない土地であるアメリカとヨーロッパに広めようとしていたのだ。

ただし、その前にやるべきことがある。潘が香港と上海で成功の扉を開いた理由はどこにあるのか。言うまでもなく「ユニクロ」を、現地の消費者に分かりやすく示した点にある。柳井の言葉で言えば「売れる理由を表現した」のだ。

ならば、あらためて突き詰める必要があるだろう。

「ユニクロの服とはなにか」

ノンエイジ・ユニセックス。それをSPAの国際分業体制を駆使して市場で最低の価格で届ける。原宿店で火を付けたブームでは、これがユニクロのイメージだろう。だが、そのままでいいのか。本当にそれで世界と戦えるのか――。

ここまですでに何度も修羅場をくぐってきた柳井正が経営者としての真骨頂を再び見せたのが、この時ではないだろうか。ユニクロがグローバルブランドに駆け上がることができた理由は、単に上海での成功体験を横展開させたことにあるわけではない。当初は失敗続きだったグローバル展開でようやく見つけた成功のヒント。その小さなともしびを大きな成功につなげるため、勝負を仕掛けるその前に、もう一度、あの根源的な問いと向き合ったのだ。

「ユニクロとはなにか」「ユニクロの服とはなにか」

それを、1990年代末に日本でジョン・ジェイが誰もが分かる形にして消費者に伝えてみせた。そして中国からやって来た潘寧が上海の大型店で体現してみせた。海の向こうから来た二人の男によってユニクロはその問いに答えを示してグローバル化の坂道を上る緒についたのだ。

だが、上海での成功では、まだまだ小さな突破口が開いたに過ぎない。本当の意味でグローバル企業へと進化するためには、この問いに解を示すことが避けて通れない。

柳井にとって最も大切なその問いと向き合うことになったのは、ひとりの日本人クリエイターだった。

佐藤可士和との出会い

知人を介して突然、柳井正が自分に会いたいと言っていると聞いた時は「テレビ広告の話かな」と思ったという。2000年に博報堂から独立した佐藤可士和《かしわ》は瞬く間に日本のトップクリエイターの仲間入りを果たしていた。クライアントにはホンダをはじめ「カロリーメイト」の大塚製薬やキリンビール、NTTドコモと日本を代表する企業の名が並ぶ。柳井が早速、当時西麻布にあった佐藤のオフィスにやって来た。2006年2月半ばのことだ。

「ファーストリテイリングの柳井です。先日、NHKの『プロフェッショナル　仕事の流儀』を見まして、可士和さんの仕事がすごく良いなと思いました」

初対面からファーストネームで呼ぶのは、柳井にしては珍しい。よほどこの男の仕事ぶりに関心を持ったのだろう。柳井は放送されたばかりの特集番組の話を持ち出したかと思うと、「ところで」と言って、こう聞いてきた。

「最近のユニクロについて、可士和さんはどう思いますか」

ちょっと間を開けると、佐藤はこう切り出した。

「実は、そう聞かれたらどうお答えしようかと考えていて……、困っていたんです。なぜ困っていたかと言いますと、例えば、ユニクロが原宿に出てきたときには商品も広告もすごくインパクトがあって素晴らしかった。当時だったらユニクロについて柳井さんにもお話ししたいことがいっぱいあったと思いますよ」

柳井は黙って、このクリエイターの言葉に耳を傾ける。佐藤はこう続けた。

「柳井さんがいらっしゃるということであらためてユニクロについて考えてみたんです。でも、イメージがぼんやりしていて……。店にも行きましたが、正直言って、あまり印象に残るようなお話ができない。それが今のユニクロの印象です」

16歳も年下のクリエイターの辛辣な言葉に、柳井の表情は変わらない。たったひと言で返した。

「その通りですね」

思った通りだ。この男は語るに足る——。柳井はそう感じ取ったのだろう。そこから堰《せき》を切ったようにユニクロの世界戦略の話を始め、佐藤がこれまでに手掛けてきた仕事についてもひとつずつ聞いていった。

二人の話が予定の時間を迎えていた頃に、佐藤が「これが最新作です」と言ってある携帯電話を紹介した。まだスマートフォンが世に出る前のことだ。それは「FOMA N702iD」というNTTドコモの折り畳み式携帯だった。その携帯電話を手に取った柳井は「これはすごい」と言ったきり無言になり、まじまじと見入った。

「可士和さん、これを創るのにどれくらいの時間がかかりましたか」

「2年半です」

ドコモから新型携帯電話の話をもらってから着想し、デザインを形にするまで2年半もの月日を要したという。手に取った四角い携帯電話は実にシンプルながらボタンの配置やデザインなどがよく練られているのが分かる。

この時、柳井はその2年半で佐藤がなにを考えてこのデザインにたどりついたのかをじっと考えた。

「実は、僕は携帯というものを使っていないんですよ。でも、これは買いますよ」

意外なことに2006年のこの時点で、柳井は携帯電話を使っていないという。ただ、柳井が続けて口にしたことの方が、佐藤にとっては意外なことだった。

「これができるなら、うちのグローバル戦略をやってもらえないですか」

「えぇっ……？　グローバル戦略……、ですか？」

実はこの時、佐藤はCMを依頼されたら断ろうと思っていたのだという。ユニクロの現状を考えればテレビCMを少し手直ししたところで、結果を出すのは難しそうだなと思っていたからだ。だが、どうやら柳井が依頼しようとしているのはテレビCMではないようだった。

「実はつい先日、ニューヨークのソーホーで1200坪（約4000平米）の物件を見つけたんですよ。そこを起点にもう一度、世界戦略を練り直していこうと思っているんです。ニューヨークからロンドン、パリ、上海、そして東京と。そのブランド戦略のディレクシヨンを、可士和さんにやってもらいたい」

（世界戦略？　ディレクション？）

すごく大きな話だな……。できるかな。でも、やってみたい――。そう思いつつ、ほとんど反射的に佐藤は答えてしまった。

「いいですね。ぜひやりたいです」

「そうですか！　ありがとうございます」

柳井はこう言うと、「そのソーホーの店なんですが、秋にはオープンさせたいと思っています」と付け加えた。

「えっ？　今年の秋ですか？」

「そうです。10月です」

猶予はすでに半年余り。

「それで、その世界戦略というのは何年がかりの話なんですか」

「そうですね。数年がかりでさっき言った世界の大都市にどんどん広げていきたいと思っています」

そう言うと柳井は「良かったです。じゃ、僕はこれで」と言ってオフィスを後にしてしまった。

アメリカで繰り返された失敗

ユニクロがロンドンと上海に次いでニューヨーク近郊に進出したのは2005年9月のことだ。潘寧が失敗続きだった世界戦略の打開策を見つけた香港・尖沙咀店をオープンさせたタイミングと重なる。この時点ではまだ「成功の法則」は確立されておらず、ロンドンでも上海でも苦戦が続いていた。

この時のアメリカでの出店は正確に言えばニューヨークではなく、ハドソン河を渡ってニューヨーク市と隣接するニュージャージー州だった。3店舗を出したのだが、いずれもマンハッタンからは遠く離れた田舎町のモールの一角だった。

柳井はロンドンと上海で犯した失敗を、ここアメリカでも繰り返してしまっていた。まず売り場面積が狭く「ユニクロ」をまったく表現できていない。そして事前に市場調査に時間をかけて「アメリカ人に好まれる色やサイズ、デザインとはなにか」を考えすぎてしまった。

ロンドンと上海に続いて「ユニクロのようなもの」を作ってしまっていたのだ。しかも立地は郊外のモールの中と、さらに分が悪い。アメリカでの売り上げはロンドンや上海と比べても散々なものだった。

結局、大量の在庫がだぶついてしまった。それをどこかで売りさばけないものかとマンハッタンで臨時店舗を探したところ、ソーホー地区に小さな売り場が見つかった。そこで在庫になった服を売ると、瞬く間にニュージャージーの3店舗の売り上げを超えてしまった。

マンハッタン島の南部に位置するソーホーと言えば流行を発信していく土地だ。もともとは倉庫が多い石畳の古い街並みだったが、それを改築した小さなギャラリーやブティックが立ち並ぶようになり、若くておカネはないが成功に飢えた芸術家やデザイナーたちが集まってきたことで、流行の発信地となった。しかも発信する先はアメリカだけでなく全世界に広がる。

ソーホー地区はリトル・イタリーやチャイナタウンが近くにあり、世界中の人種が混ざり合うニューヨークにあってもひときわ多様な文化が融合する接点となってきた街だ。「日本から来た新しいアパレルの形」を問うには格好の場所だろう。柳井も「アメリカで勝負するなら、やはりここしかない」と考えてめぼしい物件を物色し始めた。

今思えば運も味方したのだろう。その日、柳井が部下とともにソーホーの街を歩いていると大きな建物に出くわした。目抜き通りのブロードウエイ沿いで地下鉄の駅もすぐ近くと立地は抜群だ。1階がスポーツ用品店で裏のスペースは配送所になっている。そして、建物のオーナーがその場にいるという。

柳井はその足で直撃することにした。直談判してみると、実は高級家具のコンランが入居することがほぼ内定しているということが分かった。ここで引き下がれない。

「すぐに契約しますから。ぜひうちと契約してください」

その場で条件を提示し、内諾を取り付けてしまった。もしこの時、柳井ではなく部下が物件を見て回っていたら即決できなかっただろうし、そもそもその場でオーナーをつかまえて直談判し、契約をゴリ押しすることもなかっただろう。

これが佐藤可士和と初めて会う直前のことだった。

二人の対話

ここから佐藤と柳井の対話が始まった。ちなみに、この二人はソーホー店を第1弾とするユニクロの世界戦略を語り合って以来、現在に至るまで特別な用事がない限り毎週決まって早朝に30分、互いに時間を作って話し合う場を持っている。話の中身はユニクロにとどまらない。

「服とはなにか」

「文明とは、文化とはなにか」

「ニューヨーク近代美術館（ＭｏＭＡ）のデザインについてどう思うか」

「コロナは社会をどう変えるのか」

柳井は佐藤のことを盟友と呼ぶが、確かに二人の関係は単にクリエイターとクライアントという関係を超越している。

そんな深い信頼に裏打ちされた対話の起点になったのがニューヨークのソーホーにつくる旗艦店についてのブランド戦略だった。

それを佐藤に依頼するにあたって、柳井は「社運を賭けていますから。もしこれで失敗すれば次はない」とも言い切った。そんな大勝負のキーマンに、なぜこの時点では見ず知らずのクリエイターだった佐藤を指名したのか。

意外なことに柳井は「そもそも僕はクリエイターという人たちを信用していないんですよ」と打ち明ける。理由は「口ばかりでモノを作らない人たちばかりだから」。

そんな柳井にクリエイターの価値を認めさせた男がいた。ジョン・ジェイだ。問わず語りのテレビCMでユニクロの名を瞬く間に全国区にした敏腕クリエイターだ。

柳井がジョン・ジェイから教わったのは、優れたクリエイターというのはクライアントが持つ価値を具現化する翻訳家としての仕事をこなすということだった。柳井が求めるのは「ユニクロとはなにか」「ユニクロの服とはなにか」を世間に知らしめる翻訳家だ。

だが、ジョン・ジェイはあのテレビCMの後にユニクロとの仕事を打ち切らざるを得なくなっていた。米ポートランドの本社サイドがナイキとの競合を懸念したことが理由だった。ジェイは柳井に請われて後にグローバル・クリエイティブのトップとしてファーストリテイリングに入社することになるのだが、この時点では直接は関われない。

クリエイターという人種を信用しないと言いつつ、ジョン・ジェイがユニクロを日本一に押し上げたような翻訳家の仕事を任せることができる人物がやはり必要だということは、柳井も痛感していた。世界展開が失敗続きだった根源的な理由が「ユニクロとはなにか」を伝えられなかった点にあることに気づかされたからだ。

潘寧が香港の小さなショッピングセンターで見つけたヒントを、上海で確信に変えようとしている。それをさらに世界に広げる必要がある。そのための翻訳家を任せられるのは誰だろうか。残念ながら社内にはいない。柳井はこの大仕事を託せる人物を探し続けてきた。

実は佐藤可士和というクリエイターと会ってみてはどうかと、共通の知人からはずっと誘われていたのだが、断り続けていたのだという。だが、NHKの特集番組を見て「この人なら会う価値があるのではないか」と気が変わった。実際に会って話してみて「この人だ」と思ったのだという。

「可士和さんと会ってみて『美意識的にこの人とは合うな』と思ったんですよ。それにあのFOMAの携帯。あの素晴らしいデザインを見て『この人は（口ばかりではなく）モノを創れるクリエイター、信頼できるクリエイターだな』と思いました」

柳井は私の取材にはこんな風に回想した。

旗艦店戦略

ソーホーにつくる店は床の総面積が4000平米。「日本のユニクロ」を売り込んだあの上海・正大広場店と比べても2倍近くある。こちらはショッピングモールの一角ではなく、目抜き通りのブロードウエイにたつ建物すべてがユニクロだ。ユニクロにとって正真正銘の初のグローバル旗艦店である。

柳井も「これまでは（小さな店の）チェーン店戦略でしたが、これからは旗艦店戦略に変えます」と、佐藤に告げた。繰り返しになるが、ここに至るまでにユニクロはその姿を変え続けてきた。

小郡商事時代にあの広島のうらぶくろに出店した時には「カジュアルウエアの倉庫」だった。香港の華僑たちからSPAという国際分業のダイナミズムを学び、その倉庫を自社製の服で埋め尽くし、1990年代には郊外のロードサイド店を日本全国に展開していった。1998年に原宿店をオープンさせて都心に攻め込む。そしてその3年後にはロンドンを皮切りに悲願の海外進出を果たした。

この時点で、店舗の形は洋服店としては大型のものも多くは存在したが、柳井の言葉を借りれば「ユニクロここにあり」と世間に訴えかけるほどの超大型店ではない。日本ではそれで十分な成功を手にすることができた。「ユダヤの商法」で知られる伝説的な実業家の藤田田が築いた日本マクドナルドを手本にした、高度にシステム化されたチェーン店としてのユニクロで日本一の座を手に入れていた。

だが、その先に進むにはそれでは足りない。柳井が銀天街の紳士服店で兄貴分の浦利治とたった二人で紳士服店を切り盛りし始めてからこの時点で30年余り。あの暗黒の10年間を思えば、想像もしていなかったような成功をすでに手にしていたが、銀天街という世界のファッション産業の中心から遠く離れた僻地《へきち》で自ら定めた「世界一というゴール」にたどり着くためには、そんな成功体験も捨てなければならない。

そのために行き着いたのが「ユニクロとはなにか」を世界中に知らしめる旗艦店戦略への転換だった。

「服とはなにか」

ブランド戦略を託された佐藤が真っ先に柳井に問うたのが、「ユニクロを無国籍のグローバルブランドとして打ち出すか、それとも日本発のブランディングにするるか」だった。

この質問の背景には、佐藤の考察があった。

アパレル業界で世界に目を向けた時、ユニクロの先を行くライバルのブランド戦略はどうか。

ZARAはスペイン、H&Mはスウェーデンが生んだブランドだが、いずれも本国の「色」は打ち出していない。アメリカのGAPもこれに近いだろう。ベトナム戦争が泥沼化した時代に米国で顕著になってきたベビーブーマーとその上の世代とのジェネレーションギャップを由来とするGAPには、伝統的なアメカジのにおいがしない。つまり、すでに世界で躍進するアパレルの巨人たちには出身地のイメージに縛られないグローバルブランドという共通点がある。

こんな世界の趨勢《すうせい》を踏まえた佐藤の問いかけに対する柳井の答えは「それは絶対に日本発のブランドですよ」だった。理由はもちろんこれまでの海外展開の失敗で、世界で戦うためには「ユニクロとはなにか」を強く打ち出すことが欠かせないと痛感したからだが、もっと根源的な理由も存在した。

柳井が常々思索してきた問いかけに、「服とはなにか」がある。

服とは「衣食住」という言葉が象徴するように、人間の生活にとって最低限必要になるものだ。ただし、文明が進むにつれて服の社会的な意義は少しずつ変容してきた。服というものが階級を示すようになってきたのだ。平たく言えば着る人の身分を示す役割を、服が担うようになってきたのだった。一昔前までは僧侶や軍人、貴族、平民で着る物が違った。王が華美な装飾で権威を示してきたのは、洋の東西を問わない。

すると、現代になっても服はある種の記号となり、決まりごとや常識を体現するようになっていった。例えば、今でも日本に存在するリクルートスーツや喪服がそうだろう。欧米ではドレスコードに従わない者はその場から排除される。特定の場所や状況では誰もが念頭に置く服装が求められるという決まりごとや常識があり、それを満たす記号としての服が存在する。

これは古今東西で共通する原理だが、翻って記号としての現代の服のルールを築き上げたのはどこかと言われれば、それは西洋だろう。日本でも「洋服」という言葉がそれを端的に表している。我々は特別に「和服」を意識して着るときを除けば普段は皆、洋服を着ている。

そんな服の世界に、西洋社会で培われたものとはひと味違う服の概念を突きつけることはできないものか——。

柳井正という経営者はこんなことをずっと考え続けてきた。ユニクロで売る服も西洋で生まれた「洋服」の範疇に入る。だが、そこに既存の洋服にはないユニクロならではの、日本ならではの新しい価値観を創り出すことはできまいか。

佐藤は「柳井さんとはいつもそんな禅問答を繰り返していますよ」と打ち明ける。この時は「ソーホー店では日本発を強く打ち出そう」というブランディング戦略が喫緊の課題なのだが、二人の会話はそんな目先の話のずっと先を見据えていた。この禅問答がやがて「ユニクロの服とはなにか」を突き詰めていくことになる。

6つの定義

これはやや後のことになるのだが、二人が「服とはなにか」を議論していたある時、柳井は佐藤に「僕がやりたいのはストッキングのようなことなんですよ」と話したことがある。

ストッキングのルーツは中世ヨーロッパで男性貴族が使っていた長い靴下だとされるが、1935年にアメリカのデュポンがナイロンを開発すると、その位置づけが劇的に変わった。戦後に女性たちが安価で手軽にストッキングを買い求めることができるようになると、女性のファッションが一変したのだ。ロンドンでストッキングとミニスカートの組み合わせが大ブームとなった。

1960年代に起きた「スウィンギング・ロンドン」。階級社会が定着していた英国で若い女性たちがミニスカートを着て通りを闊歩する。それまで女性たちを縛り付けてきた古い男性的な価値観にあらがうように。

「なんてはしたない格好なの」

そんな批判の声なんてお構いなしといった表情で町の大通りを闊歩する若い女性たちが変えたのはファッションだけではなかった。労働者階級出身のモデル、ツィッギーがそんな若い女性たちのアイドルとなり気鋭のデザイナー、マリー・クワントが手掛けるミニスカートやホットパンツが飛ぶように売れた。

するとは何が起きたのか——。

単なる服のブームではなく、女性の社会進出というとてつもないインパクトの社会変革へとつながっていったのだ。スウィンギング・ロンドンのムーブメントは高度経済成長期の日本にも伝わった。「戦後、強くなったのは女性とストッキングである」という流行語が生まれたことが、それを端的に物語っている。

つまり、服が社会を変えたのだ。

もちろん、女性の躍動はストッキングだけでもたらされたわけではない。多くの名もない人々の努力が積み上げられた結果だ。その戦いは今も続いている。ただ、服のイノベーションが社会のあり方を少しずつ変えていく一翼を担ったことは紛れもない事実だろう。

そんなことをユニクロで実現できないか。

柳井は「世界一になる」というゴールのさらに先に、こんな壮大な目標を持つようになった。その会話をもとに佐藤が言語化したのが「服を変え、常識を変え、世界を変えていく」というファーストリテイリングのスローガンだった。

服を巡る二人の対話は、もちろん「ユニクロの服とはなにか」を探る思索にもつながっていく。

「突き詰めてみるとユニクロの服とはなんなのだろうか。ファッションじゃない、スポーツでもない、コモディティーでもない、単なるカジュアルでもない。そのすべて？　そういうのをなんて言えばいいんでしょうかね」

柳井が問う。

「それを可士和さんが考えるんですよ」

実に重要な問いかけだ。

「ヒントはないんですか」

佐藤が聞くと、柳井は「ヒントは、そうですねぇ……」と言ってしばらく考えると、「ヒントはない！」と言い切った。佐藤を挑発し、その翻訳力を引き出そうとしたのだ。

こんなやり取りから、社員でさえ分かっているようで表現しにくかった「ユニクロの服とは」が、この翻訳家によって言語化された。柳井と初めて会ったときから実に5年ほどの時間を要した。希代のクリエイターが「服とはなにか」から始まる問いをあたかもワインのように熟成させながら紡ぎ出したのが、ユニクロの「6つの定義」だった。ユニクロの服とはなにか。それを次の言葉に集約した。

服装における完成された部品である

人それぞれにとってのライフスタイルをつくるための道具である

つくり手ではなく着る人の価値観からつくられた服である

服そのものに進化をもたらす未来の服である

美意識のある超・合理性でできた服である
世界中のあらゆる人のための服、という意味で究極の服である

注目すべきは最初の二文だろう。「部品」。そして「道具」。およそファッション業界で使われる言葉ではない。ただし、これこそ西洋が支配する「洋服」の世界で問いかけるべきユニクロという新しい価値なのだ。

やや話が先に行きすぎた。

ここで重要なのは、ソーホーに建てた旗艦店が単なる世界戦略の一手ではないということだ。その根底には「ユニクロの服とはなにか」という根源的な問いが存在していた。そこまで思考を研ぎ澄ませなければ世界では戦えないということだ。

カタカナのロゴ

ソーホーで「日本発」を打ち出すことは決まった。

佐藤は早速、腕を見込んだ仕事仲間たちに声をかけてチームを結成していった。ソーホーは若い芸術家が集まる一方で、外観はどれも似たような古めかしい建物が立ち並ぶ。キ

ャスト・アイアン建築と言われる建物で、ユニクロが入る建物もそのひとつだ。その中でどうやって「日本から来たユニクロ」を表現するか。

こんな議論が延々と行われた中で佐藤が提案したのがロゴの見直しだった。美意識が尊重されるソーホーの町中でケバケバしい電飾はご法度だ。さりげなく通りにつるす旗が、道を行き交う人たちの目印となる。ひと目で「日本から来たユニクロ」を示すアイコンが求められるのだ。

当時のユニクロのロゴはエンジの背景に白抜きで「UNIQLO」だった。

ちなみにユニクロはユニーク・クロージング・ウエアハウスの略だから正しくはUNICLOとすべきなのだが、「Q」となったのは偶然だった。

SPAへの転換を目指して下之園秀志が香港で工場探しに明け暮れたことは前述したが、1988年に香港で法人登記しようとした際に現地の合弁パートナーの担当者が誤って社名を「UNIQLO」と表記してしまった。それまで日本では「UNI－CLO」の略語が使われていたから完全なミスなのだが柳井が「こっちの方がカッコいいじゃないか」と言ってそのままQを採用してしまった。

佐藤は色についてはエンジではなく目に飛び込む明るい赤と白をまずイメージした。肝心なのはそこに描く文字である。世界に「日本のユニクロ」を示すには、どんなフォントがふさわしいか。

佐藤が思いついたのがカタカナの「ユニクロ」だった。これなら日本発であることが一目で分かる。それになんと言ってもカタカナの印象がクールじゃないかと思えた。日本のアニメがアメリカでもサブカルチャーとして受け入れられ始めていたことも念頭にあった。

ただ、佐藤にも迷いがあった。果たしてカタカナのロゴがアメリカで受け入れられるだろうか。「単純に、日本人以外には読めないから」。そう考えて、柳井らユニクロ幹部陣の前で新しいロゴについてプレゼンした際には、カタカナのロゴは3番目の案として付け加えることにした。

すると柳井が一目見るなり「カタカナですか！　これがいい！」と断言してしまった。佐藤はその時の心境をこう振り返った。

「それを聞いた時に、僕はなんて失礼なことをしてしまったんだと思いました。こちらが勝手に『これは採用できないよな』と忖度《そんたく》してしまっていた。だけど、柳井さんにこちらの意図をズバッと見抜かれてしまった。ショックだったけど感動しましたね。あの時から、『この人には僕が本当に良いと思うことを言おう』と考えるようになりました」

ソーホーでは旗で店号を示すから裏表の両面が使える。そこで佐藤は「ユニクロ」と「UNIQLO」を裏表で併記することにした。この時に柳井に採用されたロゴは今でも世界のユニクロ店で掲げられている。

違和感

こんな作業を積み重ねて迎えた2006年11月。超大型店だが、それがユニクロであることを示すのは白塗りの建物に掲げられた表裏が「UNIQLO」と「ユニクロ」の1枚の旗だけ。

ユニクロにとっては不振続きだった海外戦略を巻き返すための転換点としたいところだ。戦略的な意味もさることながら、なんと言っても世界のファッションの中心に、銀天街や広島のうらぶくろの時代では考えられなかったような超大型店を建ててみせたのだ。その雄姿を見てもらおうと、柳井は二人の男をニューヨークに招いた。銀天街の紳士服店時代から苦楽をともにした浦利治と岩村清美だ。

慌ただしく店内でスタッフが準備に追われるオープン前日。店の中から外を見やると、巨大なガラス越しにブロードウエイを行き交う人たちの姿が見える。

「ついにこんな所にまで来たんですねぇ」

岩村は隣に立つ浦に感慨深げに語りかけた。かつてメンズショップの店の中から銀天街の小さな通りをところ狭しと歩く人の群れを眺めていたのとは、なにもかもが違っている。

すると、柳井等に「明日から店に来なさい」と言われてあの銀天街で暮らすようになった遠い日の景色が頭に浮かんだ。

接客のお手本にした浦と、ぶっきらぼうな二代目の柳井正。その二代目が広島で「カジュアルウエアの倉庫」を始めた日には宇部から応援に駆けつけた。早朝から大量のお客をさばき続けてクタクタになってしまい、その日は同じ建物に入る部屋で同僚とともに雑魚寝したものだ。銀行と対立して資金繰りに窮し、薄氷を踏む日々を過ごしたこともあった。その後にフリースを武器に大ブームを起こした頃、浦とともにひっそりとユニクロを去った。

柳井や浦とともに駆け抜けてきた日々が次々と頭の中に浮かんでは消える。だが、そんな甘美な記憶をたどるひとときから、あっという間に現実へと引き戻されてしまった。

（ちょっと待てよ。なにかおかしくないか）

銀天街の頃から現場でたたき上げてきた岩村の目には、ちょっとした違和感が、どうしても拭い去れない。

朝礼の時間だというのに販売員はコーヒーがはいったマグカップを片手に壁や棚に寄りかかりながら柳井の話を聞いている。開店直前なのに天井までびっしりと服が積み上げられていなければならない棚に、なぜか空きがある。周囲を見渡してもなぜか緩んだ現場を指揮するはずの店長がいない……。

居ても立っても居られないのは浦も同じだった。二人とも英語はまったくできないが、じっとしていられない。気づけば二人とも服を手に取りながらアメリカ人のスタッフに指示を出していた。

（これで、本当に大丈夫か……）

さっきまでの感慨が嘘のように不安が押し寄せる。ここが日本ではないということは百も承知だ。日本の常識は通用しないのだろう。でも、岩村が柳井や浦と築いてきたはずのユニクロとは、なにかが違う。そんな違和感を、どうしても見過ごすことができないのだった。

「ユニクロとはなにか」「ユニクロの服とはなにか」という根源的な問いを煎じ詰めるようにして仕切り直したはずの世界戦略――。

中国からやって来た潘寧がその成功の法則を発見し、佐藤可士和という希代の「翻訳家」の力も得た。世界のファッションの中心地に超巨大店を打ち立て「ユニクロここにあり」と宣言した。

それでも世界の頂《いただき》は、まだまだ遠い。そんなにたやすく成功へと駆け上がれるものではなかった。ユニクロを世界に広げる戦いはまだ、始まったばかりだったのだ。

第9章

矛盾

「ブラック企業」批判が投げかけたもの

ユニクロの歩みは足し算と引き算の繰り返しであるとは、これまでに何度か指摘してきたことだ。それはなにも会社としての成功と失敗の物語だけを指しているわけではない。柳井正をはじめ、ユニクロという物語を構成する人たちの歩みにも足し算と引き算はついて回る。ここまで海外進出を巡る苦闘を描いてきたが、第9章では、やや視点を変えてそんな話から始めたい。

ユニクロの弟分

ユニクロが「低価格をやめます」という広告を主要紙に掲載したのは、2004年9月27日のことだった。文字で埋め尽くされたその広告には、「低価格であることが、一部のお客様の『ユニクロは安物』という誤解につながっているかもしれません」とある。フリースブームが去り、「ユニバレ」という言葉が使われるようになるほど、「ユニクロは安物でカッコ悪い」というイメージが定着してしまった時期のことだ。

この頃、ユニクロは低価格をやめます宣言と同時に「世界品質宣言」を掲げ、全体の価格帯を徐々に引き上げていく戦略に出た。第8章で述べた佐藤可士和を起用してのブランド戦略の練り直しもその延長線上にある。

その後はブランド価値の向上策として若手デザイナーとのコラボ企画を相次ぎ打ち出し、

2009年には世界的に著名なデザイナー、ジル・サンダーと柳井正が直談判して、「+J」として高級志向の服を次々と生み出していった。

これまでに世界に認められた日本企業の多くは「安くて性能が良い」を売りにしてきた。自動車や家電が代表例だろう。ユニクロも例外ではない。一度「安い」という印象が定着してしまったブランドのイメージを変えるのは至難の業だ。ユニクロは現在もその努力を続けている。

ブランド再構築戦略が進めば、もともとユニクロが得意としていた低価格帯がぽっかりと空くことになる。この空白地帯を埋めるために2006年に新設したのが「GU」だった。

実は以前から柳井にユニクロのさらに下の価格帯を手掛ける低価格ブランドの立ち上げを提案していた幹部がいた。中嶋修一だ。ダイエーの衣料ブランドであるプランタンから1994年にユニクロに転じていた。中嶋より遅れて他社から転じてきた澤田貴司、玉塚元一、堂前宣夫、森田政敏のいわゆる「ABC改革四人組」の陰に隠れていたものの、店長や在庫コントロールを経て「ユニクロの指揮者」ともいえるマーチャンダイザーのトップも経験してきた実力者だ。

何度も提案しては聞き流されてきたという中嶋の低価格ブランド構想。チャンスは思ってもみない形で巡ってきた。皮肉なことに古巣であるダイエーの経営危機がきっかけだった。ユニクロが「低価格をやめます」と宣言してから2週間余りが過ぎた日の夜、ダイエーは自力での再建をあきらめて産業再生機構に支援を仰ぐことを決めた。

すかさず柳井はダイエー再建のためのスポンサーに、イトーヨーカ堂とタッグを組んで名乗りを上げた。これは失敗に終わったが、この時の交渉がきっかけとなってダイエーの店舗内に低価格の新ブランド店「GU」を出すことになった。柳井がGUの社長に指名したのが、提案者である中嶋だった。

かつての流通の革命児であるダイエーの軒先を借りる形でのスタートだったが、これが思いのほか大外れした。「ユニクロの7掛け」、つまりユニクロより3割安い超低価格を掲げたが、まったく売れない。２００６年10月に千葉県内のダイエーの中にGUの第1号店をオープンさせ、25店舗体制でアパレル業界にとってのかき入れ時である秋冬シーズンに備えたものの、当初半年間の売上高は目標の半分ほどにしか届かなかった。

「圧倒的にコンセプトが弱いと言わざるを得なかった」。後に、中嶋はGUがいきなり直面した不振をこう振り返った。すぐにダイエー以外の建物にも出店先を増やしたものの、状況は一向に改善されない。

もがき苦しむ「ユニクロの弟分」を立て直すために柳井が送り込んだのが、意外な人物だった。柚木《ゆのき》治。ユニクロの中では「黒歴史」の張本人として知られた男だ。誰より柚木自身がそう自認している。

「やっぱり中嶋君だけでは厳しい。一緒にやってくれ」

ＧＵの副社長として中嶋を支えて欲しいと言う柳井に、柚木は「自分では無理です」と返した。「僕には経営者は務まりません。その自信がないんです」

柚木は自嘲気味に、こう付け加えた。

「それに、僕みたいな疫病神が副社長として上に立つって、そんなの、社員が嫌だと思いますよ」

柳井は「じゃ、いいよ」とは言わなかった。そのまま3カ月ほどが過ぎた。柚木の携帯が鳴ったのは休日のことだった。電話をかけてきたのはＧＵ社長の中嶋だった。

「俺はどうしても柚木さんとやりたいと思ってる。一回失敗した？　いいじゃない、そんなの。いきなりうまくいくわけがないんだしさ」

その言葉を聞いて、なぜか涙が止まらなかった。「もう二度と仕事の世界で顔を上げては生きていけない」とまで思い詰めた柚木のどん底の日々を知る中嶋の言葉が響いたからだ。柚木はこの時、ＧＵという新天地でかつての失敗を取り返す決心がついた。

野菜にユニクロ方式

柚木が柳井に突拍子もない新規事業を提案していたのが、その日から7年ほど前の２００１年半ばのことだった。当時はフリースブームで飛ぶ鳥を落とす勢いだったユニクロ。柳井が香港で出会ったSPA方式を定着させるまで、この時点で10年余りが過ぎていた。柚木はそれをまったくの畑違いである食品に生かせないものかと考えたのだった。

役員会では猛反発を食らったが、柳井が「会社としても新しいことにチャレンジすべきだ」と言って背中を押してくれた。一方の柚木はというと、一斉に反論する役員の面々を見据えながら「チャレンジする度胸もないヤツらに言われたくないね」と内心で毒づいていた。もっと言えば「そもそも優秀な俺が失敗なんてするわけがない」とすら考えていたとも話す。

この時、柚木は36歳。現在の柔和な表情や腰の低い語り口からは想像しにくいが、確かに自信を裏付けるようにビジネスマンとしてエリート街道を歩んできた。伊藤忠商事からGEキャピタルを経てユニクロに入社したのはこの少し前の1999年末のことだ。伊藤忠ではプラント部門で油田開発のために世界を飛び回っていた。古巣の先輩である「ABC改革四人組」の一角、森田政敏から誘われてユニクロに転じていたが、当初は聞いたこともない地方の服の会社のことを舐めていなかったといえば嘘になる。

柚木は食の新規事業発足にあたって惣菜や弁当をユニクロのようにチェーン展開しようと考えていたが、柳井から「野菜をやるなら」と言って紹介されたのが永田照喜治《てるきち》だった。あえて痩せた土壌で水や肥料も最小限にとどめることで野菜本来の力を引き出す永田農法の考案者だ。

永田農法の実力を確かめようと各地の農園を食べ歩いた柚木にとっては驚きの連続だっ

た。秋田で食べた枝豆、静岡でかじった生のヘチマ、台湾でとれる「芯まで食べられるパイナップル」。極め付きは北海道・余市のトマトだった。あまりの甘みに「これって、なにか加えたりしていないですよね」と思わず聞いてしまったほどの衝撃だった。

永田農法が本物だと実感できたのは、柚木の生い立ちとも無縁ではない。実家は阪神甲子園球場の近くにある昔ながらの商店街に軒を連ねる小さな八百屋だった。新鮮な野菜だけでなく、売れ残ったバナナやりんごは腐ってしまう少し前に食べさせられたものだった。

「それがまた、おいしいんですよ」。本物の味を幼少期からたたき込まれてきた柚木にとっても、永田農法で作られた野菜の味は驚きだったという。

「これで失敗するはずがない」

そう思って2002年9月に立ち上げたのが野菜を扱うSKIPだった。ユニクロとは別に店を構えてネットでも野菜を売る。

実はこの頃、英スーパー最大手テスコとの提携話も持ち上がっていたのだが、永田農法のすごみを実感した柚木は野菜一本で勝負することにした。世間では、フリースブームでアパレル業界に新風を吹き込んだユニクロが日本の食卓の変革に挑むと注目を集めた。

「野菜のロールスロイスをカローラの価格で提供します」

そんな表現で勇躍参入した農の世界。しかし、結果は大失敗だった。2年もしないうちに26億円の赤字を出して撤退に追い込まれたのだ。このとき、柚木には妻からかけられたひと言が響いた。

「今まで100回くらい言ったよね。でも、あなたはまったく聞いてくれなかった」

確かに妻は何度もSKIPの盲点を指摘してくれていた。アパレルのユニクロと比べて、SKIPには大きな弱点があるのだ、と。それは天候などによって収穫が大きく左右されるということだ。

産地直送方式なので、その日に店にどんな野菜がどれだけ並ぶのかはその日にならないと分からない。「そんなの買うわけがないじゃん」というのが、妻の指摘だった。計画的な生産が可能な服との違いが意味するリスクを、柚木は過小評価していたのだ。「主婦の財布のひもはそんなに甘くない」ということを思い知らされた。

公開処刑

思い悩んだ末に柚木は事業撤退を申し出たが、柳井は「もう少し続けてみたらどうだ」といさめた。柚木は「これ以上、農家さんに迷惑をかけることはできません」と言う。もし続ければ600ほどの契約農家にまた次のシーズンのリスクを背負わせることになるからだ。

「始める時のアイデアがあまりに甘すぎました。私には続ける資格がありません」

そう言って柳井に頭を下げるしかなかった。

実際に撤退を決めて後始末が始まると、心が削られていく。東京・上野毛の店舗でスタッフたちを前に閉鎖を告げると、若い主婦の店員から「意気地なしですね」と言われ、「柚木さんはもういいです。私たちで他の方法を考えますから」と冷たくあしらわれた。熱心に協力を仰いで回った農家から言われてこたえたのは、罵声やさげすみではない。「ああ、やっぱりね」という投げやりな言葉だった。

勝負を投げ出し、自分からリングを降りると決めたはずだが、時間がたつごとに自分でも想像していなかったほど多くの人たちを巻き込み、苦しめてしまっていることが実感としてのしかかってくる。事業を始める頃にはあれほど満ち満ちていたはずの自信が跡形もなく消し飛び、ぽっきりと心が折れてしまうのが、自分でも分かる。仕事で大失敗を経験した者が大なり小なり味わうことだろう。

「もう、1秒も会社に居たくないと思いました。どのツラを下げてここにいればいいんだと……」

すべての撤収作業が終わった2004年春、柚木は柳井に辞表を提出した。社長室で二人だけ。「お前なんかさっさと辞めちまえ」と罵倒されるか、もしかしたら留意されるのか……。どっちにしても、この会社にはもう居場所はないと思い詰めていた。

そんな柚木に、柳井は思いもしなかったことを告げた。

「26億円も損して、そんなに授業料を使って『お先に失礼します』ですか。そんなのないでしょ。お金を返してください」

柳井の意図が分からず、柚木は思考停止に陥ってしまった。柳井の表情はいつものままだ。特に気色《けしき》ばむでもなく、いつも通りのぶっきらぼうな言い方だった。それから何を言われたのかは覚えていない。柚木は何も言い返せないまま。どうやって社長室を退出したのかもよく覚えていないという。

柳井からはその直後に傷口に塩をすり込むような命令が下された。なぜ野菜事業が失敗したのかを、幹部陣の前で説明せよというのだ。

課長級以上の幹部陣100人以上が東京・蒲田のオフィスにある大会議室に集まったその日。柚木はA4用紙39枚の「SKIP事業レビュー」という自ら用意した資料に沿って、野菜事業の失敗を淡々と説明した。

落ちた者をさらに突き落とす、まさに公開処刑である。出席した幹部陣からは「なんでそんなことも想定していなかったのか」と容赦のない意見が相次いだ。

赤裸々に自らの失敗をさらけ出した柚木。もはやプライドも何もあったものではない。ユニクロでのキャリアはもはやこれまでと思った。かといって、「次」に思いが至ることもない。とにかくその場から早く逃げ出したいとしか思えなかった。

ところが、翌日に出社すると不思議な心境の変化があったという。「俺が失敗するわけがない」とタカをくっていた少し前の自分が、小さく見えて仕方がない。もう、ここで妙なプライドにしがみつく必要もない。そう思うと、「1秒も居たくはない」と塞ぎ込んでいた負の感情が少しだけだが、違っていた。

（なんか、昨日よりはちょっとだけ気が楽になったかも……）

この「公開処刑」は柳井が柚木に与えた再出発のチャンスだったのだろう。今では柚木はそう考えるようになったという。「みそぎ」と言った方が正しいのかもしれない。

もちろん、これで完全に吹っ切れたわけではない。柚木はその後もずっと、野菜事業の失敗を引きずってきたという。経営なんて二度とやるまい、そもそも自分にはその資格がない。その思いは変わらなかった。

そんな柚木に舞い込んだのが、不振のGUを再建させるという仕事だった。ユニクロの弟分であるGUでは、野菜事業とは比較にならないほど大きな責任がのしかかってくる。だが、あの失敗を知る中嶋から口説かれたことで、もう一度、打席に立ってみようと思えた。挫折を知った男の再出発だ。

ただし、この後にも試練は続いた。

990円ジーンズ

不振のGUを立て直すために柳井が採ったのは、ある種のショック療法だった。「ユニクロの7掛け」を標榜《ひょうぼう》するGUは、文字通りにユニクロより3割ほど安い服を店頭にそろえていた。これが、消費者にはまったく響かない。

そこで柳井が打ち出したのが「圧倒的な価格破壊」だった。3割でダメならもっと安く、というわけだ。当時、主力のジーンズではGUはすでにユニクロの2990円に対して1990円で販売していた。ある日の会議で、これを思い切って1490円にしようという提案が出た。そうなると採算ギリギリとなる。

それを聞きながら渋い表情を浮かべていたのが柳井だった。

「そんなのダメでしょ。どうせやるならキュッキュー（990円）にしたらどうですか」

ただでさえ安いジーンズをさらに半額にせよというのだ。

この頃は2008年9月にアメリカで起きたリーマン・ショックが世界を覆うただ中にあった。「100年に一度の大不況」とも呼ばれる金融恐慌の底が見えない。日本でも消費は一気に冷え込んでいた。

そんな世相で低価格を売りにするなら、よほどのインパクトがなければ消費者は振り向いてくれない。そう考えての「990円ジーンズ」だった。

それを実現するには、従来のやり方では不可能だ。ユニクロが中国を中心に築いてきたSPAも見直さなければならない。当時のユニクロは日本製のデニムを中国で縫い上げていたが、GUでは中国製のデニムをカンボジアで縫製することで原価を切り下げることにした。

こうして2009年3月にGUが発売した990円ジーンズは、大不況の中で飛ぶように売れた。発注量をすぐに当初計画の2倍にあたる100万本に上方修正したほどだった。

こうして一息ついたユニクロの弟分。

ただ、ショック療法はやはり、ショック療法でしかない。「ユニクロより安いGU」は990円ジーンズのインパクトで浸透していったが、その効力も1年ほどしか続かなかった。990円を打ち出してから1年後の2010年春夏物の販売がガクンと落ち込んだのだ。

「ああ、あれって単なるブームだったんだ」

副社長としてGUにやってきた柚木は、再び現実と向き合うことになった。

そんな矢先に中嶋がユニクロ本体へと呼び戻されることになった。後任はどうするか。GUでは副社長として中嶋にとっての「スーパーお手伝いさん」になろうと決めていたという柚木は、柳井に「誰かを送り込んでいただければ、引き続きその人を支え続けます」と伝えたが、柳井からは「いや、柚木君がやってくれ」と返ってきた。

「無理ですよ。僕は失敗もしていません。それにユニクロで店長も経験していません。能力的に無理です」

この頃になってもまだ、柚木はあの野菜事業の失敗を引きずっていた。ところが柳井は「他にいない」と突き返す。柳井はこんなことも付け加えた。

「僕は失敗していない柚木君より、失敗したことがある柚木君の方が良いと思うな。失敗を生かして10倍返ししてください」

そこまで言われては引き下がれない。野菜で失敗した時には「もう二度と仕事の世界で顔を上げては生きていけない」とまで思い詰めていた柚木が、再び経営のかじを握ることを決意した。

GU再生に3つの教訓

再び苦境に陥ったGUをどう立て直すか――。そのヒントを探す旅が始まった。柚木には野菜での失敗で得た3つの教訓がある。

「顧客を知る努力は永遠に続けなければならない」

「新しいことを始める時は、今ある常識を誰よりも勉強しなければならない」

「社内外を味方に付けて、その力を使い尽くさなければならない」

この3つだ。これらを踏まえてユニクロにはない安くて誰にでも着てもらえる服を目指そうと考えていたのだが、ヒントはまたしても身近なところに存在していた。主婦にとって使いづらい柚木の野菜事業がうまくいかないと喝破していた妻の言葉だった。

「そもそもユニクロよりGUの方が高いと思うよ」

「え、なんで？」

「だって、例えばフリースがユニクロは1900円でGUは1290円でしょ。でも、ユニクロも週末とかには時々値下げして1290円くらいにはなるじゃん。私ならそっちを買う。GUはユニクロより品質が悪いからね。だったら結局はユニクロより高くつくでしょ」

だからGUは買わないという。どこまでも厳しい消費者の目線だが、そう言われれば反論できない。つまり、「低価格をやめます」と宣言したユニクロの空いたスペースを埋めたように見せれば済むというほど、この商売は甘くはないということだ。

もはや「ユニクロの7掛け」という当初のもくろみは通用しない。ならば、どこに別の解があるのか――。そんな自問自答を繰り返していた柚木に、けんもほろろな意見を突きつけたのがあるGU店の女性スタッフだった。

「ホントは私、GUの服は嫌いなんですよ」

あまりにストレートな言葉に内心でたじろいだが、柚木は「じゃ、なんで着てるの？」と聞いた。

「店のルールだからですよ」

だから嫌々ながら自社の服を着ているという。これにには、ぐうの音もでない。

「じゃ、どうすればいいと思うかな」

柚木が聞くと、その女性店員は悪びれる様子もなくこう答えた。

「私が好きな服は全部、ルミネにあります」

「じゃ、君はルミネで働いたらいいじゃないか」と言いたくなるところかもしれないが、柚木には服の専門家であるという自覚もなければ、服を買い求める顧客のことをよく理解しているという自信もない。

「顧客のこと」、「今ある常識」。それを自分は知らないという前提で虚心坦懐に学ばなければいけないというのが、あの失敗から得た教訓だ。それに、自分よりこの店員の方がはるかに服のことをよく知っているはずだ……。

（うちの店員が欲しい服はGUじゃなくルミネにあると言っている。それってどういうことだ）

そんなことを考えるうちにたどり着いたのが「ファッションをやってみたらどうだ」というアイデアだった。

ユニクロの親会社であるファーストリテイリングは、マクドナルドに代表されるファストフードのような高度にシステム化された小売業を模範にすることから名付けられた。その社名が、流行をいち早く服のデザインに採り入れるファストファッションとしばしば混同される原因にもなってきた。次々と流行の商品を入れ替えるファストファッションと、流行に左右されないベーシックな服を少ない種類で大量供給するユニクロとでは、実は水と油ほどの違いがあるのだが……。

ユニクロにとってはファストファッションとの差別化は成長の源にもなってきた。第8章でも触れた通り、自らつくりだす服を「部品」や「道具」と表現したほどだ。

それなら逆に、GUではファッションの領域に踏み込めば、おのずとユニクロと差別化できるのではないか――。

柚木はこう考えた。ただし、単純にファストファッションを追求するだけなら欧米のブランドと変わらない。そこで考えたのが、商品の種類を絞り込んで「トレンドのど真ん中だけをやる」という新機軸だった。柚木はそのコンセプトを「その瞬間の最大公約数をつくる」という言葉に落とし込んでGUの服を刷新していくことを決めた。2011年春夏物から「Be a Girl」と題して始めた「トレンドのど真ん中戦略」が、それだ。

それでも柚木には自信がない。当初は店の入り口だけで始めたのだが、この新戦略が徐々に浸透してGUは反転攻勢の糸口をつかんでいった。

「100倍返しだ」

ところで、柳井は経営者としては口数が少なく、ぶっきらぼうな物言いをする人だ。部下に対してさえ敬語で話すことも、仕事に対してとことん厳しい人柄をにじませる。世間から誤解を受けることが多い理由であるかもしれない。

ただ、人の情に目を向けないかといえば、決してそんなことはない。柚木も節目ごとにそれを感じてきたという。

野菜事業で失敗し、「公開処刑」を課された時には文字通りに「1秒も会社に居たくない」

と思ったものだが、なぜ翌日からわずかながら心境が変化したのか。「柚木君は服をたたむより会社をたたむ方がうまいねぇ」と冗談を飛ばされた時には、愛想笑いを浮かべるのが精いっぱいだった。それなのに、なぜか少し気が楽になった。そして、「失敗した柚木君の方が良い」と言われて、なぜか「ダメな自分」を受け入れようと思えた。

この言葉の意図を柳井に聞くと、シンプルに返ってきた。

「そうじゃないと彼の経験が生きないでしょ。彼は成功するまでやり続けるべきだと思ったのでね」

私には多くを語らなかったが、柚木には違った表現で伝えていた。

「10倍返しじゃなく、100倍返しだ。まだまだ全然足りない」

柳井は柚木をGU社長に起用した際に、「ユニクロの半分をお前にやる」と伝えたという。やはりユニクロの低価格路線修正で空いたスペースは大きい。その巨大市場を奪ってみろという意味だ。柚木は「トレンドのど真ん中戦略」で、そこに解を見いだした。

「すでに100倍返しをしたのでは？」

私がそう聞くと、柳井は言下に否定した。

「まだまだ。全然ですよ」

柳井はGUだけで売上高1兆円を目指せという。かつての落第生に課したハードルは限りなく高い。柚木はどう打ち返そうというのか。

「ユニクロが優等生の兄だとすると、GUはおてんばな妹にならないといけない。なかなかそこまでにはなれないんですけどね」

そう話す柚木の表情には「優秀な俺が失敗するわけがない」と思い込んでいた頃の傲慢さも、「二度と仕事の世界で顔を上げては生きていけない」と絶望した頃の暗い影も、見つけることができない。

会社というものはすべての働く人たちや関わる人たちにとってユートピアであるわけではない。その規模が大きくなればなるほど様々な矛盾と直面し、それが組織の中でも見えづらくなっていくものだ。

そんな矛盾とどう向き合うのか——。柚木のようにかつての失敗を大きな成果への糧に変えられるケースばかりではない。企業が成長していく中で埋もれてしまう声なき声。そんな不都合な現実に目を背けることは許されない。

ユニクロも声なき声が埋もれてしまう、「優等生」とは言えない現実とも向き合わなければならない事態に直面する。2010年代前半に相次いだブラック企業批判である。巨大なチェーン展開を支える店舗の実態が「名ばかり店長」によって支えられているとの指摘が相次いだのだが、ここではまずユニクロのチェーン網がどのようにできていったのかをおさらいすることから始めたい。

手本はマクドナルド

これまでに何度か触れた通り、ユニクロがチェーン展開でお手本にしたのがマクドナルドだ。正確に言えば、アメリカの本家ではなく日本マクドナルドだ。ベストセラーとなった著書『ユダヤの商法』でも有名な藤田田が「米と魚の国」の食文化を変えると豪語してマクドナルドを日本に持ち込み、大成功させたことについては、今更ここで述べる必要もあるまい。

藤田が日本マクドナルドを設立し、銀座三越に1号店をオープンさせたのは1971年7月だった。ちょうど柳井が早稲田大学を卒業し、父・等に促されるままに四日市のジャスコに入社した直後のことだ。結局、柳井はわずか9カ月でジャスコを後にして実家のメンズショップ小郡商事に入社している。つまり日本マクドナルドと、商売人としての柳井正のスタートはほぼ同時期だった。

瞬く間にこの国の食文化さえも変えた藤田田は、当然ながら自分よりはるか先を行く商売人だ。もはや伝説的とも言えるその手法は、今も語り草になっている。

文化というものは水のように高い所から低い所へと流れるという「文化流水理論」を論拠に、アメリカの本社が主張する郊外戦略にノーを突きつけて銀座三越内の一等地から始めたこと。この頃にできた銀座の歩行者天国を、あたかもマクドナルドのためのフードコートのように利用してしまったこと。ユダヤに伝わるという78対22の法則に390円のセットを取り入れたとささやかれること（日本マクドナルドの公式見解は「サンキュー」になぞらえたものということだが、この時期は500円硬貨が行き届いたタイミングと重なる。390円は500円のちょうど78％にあたる）。

ただ、柳井は常々『ユダヤの商法』や『勝てば官軍』といった著書で描かれたことは藤田の本音ではないと考えていたという。

ふたりの接点は2001年に柳井が孫正義から請われてソフトバンクの社外取締役に就任した際に遡る。藤田が柳井の前任にあたる。引き継ぎとして面会すると、藤田の独演会が始まった。柳井は黙って聞くだけ。最後に「柳井君、いいものをあげよう」と言ってフライドポテトの無料券を3枚手渡された。

柳井はこの機を逃さずマクドナルド流経営を学んだ。日本マクドナルドで藤田田を支え続けた田中明に連絡し、レクチャーを依頼した。田中は当時、日本マクドナルドの副社長だ。藤田は田中に「柳井さんにはなんでも教えてよろしい」と太鼓判を押したという。「その時に柳井さんが熱心に聞いたのは出店の方法と、スーパーバイザーの役割でした」と、田中は振り返る。

しばらくたって田中が日本マクドナルドを退職したと知ると、柳井はすかさず田中をスカウトしてユニクロの人材教育を託した。マクドナルドは社員教育のために「ハンバーガー大学」を創ったことで知られるが、柳井はこれをまねて「ユニクロ大学」を設立した。そこで教壇に立った田中が説いたのは基本の徹底だった。

「我々の商売は〝ペニー・ビジネス〟です。1ペニーをいかに積み上げるか。そのためにはマニュアルとトレーニングが第一になります。働く人の力を大事にしないと成り立たないので」

1ペニー（セント）はおおむね1円ほどに相当する。つまり、細かいことの積み重ねがマクドナルドという巨大ハンバーガーチェーンを作り上げたという意味だ。

この頃にユニクロ大学の部長だった桑原尚郎《たかお》は「マニュアルというものをここまでやりきっているんだ、書き切っている、拾いきっていると思いました」と振り返る。ただし、マニュアルがすべてではない。マニュアルはあくまで現場の従業員が立ち返る原理原則にすぎない。

この頃のユニクロが「金太郎あめ方式」に陥っていたことは第7章で触れた。そこでも指摘した通り、マニュアル優先の「形式だけのチェーンストア」に陥っていたことは否めない。日本マクドナルドから学んだユニクロ式のチェーン展開に矛盾が見え始めたのは、2010年前後のことだった。2008年9月に起きたリーマン・ショックの傷跡から、まだ日本経済が立ち直れていない頃のことで、格差という言葉がしきりに語られるようになった時代と重なる。

名ばかり店長

ユニクロの労務問題がやり玉に挙げられ始めたのは2010年頃のことだ。この年の5月に『週刊文春』で「ユニクロ中国『秘密工場』に潜入した!」との記事が掲載され、翌年にはこの記事を書いたジャーナリストの横田増生が『ユニクロ帝国の光と影』(文藝春秋)を刊行した。

中国の工場や日本の店舗での過酷な労働環境を実に生々しくレポートしたものだ。その詳細は『ユニクロ帝国の光と影』と、その続編とも言える『ユニクロ潜入一年』に詳しく述べられているので、ここでは割愛する。国内は店舗、海外は工場が対象となり、それぞれに事情が異なるのでまずは国内について触れたい。

私もユニクロの店舗を尋ね歩いてみた。

目的を明かした上で多くの方々に話を聞かせていただいたが、実名での掲載を認めてもらえたケースはゼロだったので、詳述することはできない。都内のある店の店長が語った「仕事に対して厳しいのは事実です。でも、10年以上前に比べるとずいぶんと良くなりましたよ」というのが最大公約数のように思える。

2010年から数年間続いたブラック企業批判が、ユニクロで働く人々の環境を変えていったのは確かなようだ。

当時、批判の的となったのが「名ばかり店長」だ。1990年代半ばまでは社長中心主義を掲げていたユニクロは、ABC改革の頃から店長中心主義へと転換しようともくろんできた。店長こそがスターであり、会社の主役でなければならないと柳井自身も繰り返し訴えてきた。

ところが実態はどうだったか――。

厳格に定められたマニュアルを暗唱することから始まり、店頭での商品の陳列も本部が細かく指示するのがユニクロ流のチェーン管理だった。店長の権限は限られる一方で、月240時間の勤務時間は厳しく義務付けられる。勤務時間はパソコンで管理されるため、時間内に仕事が収まらない店長たちが形だけ仕事を終えたことにしてサービス残業に追いやられていたケースも次々と見つかったという。その結果、この時期の新卒社員の3年以内離職率は4~5割という異常な事態となった。

文春に対して起こした裁判ではファーストリテイリングは「実相とかけ離れた書き方」がされているとした上で「虚偽の報道は看過できない」と主張したが、裁判の詳細はここでは割愛する。2011年から人事担当となった若林隆広は、後に私の取材に対してこう答えた。

「本部側は『ルールや標準的な指示は出すが、それに沿って店舗ごとに考えて仕事をするのが皆さんの責任です』という指示を出していたつもりが、実態はそうではなかった。本部が机上で考えた無駄な指示も多く、店舗はその指示をただ終わらせるのに精いっぱいでした」

本来は勤務時間とすべきところを店長などがサービス残業などでカバーしていたケースがあったことは否めない。急成長の中で、埋められないものを埋めていたということだ。

若林はさらに、こう続けた。

「つまり、本部は店舗側の考える機能を奪っていた。店舗が主役になっておらず、名ばかりの店長になってしまっていた。そういう状況が横行していました。（そうでなければ）上司から叱責される。そういうことが全国的に広がっていました。『ここまでか』という状況でした」

その上で若林は率直に「これは経営の責任です。本当に申し訳なかった」と認めた。つまり、「これからは君たちが会社の主役だ」と担がれた店長たちにしわ寄せがいく構図を、会社側がつくり出してしまい、それを放置してきたということだ。

ここは若林の率直な言葉を続けよう。

若林は「本部が店の脳みそを奪ってしまっていた」と言う。「今考えれば店舗はシャッターを開けて服を並べて売っているだけでした」。実際にどの服が売れるのかは店によって異なる。店側から本部にはＦＡＸなどで「この商品をもっと回してください」と依頼することがあったものの、「実際には本部による集中管理でした。今みたいに積極的に本部に意見を言うことはなかったんです」という。

店を管理する立場のスーパーバイザーについても、やはり「本部の営業部との上下関係の中で、彼らも脳みそを奪われていたんじゃないでしょうか。言いたいことを言えない上下関係が会社にはあったと思います」と振り返る。

「スーパーバイザーがそういう職責を果たせなかったというより、スーパーバイザーにそうさせてしまった。(自分たち)幹部の責任です」

自動車部品メーカーと家具会社をへて1993年にユニクロに入社した若林も、長年にわたって現場からたたき上げてきた。店舗スタッフから店長になり、スーパーバイザーも経験している。ユニクロの現場を知り尽くしているからこそ、いざ経営側に立つと、言い訳無用の反省の弁となるのだろう。

人事担当を経験した後に2013年から日本ユニクロ事業のトップを任された若林は、かつての自分と同じ立場の者たちの声なき声を拾うことから始めた。

「なにが会社の問題なのか」

もちろん、「本部の人」となった若林に素直に話してくれる者は少ない。それでもしつこく声を拾い上げるしかない。そうやって疲弊する現場の現実と向き合うことが正道だと思うからだ。

語らなかった心の傷

ここで重要なのは若林の個人的な思い入れではなく、会社と働く人の関係が正しいか否かである。だから、少し論点から外れることになるかもしれないが、若林には傷つく現場が決して他人事ではないと思える理由があったことに触れたい。若林自身にも、これまで語ってこなかった「心の傷」がある。

全国各地の店頭で実績を残してきた若林は本部の営業本部長に起用された後に、ユニクロが買収したばかりの婦人服のキャビンにトップとして派遣された。2006年秋のことだ。極度の経営不振に陥っていたキャビンの再建を託されたのだが、いざ派遣されてみると古参社員たちとの会話もままならない。「親会社の人間がなにをしに来たんだ」という態度がありありと見えて、いつの間にか没交渉となってしまった。

若林は次第に体調を崩し、早朝に目覚めると嘔吐してから出勤するようになったという。そうなると経営再建どころか出勤すらできなくなる。そんな状況が続き、若林はとうとう柳井に泣きついた。

「僕では無理です。辞めさせてください」

責任をとって退職したいと申し出たのだった。柚木の時とは違い、柳井は激怒した。

「逃げる気か！　そんなことは許さないからな」

若林はそのまま心を病み、休職してしまった。その間、柳井から退職を受理したという連絡は届かない。しばらくたって柳井が呼び出すと、若林は恐る恐る面会に表れた。

「申し訳ありませんが、まだ戻る気にはなれません」

そう言ってうつむく若林に、柳井は「そうですか」と言って聞き手に回った。特にどうしろと指示するわけでもない。なんの結論もないまま社長室を後にすると、1カ月が過ぎた頃にまた柳井から面会の連絡が来た。そこでも特になにを指示されるわけでもない。

そんな時間が4カ月ほど過ぎていった。柳井は若林の話を聞くだけ……。

しびれを切らしたのは若林の方だった。「もう一度、がんばりたいと思います」。そう言って現場復帰を願い出た。ユニクロの労働問題に直面したのは、こんなことがあった後のことだ。だからこそ、心を病んだ同僚たちの声なき声を放置することはできなかった。

「人間、無理がたたって期待に応えられなくなって精神を病んでしまうこともある。僕も相当追い込まれました。そういう経験があるからこそ、人の相談に乗れるようにもなったのかと思うんです」

この時、柳井はどんな思いで若林と接していたのか。本人に聞いてみた。

「ダメな会社に行くと、若林君くらいしっかりした人でもこうなってしまうんだと思いました。それでも現実と向き合って正面突破するしかない。そういう時にひとりで悩んでもダメなんですよ」

若林で再建できないなら「他の誰が行ってもダメなんで」という言葉に、若林への信頼の厚さがうかがえる。実際、しばらくしてから柳井はキャビン事業には見切りを付けて撤退してしまった。柳井はさらに、こう続けた。

「彼は宝なんでね。居てもらわないといけないんですよ」

私は何度も柳井にインタビューをしてきたが、柳井が部下を名指しで「宝」と言ったのを聞いたのは、この時だけだ。


労務問題に終わりはないだろう。この時、若林は現場の声を拾う形で勤務時間の短縮や残業代の拡充といった施策を打ち出し、そもそも名ばかり店長と呼ばれるような勤務実態にそぐわない働き方を改めていった。柳井も「会社は店長とともに栄える」と言う一方で「店長ではなく店員が主役」と言って労務問題と向き合い始めた。

繰り返すが、労務問題に終わりはない。2010年代前半のこの頃に、すべての問題が片付いたわけではない。会社というものは日々改善の積み上げによって形になっていくものだ。この問題はユニクロにそんな当たり前の課題を突きつけたのだ。

潜入調査

ユニクロに寄せられる声なき声は、なにも国内に限ったものだけではなかった。ユニクロのビジネスモデルが向き合うべき矛盾は、海外にも存在した。そんなことを痛感させられたのが、2015年1月のことだった。

「ユニクロは消費者に支持されていますが、労働者にも支持されるようになるべきです。労働者は危険な状況で働かされています」

東京で記者会見し、悲痛な表情で訴えかけたのは、香港のNGO「SACOM」のアレクサンドラ・チャンだった。

ユニクロの服をつくる中国南部広東省のふたつの委託先工場に潜入した結果、過酷な労働環境が明らかになったと主張した。「あまりの暑さで失神する者もいました。まるで地獄のようだと」。月間の勤務時間が300時間を超えることも常態化していたという証言も突きつけた。寝る時間以外はミシンの前に座ることになる。いや、寝る時間を削ってでも働く計算になる。

ユニクロでCSR（企業の社会的責任）を担当してきた新田幸弘は、この報告を聞いた時には思わず「本当なのか」と耳を疑ったという。

ユニクロは1980年代後半に柳井が香港でジョルダーノ創業者のジミー・ライ（黎智英）からヒントを得たことを発端に協力工場を探し続け、SPAと呼ぶビジネスモデルを確立していった。自らは工場を持たずに服のデザインや販売に特化し、生産は中国を含むアジア一帯の協力工場に全面的に委託するという国際分業体制だ。柳井が持つ華僑ネットワークを駆使して、その規模を拡大してきたことは第3章で述べた通りだ。

生産現場はすべて別会社なのだが、そこに労務問題が持ち上がった。早速、新田が調べてみると、過酷な労働実態の多くが事実であることが判明した。

バングラデシュの教訓

ユニクロは早くから海外の協力工場の労働実態に目配りしてきたはずだった。2004年にはアジアの協力工場とコード・オブ・コンダクト（行動規範）を結び、社外の監査会社に定期監査を依頼してきた。協力工場がユニクロの目の届かないところで労働者を不当に扱っていないか、排水などの環境対策をきちんと取っているか、法的にもコンプライアンス的にも問題のない工場運営がなされているか。そういったことを第三者の目で調べてもらっていた。

だが、その程度の取り組みでは問題の芽はつぶせなかった。

繊維業はもともと労働集約的な産業だ。綿花や絹などから糸をつくる紡績でも、糸を縫い合わせて布を作るのも、布を縫製して服に仕上げるのも、それらのどの工程をとっても膨大な人の手を介することになる。人の暮らしの土台となる「衣食住」の一角をなす服飾の産業が、そんな目に見えない人の労力の上に成り立っていることに対して、世界的に厳しい監視の目が注がれることになる事件があった。ユニクロにとっては他山の石にしなければならない事件だったといえるだろう。

それが、2013年4月にバングラデシュの首都ダッカ近郊のサバールで起きたラナプラザ崩壊事故だ。8階建ての商業ビル「ラナプラザ」が突然崩れ落ち、1100人以上の死者と2500人以上の負傷者を出す悲惨な事故となった。

痛ましい事故現場の様子は世界中に報道された。ラナプラザは銀行や商店も入る複合ビルだったが、その中に5つの縫製工場が入居していた。前日に建物にひびが入っているのが発見されたにもかかわらず、事件発生当日に停電した後に大型発電機が作動したことで、数千台ものミシンが一斉に動き始めた。これが原因でビルが倒壊してしまったとされる。

後にラナプラザに入居する縫製工場ではプラダやグッチ、ヴェルサーチなど高級ブランドの製品が作られていたことが分かった。世界中の消費者が憧れる高級品を下支えするのが、こんな危険な建物であり、そのビルに入居していた縫製工場が置かれていた過酷な労働環境が白日の下にさらされることになったのだ。

ラナプラザにユニクロと取引する縫製工場はなかったのだが、事故の一報を聞いて現地に駆けつけたのがCSR担当の新田だった。現場に到着した時には、まだ事故現場はがれきの山。地元警察によって規制線が張られていて近づけない。それでもがれきの間から何かが焼けるような、なんとも形容しがたい臭気が漂ってくる。その場に立ち尽くしそうになるが、すぐに思考を切り替えないといけない。

果たして、バングラデシュにあるユニクロの協力工場で、ラナプラザと同じようなことが起こらないと断言できるだろうか――。悲惨な事故現場を目の当たりにした新田はこの事故を教訓に、そのリスクをすぐにあぶり出すべきだと考えた。

すぐに東京に帰った新田は建設会社と建設系の監査会社を回った。バングラデシュに戻って現地の協力工場の建物を徹底調査したいので協力して欲しいと依頼したのだ。再びバングラデシュに戻ると、10カ所以上ある協力工場を一軒ずつ回り始めた。驚くことに建物の構造を記録した設計図さえ、すでに存在しないという工場も少なくない。それに、そもそも設計図そのものが信頼できない。工場の壁を棒で叩いてクラック（ひび）がないかと探して回り、壁にX線を当ててちゃんと鉄筋が埋め込まれているかをチェックして回った。

こんな作業がようやく一巡した頃に新田が米ウォールストリートジャーナル（WSJ）の取材に応じたのだが、その結果として配信されたのが「ファーストリテイリング、バングラデシュの安全基準協定に参加せず」という記事だった。

ラナプラザの事故を受けて欧米のアパレル企業が国際的な労働安全協定に次々と署名したのだが、ユニクロは事故直後に実施したように自社による調査の方が実態の解明には有効だと判断した。これが怠慢のように受け取られたのだ。

記事では人権ＮＧＯのコメントを引用して「ユニクロが協定に参加しないのは極めて近視眼的だ。途上国の労働問題は組織的に解決する必要があり、一企業やそのサプライチェーンの問題ではない」と一刀両断している。記事では自力での対策に触れてはいるものの、全く評価されていないという印象を読者に与える。独自検査の実効性に関してはまったく言及されていない。

このＷＳＪ報道には柳井の周辺からも「これでは誤解される」という声が上がり、ユニクロは急いで協定に参加することになった。こうなっては批判報道を受けて渋々ながら協定に加わったと見なされてしまう。問題は協定とユニクロによる独自調査のどちらに実効性があるか、ユニクロが他国からどう見られているか、ということではない。ということである。

二重帳簿

当時はあまり宣伝していなかったため広く知られてはいなかったのだが、ユニクロは

２００６年から店舗で服の回収を始め、ネパールを皮切りに服を難民に届ける支援活動に力を入れてきた。銀行からユニクロに転じて管理部門を歩んできた新田は、ネパールのダマクという小さな町の外れにある難民キャンプを訪れた時、「初めてこの会社に入って良かったと思えた」という。

それからも難民の声を採り入れる形で支援を拡充し続けてきたことは新田にとっても、難民支援に関わる社員にとっても誇りだ。ＣＳＲ活動という意味では、国内での服のリサイクルや環境基金など数々の取り組みに早くから力を入れてきた。

バングラデシュでは貧困層の自立支援で知られるグラミン銀行と組んで、貧困層向けに１ドルの服を売るといった活動にも取り組んできた。他ならぬ新田がグラミン銀行との合弁企業トップも兼任してきた。

ユニクロがＣＳＲ活動には早くから力を入れてきたことは事実だ。だが、残念ながらそれも伝わらなければ評価はされない。

協力工場の実態把握という点では、「やるべきことはやっている」という慢心があったと言われれば、言い訳はできない。すでに巨大アパレルに成長したユニクロは巨大なＳＰＡのサプライチェーンを抱える責任も背負っているのだ。

その裏に潜んでいたひずみにまで目を届けるのは至難の業ではあるが、やらなければならない。実際、看過できないひずみは確かに存在していた。そんな事実を突きつけたのが、香港のＳＡＣＯＭによる潜入調査だった。

現実は直視しなければならない。そのためには実態の把握が第一だ。当時、ユニクロの協力工場の半数余りが中国にあった。新田はＳＡＣＯＭが潜入調査した2工場を皮切りに１００カ所近くに足を運び、残るすべての工場にもＣＳＲチームのメンバーを派遣した。

ＳＡＣＯＭの指摘は事実なのか――。

工場の経営者からも従業員からもヒアリングしたが、新田は「彼らが本音や不満を言ってくれるわけではなかった」と証言する。当然だろう。多くの協力工場にとってユニクロとの取引は事業存続の生命線だ。日本から来た大切な取引先に現場の従業員が勝手に実態をしゃべれば、後で工場側からどんな仕打ちが待っているか、分かったものではない。

本音を話してくれないのならユニクロが自ら証拠を探すしかない。

工場内の気温は何度か、休憩時間は何時から何時までか、従業員の健康チェックは規定通りに行われているか、その結果をどのように勤務シフトに反映させているのか――。数々のチェック項目が存在するが、それが正当に報告されているとは限らない。疑い始めるとキリがないのだが、ここは性悪説に基づいて調べ尽くすしかない。

新田のチームが徹底調査し始めたのが、ユニクロと協力工場が共有している労働生産記録だった。

例えば、ミシンの針が折れた際にはそのひとつずつが記録され、ユニクロ側にもデータが残る。針が折れる「折れ針」がいつどのラインで起きて、いつ針を取り換えて復旧したのか。一連の出来事は自動的に記録されるのでごまかしようがない。そのデータを調べていくと、ユニクロ側では休日や勤務外と記録されている時間帯に「折れ針」が記録されているケースが見つかった。一方の協力工場側の記録には残っていない。明らかな二重帳簿が存在するのだ。

こうした検証作業を通してあぶり出されたのが、SACOMが指摘したような長時間労働が一部の協力工場でまかり通っていた実態だった。すぐに改善を要求したが、それでも協力工場による不正を防げられる保証はない。そこでユニクロはそれまで秘中の秘としていたSPAによる国際分業を支える協力工場の実名を公開した。

それでも不正が根絶されている保証があるとは言えない。その翌年の2018年には、協力工場の従業員の内部通報を受け付けるホットラインを敷くことにした。

「悪魔の証明」

こんな作業を地道に積み重ねていった頃に、またしてもユニクロに激震が走った。2021年5月、アメリカ政府がユニクロのコットンシャツの輸入を差し止めたのだ。人権侵害が指摘される中国・新疆ウイグル自治区にある「新疆生産建設兵団(XPCC)」が関わった綿を使った疑いがある、というのがその理由だった。ユニクロは、このTシャツに使う綿はオーストラリア、アメリカ、ブラジルが生産地であり、そもそも新疆産の綿花はおろか中国産の綿花を使っていないと反論したが、米当局から「証拠不十分」と突き返された。

綿花の世界的な産地である新疆ウイグル自治区に関しては、その前年の2020年頃からアメリカ大統領のドナルド・トランプがしきりに批判の矛先を向け、新疆綿が使われた製品に関しては輸入を制限すると表明していた。GAPなどアメリカの企業だけでなくスウェーデンのH&MやスペインのZARAなど欧州勢も対応に神経をすり減らしていた。

その中で火の粉を受けたのがユニクロだった。「そもそも中国産の綿を使っていない」という主張もまともに取り合われない。「証拠不十分」とする米当局との議論は平行線をたどった。

ユニクロから見れば直接取引関係があるのは布を織って服をつくる工場だ。その先には糸をつくる紡績工場があり、さらにその先に糸の原料となる綿花を作る畑がある。ここで問われているのは、ユニクロの服をつくるサプライチェーンを遡った先にある畑の実態がどうなっているかということだ。人権を蹂躙《じゅうりん》する強制労働が行われているとアメリカが主張する新疆ウイグル自治区の農場で作られた綿花を、ユニクロは本当に使っていないのか。それを証明せよと突きつけられたのだ。

これは「悪魔の証明」に近いのではないだろうか。未知証明とも呼ばれるが、「悪魔」という人類にとって未知なるもの「ではない」ということを証明せよという命題であり、要するに不可能だ。

例えて言えば、この本のこのページに使われている紙の原料となる木がどこから来て、どうやって作られているのかをすべて示せと言っているに等しい。原料の種類が限られる紙ならまだしも、例えば3万点の部品を組み合わせて作るクルマにこんな証明を求めたら、もはや収拾がつくまい。ユニクロが突きつけられたのは、そんな現実である。

その矢面に立たされるのが、なぜユニクロだけなのか──。


そんなことを言っても、もはやどうしようもない。やれと言われればやるしかない。2021年夏、ユニクロはグローバルで100人規模の「トレーサビリティーチーム」を結成し、この悪魔の証明に乗り出した。チームリーダーに指名された北野純も当初は「なにを証明すればいいのかというのは、もちろんありました」と証言するが、それでも農家を一軒ずつ回るしかない。

柳井が政治から距離を起き続けていることはすでに述べた通りだが、その考えは国際政治のはざまで荒波をかぶることになった今も変わらない。突然、アメリカから突きつけられた新疆綿問題に関しても「まあ、踏み絵ですよね」という。アメリカ側に付くのか、それとも中国側に付くのか。そう問われているようなものだが柳井の答えは、そのどちらでもない。

この章ではユニクロがみずから生んでしまった矛盾について触れた。労働問題ではみずから膿を出すことができず、外部からの指摘によって重い腰を上げたのは事実だ。

グローバル企業となった今でも国際政治の動向に拘泥しないスタンスをとり続ける中で、不条理とも思える扱いを受けることもある。きっとこの先もあるだろう。

では、ユニクロはどう歩むべきだろうか。柳井に聞くと、こう返ってきた。

「経営の王道を行くということです。つまり、やるべきことをやるということ。それしかないんで」

村上春樹が問うた「壁と卵」

ここで少し話を変える。柳井は作家の村上春樹と同い年だ。ふたりとも1949年の早生まれ。ふたりはともに早稲田大学に進学するが、村上が1年浪人しており、ふたりとも大学の授業には関心がなかったため学生時代には面識がない。

ともに早大を卒業し、柳井がまだ宇部の銀天街で悶々とした暗黒の日々を送っていた1979年に、村上は『風の歌を聴け』でさっそうとデビューして高い評価を受け始めた。村上は1980年代後半には大ヒット作を連発してベストセラー作家の仲間入りを果たした。その後の活躍については、ここで触れる必要はあるまい。

若い頃から読書家だった柳井は村上作品も手に取っていた。ふたりはずっと後になって接点を持つことになった。ちょうどユニクロが新疆綿問題の矢面に立たされていた2021年10月、早稲田大学のキャンパス内に「村上春樹ライブラリー」が開設された。ふたりが学生だった頃に、学生運動で占拠されていたという建物が改装されたのだが、改装費の総額12億円を私財から提供したのが柳井だった。

柳井は『職業としての小説家』という村上の自伝的エッセイに感銘を受けたというが、深く感動したのが「壁と卵」で知られる村上の演説だった。

2009年に村上はエルサレム賞を受賞した。その名前から分かる通り、イスラエルによる文学賞だ。この時期、パレスチナ自治区ガザ地区への攻撃で世界的にイスラエル政府が糾弾されていた。受賞を記念する講演で、村上はそのことにストレートに触れ、受賞を辞退すべきかどうか迷いに迷ったと述べた。15分ほどの英語でのスピーチは、歴史に残すべき名演説だと思う。

「ひとりの作家としてエルサレムに来ました。上手な嘘をつくことを職業とする者として。嘘をつくのは小説家だけではありません。皆さんも知っての通り、政治家も嘘をつきます。外交官も軍人も嘘をつきます」

こんな言葉から始まった演説に、会場を埋める700人ほどの聴衆は凍りついた。村上は淡々とした口調でお構いなしに続けた。

「でも、今日、私は嘘をつく予定はありません。できるだけ正直になろうと思います」

そこから授賞式に参加すべきか迷いに迷ったことを赤裸々に語る。その中で「とても個人的なメッセージを届けることをお許しください。小説を書くときに紙には書かないものの常に心の中に秘めているものです」と言い、こう続けた。淡々としていた口調に、熱がこもり始める。

「もし、ここに高く堅い壁があって、そこにぶつかって割れる卵があったとしたら。私は常に卵の側に立ちます。どれほど壁が正しくて、卵が間違っていたとしても」

「このメタファーが何を意味するのか。ある場合においてはとても単純で明快です。爆撃機や戦車、ロケット弾、白リン弾がその高い壁です。それらに潰され、焼かれ、撃たれる無辜《むこ》の市民が卵なのです。それがすべてではありません。もっと深い意味において、こう考えてください。我々は大なり小なり、そんな卵なのだと」

世界は不条理に満ちている。

イスラエルとパレスチナの問題は、とても根深い。2023年にも悲劇は繰り返された。ここで両者の歴史に安易に立ち戻ることは避けたい。悲しみの連鎖の歴史は簡単な著述では許されない、とても根深いものなので。この時の村上のスピーチに話を絞りたい。

不条理の数々に押しつぶされるちっぽけな卵に光を当てることこそが、「私が小説というものを書くただひとつの理由だ」と、村上は語りかけた。

この演説はインターネット上の動画サイトなどに今も残るので、ここまでこの本を手に取っていただいた皆さんには、ぜひ見ていただきたい。

話を本題に戻さなければなるまい。

柳井はある時、社員に向けてのスピーチで、この村上の言葉を引用したことがある。「大衆側に立つべきだということです。小説でも商売でも同じ。壁という不条理。そちらではない側に立つということ。そうでなければいけないということです」

では果たして、ユニクロは本当に「卵」の側に立てているのだろうか。

あのスピーチで村上は壁のことを「システム」と言い換えた。商売に置き換えるなら、膨大な人の意志が連動し自己増殖していく中で築き上げられていくビジネスの力学と言えるだろうか。

宇部の商店街でたった二人から始まったユニクロは、誰もが知る巨大アパレル企業となった。世界中に網の目を行き届かせる巨大な「システム」となったユニクロは、はかない存在でしかない「卵」の側に立っているのだろうか――。

柳井とユニクロに突きつけられた問いは今も続く。そこから目を背けることは許されない。

第10章

再起

悲願の北米再建の
裏にあった葛藤

「形ばかりのユニクロ」

老兵たちの悪い予感は、残念ながら現実のものとなってしまった。

2006年11月、ニューヨークの繁華街、ソーホー地区でオープンさせたユニクロのグローバル旗艦店。失敗続きだった海外展開を立て直すために柳井正が著名クリエイターの佐藤可士和を起用して「ユニクロとはなにか」を根本的に見つめ直すところから始めた、ユニクロにとっての再起戦だったはずだ。近郊のニュージャージーに散らばっていた小型店は撤収し、世界のアパレルの中心に構えたユニクロ初のグローバル旗艦店であるソーホー店で「ユニクロとは」を訴えかけた。

その記念すべきオープン日に招かれた浦利治と岩村清美の目には「なにかおかしくないか」と映った。宇部のちっぽけな商店街で紳士服を売っていた頃から柳井を支え続け、広島の裏通りで始めたユニーク・クロージング・ウエアハウスが、「カジュアルウエアの倉庫」から、国際的なSPAによる現在のユニクロに至るまでの道のりを柳井とともに歩んできた最古参たちが感じた違和感だった。鳴り物入りでオープンしたソーホー店で目にしたものは、柳井とともに築き上げてきたユニクロとは、なにかが違っていたのだ。

コーヒーカップを片手に棚に寄りかかりながらミーティングに参加するスタッフ、開店間際になっても品出しが追いつかずスカスカの棚、きちんと折り畳まれずに広げっぱなしになった服が売り場に散らばっている。

これがユニクロと言えるのか……。

ふたりの古参幹部の不安を証明するかのように、その後もソーホー店は鳴かず飛ばずの状況が続くことになった。経営層がコンセプトをいくら煎じ詰めても、それを現場に落とし込めないとお客には伝わらない。ソーホー店の不振が示していたのは、そんな商売の原則ともいえる実態だった。日本とは勝手が違う海外で「ユニクロとは」を浸透させるのは、それほど簡単なことではなかったのだ。

ユニクロは日本の小売業で唯一、グローバル企業へと飛躍できた例だろう。バブル崩壊を経て21世紀になってから世界に名乗りを上げた中で唯一、世界にその名を知らしめた企業と言っても過言ではない。だが、その道程は決してとんとん拍子ではなく、失敗を繰り返しながら前進していった。

ユニクロそのものを自問自答し、再定義し、世界に「ユニクロとは」を問う形で再出発したのがこれまでに描いたグローバル展開の道のりだ。だが、それでも世界のアパレルの中心であるニューヨークやロンドンでは通用しなかった。

「形ばかりのユニクロ」では、目の肥えた欧米の消費者は振り向いてはくれない。そんな現実に直面したユニクロは、再起を期して海外で内なる改革に着手する。本章ではその現場に迫る。主役は柳井ではなく、柳井が認めた才能たちだ。

とはいえ、特別な才能を持った者たちの話というわけではない。むしろ日本で生まれ育ったビジネスマンが海外に舞台を移した時に、誰もが直面するような試練と向き合い、真正面から突破していったストーリーを、本章では追うことになる。

似て非なる現場

ソーホー店に漂う違和感を抱いたのは最古参の浦と岩村だけではなかった。

(なんだよこれ……、ぐちゃぐちゃじゃないか)

ロンドンから視察にやって来た日下《くさか》正信の目にも、「これは俺が知っているユニクロじゃない」と映った。ユニクロはソーホー店をつくってからちょうど1年後の2007年11月にロンドンでも旗艦店をオープンさせることになり、ロンドン駐在で営業担当だった日下がソーホー店を参考にしようと視察のために出張してきたのだが、そこで目にしたのは日下が知っているはずのユニクロとは似て非なる現場だった。

浦や岩村よりその危機感は強かったはずだ。日下自身がロンドンに来てからずっと、「ユニクロのようなもの」と向き合ってきたからだ。

1995年に入社して店舗スタッフや店長として全国の店を転々とする下積みのような

生活を送ると、日下はスーパーバイザー（エリアマネージャー）へと昇格していった。金太郎あめ方式で本部の指示通りに動くのが当然だった店舗の中で、幸いなことに「本部よりお客さんを見て仕事しろ」と言ってはばからない先輩に鍛えられたことが今も財産だという。

フランクではあるが時に直截的な語り口。背格好は大柄ではないが、切れ長でギロリと鋭い目が特徴的な、いかにも現場のたたき上げという雰囲気を、日下は漂わせる。現場で実績を残してきた頃に命じられたのがユニクロ大学の担当だった。現場第一の日下は「そんな学校の先生みたいに高いところに立って偉そうなことを話すのは、絶対に嫌です」と突っぱねたが、結果的にこれがキャリアの転機となった。

当時、中国で採用した若者たちを日本に半年ほど呼び寄せてユニクロ流を学んでもらっていた。その教育担当に指名されたのが日下だった。日本まで研修にやって来た彼らの姿を見て、日下は脅威を覚えたという。

「このままだと、俺はすぐにこいつらに追い抜かれてしまうな」

例えば、柳井が制定した23カ条の経営理念ひとつとっても2時間もすれば句読点の位置まで間違えることなく覚えてしまう。ほとんどの者が半年ほどの研修の間にそれなりに日本語ができるようになる。英語だって、TOEICのスコアが320点の自分とは比較にならないほど上手にしゃべる。日下がユニクロの現場でたたき込まれてきた接客や身のこなしも、スポンジが水を吸い込むように覚えてしまう。

「近い将来はこいつらが俺の上司か……」

そんな現実を突きつけられる思いだった頃に打診されたのが、不振にあえぐロンドン行きだった。

当時、海外事業全般を担当していたのが、いわゆる「ABC改革四人組」の一人である堂前宣夫だった。堂前から営業責任者としてロンドンで英国事業を立て直してほしいと言われたのが2004年秋のことだった。海外での経験はまったくないが、「日下さんはユニクロの商売を知っているので」というのが起用の理由だった。

英語ができないことを理由に一度は断ろうと思ったが、頭に浮かんだのがユニクロ大学で学ぶ中国の若者たちの姿だった。「このままだとすぐに追い抜かれる」。その危機感に打ち勝つためには、自分も彼ら彼女らのように世界に出て戦う覚悟を決めなければならない。みずからを奮い立たせる思いでロンドンに渡った日下が目にしたのは、その後に視察したソーホー店と比べても話にならない売り場の光景だった。

「もっとユニクロにする」

ユニクロが誇る「圧倒的な陳列」。同じ色を下から上までずらりと積み上げて圧倒的な量とカラーバリエーションが一目瞭然になるように服を並べる方法のことを、こう呼ぶ。

特に壁際は足元から天井近くまで積み上げ、あたかも壁をタペストリーのように彩っていく。いわゆるボリューム陳列と言われるレイアウトの手法だが、フリースブームの火を付けた１９９８年の原宿店で採用した方法を、その後も少しずつ進化させてきた。

それが、ロンドンではまるでなっていない。

この当時は英国内で21店舗まで広げていた店舗網を、ロンドンの5店舗にまで縮小させた直後のことだ。現地の英国人スタッフたちの間にも「ユニクロは通用しない」という空気が漂っていたどん底のタイミングで東京からやって来たのが、ろくに英語も話せない日下だった。

日下が日本のように服を並べたらどうだと、たどたどしい英語で説明しても「でも、それで売れなかったじゃないか」と一蹴されてしまう。何度言っても一顧だにされない。すると、次第に日下も現地の考え方に染まるようになってしまった。「どうせ店にいてもヒマだし」と、同じ通りにあるネクストやH&M、ＺＡＲＡの店を見て回った。そこはガラガラのユニクロとは違い、すぐ近くにあるとは思えないほどいつも人であふれていた。

郷に入っては郷に従えとばかりに、日下がいっそのことマネしてみようと思ったのがH&Mの展示方法だった。マネキンを多用して売れ筋の服を展示し、棚に積み上げるのではなく、ハンガーでつり下げて陳列することにした。

「すると、もっと売れなくなりました。結局、なんの店だか分からなくなったんだと思います。彼らが成功しているからといって同じようなことをやってもうまくいかないと納得しました。だったら逆のことをやってみようと思いました」

こんな回り道をしてたどり着いたのが、ユニクロ流への回帰だった。「ユニクロが何者か、誰が見ても分かるようにしないといけない」。それが日下が出した答えだ。

「どうせやるなら大げさにやってやれ」

日下の言葉を借りるなら「もっとユニクロにする」、だ。棚の並べ方はミリ単位で指定する。ハンガーでつっていた服は全部折り畳んでひとつずつ積み重ねていく。壁際は足元から天井まで1列1色できれいに統一していく。売れる色も売れない色も同じように足元から天井まで、だ。

すると予想した通り、英国人スタッフから反発の声が上がった。

「同じ服でもカラーによって売れる量が違うのに、それだと同じ数を並べることになってしまう。そんなのナンセンスじゃないか」

「お客さんは服を広げてまた棚に戻すだろ。それをまた折り畳まないといけないってことか。なぜそんなムダな作業を我々に押しつけるんだ」

在庫管理の観点からも作業効率の観点からも「合理的ではない」と言われれば、確かにその通りだ。だが、だからといって目抜き通りで肩を並べる他社と同じような売り方をしていれば埋没してしまう。お客からすれば、数あるブランドの中でユニクロの店に入ってみようと思う理由がない。

現地スタッフたちが早口で話す英語にはついていけないが、「また日本から来た奴が日本のやり方を押しつけやがる」という雰囲気だけは嫌でも伝わってくる。だが、ここで引き下がってしまうと同じ失敗の繰り返しだ。

「君たちが言うことはもっともだ。でも、我々はここでは知られていない存在なんだ。差別化しないといけない立場なんだ」

そう言って根気よくロンドンにユニクロ流を持ち込もうとしていた矢先に視察したのが、ニューヨークでオープンしたばかりのグローバル旗艦店であるソーホー店の現状だった。

「これはユニクロじゃない。こんな風にしちゃダメだ」

そう確信して「思いっきりユニクロに振った」のが、2007年11月にオープンさせたロンドンのグローバル旗艦店だった。

実は日下がロンドンで「もっとユニクロにする」と考え始めたちょうど同じ頃に、香港で同じことを考えていたのが第8章で登場した潘寧《パン・ニン》だった。香港の繁華街、尖沙咀《チムサーチョイ》に出した店で「日本のユニクロ」方式を採り入れ、それを上海に移植して中国ビジネスを軌道に乗せた。潘と日下は同じ1995年にユニクロの門をたたき、いずれも郊外の店を振り出しにそれぞれの現場で実績を残してきた。その二人が海外に飛び出して「ユニクロとはなにか」を自問自答し、行き着いたのが、まったく同じ解だったのだ。

ここからユニクロの英国ビジネスは少しずつ反転攻勢へと向かい始める。長い道のりではあるが、撤退間際まで追い込まれていた英国事業を軌道に乗せる糸口がようやく見つかったのが、この頃のことだ。

「日本のスパイが来るぞ」

ロンドン旗艦店がオープンしてしばらくたった頃のこと。日下を訪ねてロンドンまでやって来たのが、同期入社の営業部長だった。

「知ってると思うけど、ソーホーが大変なんだ。あの店を立て直さないといけない。なんとかしてもらえないか」

こうして日下は2008年6月にロンドンから、営業責任者としてニューヨークに渡ることになった。ソーホー店がオープンしてから2年近くがたっていた。この頃には英語もできるようになっていたが、ロンドンに来たとき以上にガツンと出鼻をくじかれた。

店に足を踏み入れて現地のスタッフひとりひとりに挨拶して回ると、多くの者があからさまに日下を無視した。「全員ではないけど、話しかけても全くの無視です。なにも返事してくれない」

後で聞いたところ、現地スタッフの間でロンドンから来るという日下の顔写真が出回っていたという。

「また日本のスパイが来るぞ」

そう露骨に触れて回る者もいたと聞かされた。

ロンドンでも初めは似たような空気を感じ取った経験がある。だが、ここでは警戒感のレベルが違う。なにが彼らをそうさせるのか……。日下はようやく会話に応じてくれるようになったスタッフを一人ずつ近所のスターバックスに呼び出し、彼らの言葉に耳を傾けた。

「とにかく日本人からはネガティブなことしか言われないんだ。店が汚いだとか、カスタマーサポートがなっていないだとか」

日本人への不満や不信感が堰《せき》を切ったように出てきた。

「じゃ、私たちにどうしろって言うんだと聞いても、的確な指示やアドバイスは返ってこない。ただ、店に来て散々こき下ろして帰って行くだけだ。日本からなにをサポートしてくれるわけでもないのにさ」

実はそれまでソーホー店には常駐の日本人社員はいなかった。日本からは長期出張でやって来たり、本社からの監査が入る時に来たりする程度だ。そうなると現地社員の目には、日本人はたまにやって来て文句だけを言って帰って行くヤツらだとしか映らない。日下が想像した以上に、積もり積もった不信感と、その結果できてしまった溝は深刻なものだった。

「俺はそんなことをやるために来たんじゃない。この店を良くしたいだけなんだ。良い店にしたい。ホントにそれだけ。それに、実は俺はロンドンから東京に帰る選択肢を断ってここにきた。ここに住む。ずっと居るから」

日下が言葉を続ける。

「君が言うことも分かるよ。ロンドンでもそうだった。日本人の俺から見ても、日本から色々と言われて『なんだよ』と思うしね」

そう力説しても、言葉だけで信頼を勝ち取れるほど不信感の壁は生易しくはない。

現地スタッフとの距離感に悩まされつつも、日下の目にはソーホー店の管理の甘さが嫌でも見えてくる。例えば、店側が管理している出勤スケジュール。日本では誰が何時から何時まで働き、どのエリアを担当するかが記されているが、ソーホー店では日付のところにスタッフごとに「○」と「×」が書き込まれているだけだった。

（こんなので店を回せるわけがないだろ）

そう思うが、ぐっと言葉を呑み込む。仲間の輪に入れずとも、まずは仲間になろうと思って行動していることを理解してもらうことから始めないと、いつまでたっても日本から派遣されてきた「スパイ」のままだと考えたからだ。

「店のことでなにか困りごとはない？　なんでも言ってくれよ」

そう話しかけて出てきた言葉に頷くだけではなく、行動に移す。エアコンの調子が悪いと聞けば誰かに修理を指示するのではなく、自分で業者に電話する。「日本人は『床はいつもきれいにしろ』って言うけど、掃除機が壊れている。どうしろっていうんだ」と聞けば、業務用の掃除機を買いに行く。接客や店の管理に口を出すのは、まともに会話が成り立つようになってからだ。まずは率先して御用聞きになることで、「こいつは仲間になろ

う と思っているんだ」と思わせる。どこまでも泥臭い作業から、日下の米国事業再建は始まった。

日下がソーホーにやって来た2008年6月の時点で店の年間売上高は3300万ドルほど。当時の為替レートで30億円強にあたる。それがわずか2年ほどで60億円ほどに伸びていった。

柳井の後継候補

ソーホー店の改革はまだ道半ばだったが、日下は2010年11月に一度、帰国することになった。だが、半年後には再びニューヨークに戻ってきた。柳井が米国事業のてこ入れを期してニューヨークの目抜き通りに2つの超大型店をオープンさせることになったからだ。

ひとつは「34丁目店」。ニューヨークのランドマークタワーとも言えるエンパイアステートビルのはす向かいという一等地だ。そしてもうひとつの「5番街店」が、目玉中の目玉だった。マンハッタンを南北に貫く5番街。その通り沿いでも世界中の高級ブランドが立ち並ぶミッドタウン地区に、世界最大規模の店を構える。

日下は5番街店の店長に抜擢された。当時はちょうど二人目の子どもが生まれたばかり。

動揺する妻に、日下は「これは地球で一番の舞台。俺のユニクロ人生の集大成になると思う。だから、俺のわがままだけどついてきてくれ」と頼み込んだ。

２０１１年10月にマンハッタンの一等地に、ふたつの超大型店をほぼ同時にオープンさせる。スタッフ数は両店合計で１２００人にのぼる。まさに、不振の米国事業の再起を期した大勝負といえる。

もう一方の34丁目店を任されたのが、塚越大介だった。日下より6歳下にあたる。入社前からユニクロでアルバイトとして働き店長やスーパーバイザーを歴任してきた。ちなみに同期より店長昇格が1年遅れたのも日下と同じだが、その後すぐに若きエースとして頭角を現していった点も似ている。

塚越はこの時、入社9年目の32歳。ビジネスマンとしてちょうど脂が乗ってきた頃にあたるだろう。

この塚越がこの時から10年余り後の２０２３年に、ユニクロ社長に抜擢された。持ち株会社で「本丸」ともいえるファーストリテイリングの社長は柳井のままだが、ポスト柳井の最有力候補だ。塚越の最大の功績はこの後、10年をかけて米国事業を黒字化させたことにある。そこに至るまでには、まだ長い道のりが待っていた。

切れ長のするどい目が特徴的な日下と、スラリとした長身でいかにもエリートビジネスマンといった雰囲気を漂わせる塚越。この二人が低迷していたユニクロのアメリカ事業の再建に奔走することになる。

ところで、柳井の後継候補としてさっそうと現れ、世間の注目を集めることになった塚越には、ユニクロ人生の中で大きな影響を受けた人物が二人いるという。一人は新人時代に配属された熊本「熊南店」の店長。特に優れた店長が指名されるスーパースター店長のひとりで、「時間が過ぎるのはあっという間だ。だから時間管理と自己管理を徹底せよ」が口癖だったという。塚越に仕事のイロハをたたき込んだのがこの店長だ。

もう一人が、第9章で登場した若林隆広だった。直属の上司ではないが、店長と本社の幹部という関係でずっと薫陶を受けてきたという。

「若林さんは基本のキを徹底する人。細部までこだわる現場現物主義の人で、『まあ、いいか』を絶対に認めない。ただ、規律とともに人への情を誰よりも持っている人なんですよね。僕もそれを盗もうと思いました」

その若林が婦人服子会社キャビンの再建に失敗して心を病み、4カ月もの間、職場を放棄してしまったことはすでに述べた通りだ。尊敬する先輩がなぜ潰れる寸前まで追い込まれたのか。当時の塚越には理解できなかった。だが、この後に知ることになる。

「ダメになった組織がどういうものかということを、僕も身を持って経験しました。それがアメリカだったんです」

民族大移動

塚越がニューヨークにやって来たのは2010年10月のことだ。34丁目店のオープンまでにはまだ1年がある。この時点で、すでにニュージャージーの郊外店は閉鎖しているのでユニクロの店はソーホー店のみ。初の海外勤務となる塚越がソーホー店で受けた印象は「なんで日本でやっているようなことが、ここではできていないんだ」だった。おおむねすでに日下が感じていたことと同じと言っていいだろう。

店頭に立って店の状態をじっと見つめると、すぐにアラが目に付いてしまう。金曜の午後になるとお客の入りが多くなり、店はとたんに忙しくなる。そのまま土日に突入する。日下の言葉を借りれば「ぐちゃぐちゃ」。お客が棚から手に取った服がそのまま戻されるのはどの店でも同じなのだが、それがスタッフによってきちんと折り畳み直されないまま放置される。足元から天井まできれいに積み上げられていた服が、バラバラに崩れてしまう。こうなると縦に服のカラーを統一して並べ、あたかもタペストリーのように店内を彩るユニクロ式陳列法の意味がなくなり、かえって見栄えが悪くなってしまう。

客足が一段落する月曜から木曜までの間に時間をかけて少しずつ散らばった服を折り畳んだり、欠けている色を補ったりといった作業を進めていく。「毎朝の開店時間を整理整頓された状態で迎える」という日本では当然のことが、ソーホーではできていなかった。塚越がニューヨークにやって来たのは、ちょうど先輩の日下が半年間だけ日本に帰国する間際のことだ。日下からは「な、まだまだぐちゃぐちゃだろ。百回言っても、またこうなるんだよ」と言われたが、それでも日下が着任した2年前よりはずっとマシな状態だったはずだ。

実は塚越にニューヨーク行きを告げたのが、この頃に営業部門のトップだった若林だ。若林が塚越に言ったのが「日本でやってきたことをマンハッタンでやってくれ」だった。日下による改革で徐々に「ユニクロ式」が理解されつつあったソーホー店の方向性は間違ってはいない。その路線を定着させて欲しいという意味だった。そのために日本の現場でユニクロ流をたたき込まれ実績を残していた塚越が起用されたのだ。

柳井が社内で「民族大移動」を宣言したのが、ちょうど塚越がニューヨークに送り込まれた２０１０年のことだ。これからは本気でグローバル企業へと脱皮するために社員をどんどん世界中へと大移動させるという意味だ。

失敗続きだった海外展開も香港の尖沙咀《チムサーチョイ》を突破口に、光明が見え始めた。敏腕クリエイターの佐藤可士和の力を借りて、世界に問いかけるべき「ユニクロとはなにか」も形になってきた。

ここで一気に勝負をかける。目指すべき世界一の頂に向かうなら、ここで手を緩めてはならない。そんな思いを込めた宣言だった。

ユニクロが仕掛けるグローバルシフトの成否のカギを握るのが、世界最大の市場を抱えるアメリカであることは間違いない。日下と塚越はこの当時、まだともに30代。二人の双肩には社運がのしかかっていたと言っても大げさではあるまい。

「ユニクロの歴史を変える」

そのための総本山となるべきなのが、ソーホー店だ。これからオープンさせる5番街店と34丁目店も、ユニクロにとって初のグローバル旗艦店だったこのソーホー店がベースとなる。その存在意義を、塚越はこんな言葉で表現した。

「ソーホー店は服を売るためだけに存在するんじゃないんです。この店そのものがユニクロのブランドになるんです」

服というよりはユニクロそのものを売り込むのがグローバル旗艦店としての役割だということだ。その役割は、これから開業する5番街店も34丁目店も変わらない。

ところが、ソーホーの現場にはまだまだ課題が山積していた。日下が日本に一時帰国してしばらくたった頃のこと。ソーホー店の現場に立つ塚越はいらだっていた。

「なんでこんなこともできないんだ」

日本に居た頃は店長やスタッフに指示すればすぐに行動に移してくれる。それが、ソーホーでは通じない。

「なぜ言ったとおりにやってくれないんだ」

米国人のスタッフをつかまえて塚越が問い詰めると、あっさりとこう言われた。

「それって日本の価値観の押しつけでしょ。これまでも日本人がやって来ては自分たちのやり方を押しつけるだけだった」

実際、塚越がニューヨークに来てから30人ほどの現地社員が「ユニクロ流の押しつけ」に嫌気がさしたのか、辞めてしまった。日下がロンドンやソーホーで直面したのと同じ問題に、後からやって来た塚越も直面したのだ。

このスタッフの言葉を聞いて塚越が思い出したのが、「ギリシャ哲学と儒教の違い」だ。ファーストリテイリングに入社してから通った一橋大学の社会人講座で読んだ本で触れた教えだ。西洋と東洋で、人間の本質を突き詰めていくと、それほど変わることはない。だが、目に見える部分での考え方はずいぶんと違う。ギリシャ哲学と儒教がかなり違って見えるように。

世界は広い。同じ人間でも違って当たり前なのだ。互いに分かり合おうと望むなら、まずはその違いを理解しないといけない。

「その考えがよみがえりましたね」

これは日本で生まれ育った日本のビジネスマンが世界に活躍の場を求めた時に、誰もが痛感することではないだろうか。塚越と同時期にニューヨークに駐在していた私もそうだった。人としての奥深い部分はそれほど変わらないけど、目に見える習慣や考え方などは全く違ったものに見える。その距離を縮めるには、そこに違いがあることを認めることから始めなければならない。

塚越の頭に浮かんだのは、それだけではない。「時間が過ぎるのはあっという間だ。だから時間管理と自己管理を徹底せよ」。新人時代に尊敬する店長が口を酸っぱくして言っていたことだ。

ユニクロの海外展開仕切り直しの試金石となるニューヨークのふたつの巨大店のオープンは刻々と迫る。時間の管理を徹底しないと、これまでと同じ失敗を繰り返してしまう。

塚越がそんな危機感に直面していた頃に、日下が日本から帰ってきた。すでに新規開店させるふたつの超大型店のスタッフの採用が進んでいたが、それを見た日下がぶち切れた。

「そんなことをやっているヒマがあったら、店に出て売り場を立て直せ」

もちろん採用活動は極めて大切だが、人事という「持ち場」にとらわれて目の前の課題を放置するなという意味だ。「そこにお客さんがいるだろ」が日下の持論だ。このあたりに、「彼にはちょっと強引なところがあるけど、そうでもなきゃ海外では通用しないから」と、柳井も認める日下の仕事の哲学があるのだろう。

こうして迎えたのが5番街店のオープン日だった。開店式典にはニューヨーク市長のマイケル・ブルームバーグが列席し、前日に開かれたパーティーには女優のスーザン・サランドンをはじめ錚々たるＶＩＰが招かれた。柳井の妻・照代も着物姿で出席して花を添えた。私もこの場にいたのだが、照代にコメントを求めたのが私の先輩記者だった。照代はこんな風に語っている。

「私たちは自分たちなりに努力していますが、いつも成功するとは限りません。だから、いろんな試行錯誤を続けるわけですけど、ニューヨークではあまり試行錯誤するわけにもいかないですからね」

柳井も店のスタッフたちを前に宣言した。

「今日ここでユニクロの歴史を変える。ここからがスタートだ」

低調だったアメリカ事業の仕切り直しが、こうして始まった。だが、試行錯誤はこの後にも続くのだった。

若きエースの葛藤

日下は塚越にとって、若手時代の先生のひとりでもある。ちょうど塚越が入社2年目で初めて店長になった頃に、ユニクロ大学で「在庫塾」を受け持っていたのが日下だった。当時はちょうどフリースブームが去って全国の店舗で売れ残りの在庫があふれた時期にあたる。第7章で触れたが、余った服をどこまで値下げして売りさばくかが、毎週の消化方針会議で議論されていた頃だ。この会議のとりまとめ役が、当時は在庫コントロール部を取り仕切っていた若林だった。

当然、日下の在庫塾でも厳しい状況にどう対応するのかという話が続いた。それから10年ほどがたって二人が送り込まれたアメリカ事業が置かれた状況は、フリースブームが去って祭りの後のような状況だった当時の日本と比べても厳しいと言わざるを得なかった。

日下が妻に「地球で一番の舞台」と呼んだ世界最大規模の5番街店は、家賃が15年契約で3億ドル。円ベースで年間150億円を売らないと損益分岐点を超えない計算だ。当時は1ドルが80円前後という超円高で推移していたこともあり、5番街店の店長となった日下は気が遠くなる思いだったという。

この頃、ニューヨークに進出する日本企業の間では「ユニクロ・ショック」なる言葉がささやかれていた。ユニクロが5番街で超高額の賃料契約を結んだため、日本企業と聞けば家賃をふっかけられるという現象が起きたからだ。塚越が預かる34丁目店も状況はなんら変わらない。

極めて高いハードルを突きつけられた二人。それを乗り越えるためには正攻法しかない。陳列棚を日本と同じようにして「日本のユニクロ」を再現したまではいい。繰り返しになるが、肝心なのはそこで働く人たちの動き方だ。従業員がユニクロ流を理解してくれないと、結局のところハコだけはユニクロのようでいて中身は異なる、似て非なるものになってしまう。

お客が扉をくぐれば明るく挨拶する。棚の服が乱れていれば、その場で自分の身体を支えにして服を折り畳む「ボディーフォールディング」できちんと並べ直す。足元から天井まで同じ色の服がびっしりと並ぶ「圧倒的な陳列」を表現するため、品出しはこまめに行う――。日本では基本中の基本とも言える動きをさりげなく実践できて初めて「ユニクロとはなにか」を伝えられるのだ。

日下と塚越はこの頃、マンハッタンからハドソン川を渡った町にある同じアパートで暮らしていた。毎日、同じバスで出勤する。その道中で先輩の日下がよく塚越に語ったのが、「やっぱりローカルのマネージャーを育てないと収拾がつかないよな」ということだった。

ソーホーに加えて新規にオープンした5番街と34丁目だけで1200人のスタッフを抱える。二人だけで目配りするのは到底、無理だ。現場のスタッフたちに直接指示する幹部陣をどう育てるかが、成功のカギを握るというわけだ。

「そのためには『あうんの呼吸』じゃダメだ。そんなのここじゃ通用しないからな」

すでに海外経験が長くなっていた日下が、塚越に言って聞かせる。

これも海外に駐在して管理職を経験したことがある日本のビジネスマンなら、誰もが通る道だろう。肝心なのは真正面から対峙し、突破することだ。この時で日下は38歳で塚越は32歳。超巨大店舗を任された二人は、それぞれに目の前の現実と向き合う日々を送ることになった。

ニューヨークで旗艦店が3つになったユニクロのアメリカ事業に、高額な家賃が重くのしかかる。依然として赤字を垂れ流したまま。黒字化の出口は、見えてこない。

中国に学ぶ

どうにかニューヨークの巨大3店舗の運営が回るようになってきた２０１５年に、二人は日本に戻ることになる。柳井は二人に全く異なるミッションを与えた。日下にはユニクロの新形態と言える「情報製造小売業」への転換という未知なる挑戦が命じられた。その詳細は次章で述べる。

一方の塚越はユニクロ大学を担当し、米国ＣＥＯに就任する。ただ、短期間でそれも変わり、帰国から2年後の２０１７年に中国・上海に派遣されることになった。一見するとたらい回しの人事のように見えるが、このことが後のアメリカ事業の再建に大きく関わってくる。

上海で塚越がタッグを組んだのが、ユニクロの中国事業を軌道に乗せた潘寧だ。中国事業を軌道に乗せたというよりは、ユニクロの海外展開の突破口を開いた人物であることは、すでに述べた通りだ。

当時は中国事業の年間売上高が３０００億円を超え、いよいよ中国を中心に柳井が言う

「民族大移動」を本格化させようというタイミングだった。ユニクロの全世界の店舗数を見れば2015年に海外が国内を上回った。牽引役となったのは中国だ。2020年には中国の出店数が日本を逆転するのだが、それに1年先立つ2019年8月期決算で、営業利益でも海外が初めて日本を上回った。

そんな坂道を上るさなかの中国に、塚越は派遣された。そこで見たのは同じ海外と言ってもアメリカで見たものとは全く異なる景色だった。

例えば、月曜午前に開かれる営業会議。前週の売り上げが店やエリア、商品ごとにレビューされていく。これは日本では銀天街のペンシルビルにいた頃から続く習慣であり、中国だけでなく全世界で共通だ。

ただ、その先が違った。前週の状況報告が終わると、潘が幹部たちとその場で「今週以降は何を仕掛けるか」を議論した上で、事細かに指示していく。

最も違うのはその先だ。潘の指令を受けた幹部陣がそれぞれの持ち場に戻って各店舗に落とし込んでいく。そして一週間が過ぎると月曜朝に現場から課題や提案が上がってくる。潘と幹部陣が議論して実行に移す。その繰り返しだ。

一連の流れをもう一度細かくおさらいすると、その流れが実に円滑なことが理解できた。月曜朝には五~六人の幹部を集めて前週のレビューを受ける。その後に十人余りのグループリーダーを集めて「今週はなにをやるべきか」を議論する。この時点ではまだ情報共有の段階だ。さらにその日のうちに主要部門のリーダー全員を集めて、それぞれの担当が何をすべきかを具体的に指示していく。それが店に落とし込まれていく。単なる上意下達ではない。すぐに現場から課題や提案が上がってくる。

まさに一糸乱れぬ統率が取れた動き。塚越はそれを上海で目の当たりにしたのだった。

「なにが違うって、仕組み化と再現性です。それを潘さんが長年をかけて築き上げていました」

自分がいたアメリカとは、その点が全く違うと思い知らされた。週初の会議で情報や方針を共有して終わりではない。中国ではそれが末端まで伝達され、実行されていた。一方通行ではなく現場からのボトムアップの提案も受ける。その実態を目の当たりにした塚越は、「アメリカはチームとして経営ができていなかった」と認めざるを得なかった。

それになんといっても、中国では「服を売る前にユニクロを売れ」が徹底されていた。若きエースと目された塚越にとっては、ユニクロのグローバル展開の突破口を開いた男との差を痛感させられる時間だった。

人が消えたニューヨーク

塚越が柳井からの電話を受け取ったのは、上海に来てから3年がたった2020年6月のことだ。すでに新型コロナウイルスの猛威が全世界を覆っていた。

「ここでもう一回、全員で北米をターンアラウンドさせていく。今はピンチかもしれないけど、それは同時にチャンスにもなる。塚越君、君がやってくれ」

3度目となるアメリカ行きが唐突に言い渡された。それも、まだコロナの脅威の底が全く見えない時期のことだ。だが、塚越に迷いはなかったという。もともと日本や中国だけで商売をしているという感覚はない。

「分かりました」

短く告げた。

アメリカの状況が切羽詰まっていることは上海にいても想像できる。アメリカでは塚越が去った後に、50店にまで店舗網を広げてきたが国土の広さや大都市の数を考えれば当初の思惑からはほど遠い。

中国と比べれば一目瞭然だ。中国の店舗数はこの当時ですでに約750店。日本の810店強と比肩するまでに成長していた。一方のアメリカは進出してからすでに15年がたつというのに赤字が続いている。そこにコロナ危機がやって来た。かじ取りをひとつでも間違えればターンアラウンドどころか、今度こそ撤退が現実味を帯びてくる。そんなギリギリの場面で、3度目のニューヨーク行きが告げられたのだ。

2カ月後の2020年8月。上海から直接、5年ぶりにニューヨークへと飛んだ塚越の目に飛び込んできたのは、見慣れていたニューヨークとは様変わりした街並みだった。

JFK空港からマンハッタンへの道のりは渋滞がいつもの景色だったはずが、その日は高速道路がガラガラ。西海岸から始まったロックダウンがすでにニューヨークにまで広がっていた。あれだけ騒がしかったマンハッタンのミッドタウンには、人がいない。真夜中でもけたたましく聞こえてくるクラクションの音がしない。

まるでSF映画の中に迷い込んだかのような光景が目の前に広がっている。塚越は「今までの人生の中で一度も予想したことがないような状況に、途方に暮れました」と振り返る。

この当時、中国では震源地とされた武漢は1月に閉鎖していたが、国全体でコロナを抑え込んでいることになっていたため、状況は異なっていた。上海市で市内全域を対象とする本格的なロックダウンが実施されたのは、2022年3月になってからのことだ。

もちろんソーホー、5番街、34丁目の3つの旗艦店にも、お客はいない。変わり果てたニューヨークの街並みを前に、塚越は「ここからどうやってターンアラウンドさせればいいんだ」と立ちすくむような思いがこみ上げてきたという。

こうしてニューヨークに戻ってきた塚越の目に、古巣の課題はありありと浮かんできた。「売るぞという考えがなくなっていた。負けグセが付いていたんです」

その象徴が頻発していた値引きだった。ちょっと売れなくなると安易に値引きに頼ってしまう。すると一時的に売れ行きは良くなりその場しのぎにはなるが、これを繰り返してしまうと「ユニクロは安物だ」というイメージが定着し、さらに値引きしないと売れなくなる。そうなると黒字はさらに遠のく……。そんな負のスパイラルに陥っていることが一目瞭然だったという。

アメリカのユニクロはまだ50店。ほとんどの消費者に「ユニクロとはどんな服か」ということは認知されていない。そんな状態でこの負のスパイラルを抜け出せずにいると、ブランドが認知された頃には「ただの安物の服」にしかならない。この時点で、そうなる一歩手前の状況にまで追いやられているように、塚越の目には映った。

その原因は現場にあるわけではない。塚越の言葉を借りれば「経営チームが確立していなかった」。上海で見たような経営トップから売り場スタッフまでが自律的に動くチームができていなかったということだ。

ターンアラウンドに向けて塚越が取り組んだのが、大きくふたつのことだった。第一に、黒字化をなし遂げる。言葉を変えれば、利益が出ることを示して「負けグセ」を治すことだ。第二に、そのためにも経営チームを作ること。

まずは経営チームを整えなければなにも始まらない。塚越が覚悟を迫ったのが、右腕と頼ることになるアレックス・ゴーデルマンだった。トイザらスなどを経て2013年にユニクロに財務担当として入社し、2016年から米国事業CFOの重責を任されていた。

ただ、塚越の目に、ゴーデルマンは「とてもじゃないけど黒字化なんて不可能だ」と考えているフシが見て取れた。だからこそ、ストレートに問いかけた。

「やるならやる。やらないならやらない。今ここでハッキリさせてくれ」

塚越は言葉を続ける。ゴーデルマンは塚越よりずっと歳上で明らかに自分よりキャリアも豊富だが、そんなことは気にしていられない。ここは間違いのない言葉で「違い」を超えるべき時だ。

「なあ、アレックス。人生は一度きりだ。リーダーがダメだと諦めてしまったら終わりだろ。たった一回の人生なら、ここで奮起してもう一回やってみないか。もし君が生きていく上でのビジョンと会社のビジョンが一致するなら、一緒にやろうよ」

その場では明確な回答はなかった。ゴーデルマンが塚越の言葉に応えたのは翌日のことだった。

「君の言う通りだ。やっぱり人生は一回だけ。これが最後だと思ってやってみるよ」

この時点で塚越にはアメリカ事業の「負けグセ」を治すまでの道筋が描けていたわけではない。コロナ禍に直面する中にあっては、本格的なターンアラウンドより不採算部門の止血が先決となる。

この時期、塚越は朝一番にオフィスに出勤すると銀行の預金残高を確認することから仕事を始めていた。店舗や倉庫の家賃をどう工面するか、商品が入庫したら支払いはどうするか。事業存続の前提となる数字を確認することから、毎日の仕事を始めるのだ。

再建策を描くのは、あくまでそんな状況の出口が見えてからだ。当然ながら金庫番のゴーデルマンは塚越にとって絶対の信頼を置ける存在でなくてはならない。

「この苦境を乗り越えるためには、誰が自分と一緒に走ってくれるのかを、まずはハッキりとさせなければならない」

塚越が手本にしたのが、統率の取れたチームを築き上げていた潘だったという。「中国で潘さんと仕事を経験していなかったらできなかった発想だと思います」と振り返る。だからこそ、タッグを組むべきゴーデルマンに覚悟を迫ったのだ。

ここでも思い出したのが、あの教えだった。「ギリシャ哲学と儒教の違い」だ。そもそも考え方が異なる世界中の人たちとどう人間関係を築けばいいのか──。

塚越はスイスのレザンという街にあるスイス公文学園高等部の出身ということもあって国際派だと思われがちだが、実はこの高校で日本の大学に進むコースを選択したためスイスに居ながら日本とほぼ同じ教育を受けてきた。最初にアメリカに転勤する際には、けっして流暢に英語を話せたわけではないという。

若くして世界で活躍できる感覚を身につけていたわけではない。それどころか小中学生の頃は「なるべく人と関わりたくない」という内気な少年だったという。

今ではその面影は全く見て取れない。ユニクロに入って初めてニューヨークで働くようになってから意識を「自己改造」してきた結果だ。海外でリーダーを目指すからには、日本人特有のあうんの呼吸や曖昧さは通用しないどころか、周囲を不快にさせ、不要な壁をつくりかねない。そんなことを初めてアメリカに渡った32歳の時に痛感して、内気な自分を変えてきたのだ。

34丁目店の閉鎖

塚越がチームビルディングと並行して進めたのが不採算店の統廃合だった。期間は12カ月と定めた。その先にパンデミックからの反転攻勢の時期が到来すると予測すれば、期限を切るべきだと考えたのだ。

まずは不採算の7店舗を閉鎖する――。塚越が自ら定めたリストラ計画の対象リストには、あのニューヨーク34丁目店も含まれていた。初めてアメリカに渡った頃にオープンを託された思い入れのある店だ。

塚越には日々のルーティンがある。セントラルパーク近くのミッドタウン地区にある自宅からソーホー店の建物内にあるオフィスまで毎日、徒歩で通うことだ。毎日、同じ道を歩く。マンハッタンの中でもこのあたりは普段ならとりわけ人通りが多い繁華街にあたる。小一時間ほどの道のりには、世界中の競合アパレルの店が軒を連ねている。通勤を兼ねて競合店を定点観測するのが目的だ。そこで微妙な変化に目を凝らす。

「なぜこのタイミングで店の装飾を変えたんだろう」

「平日の朝なのにいつもよりトラフィック（入店者数）が少ないな。なぜだろう」

こんな風に、仕事の前後に頭の中を整理するのが塚越の習慣なのだという。

その日も、同じ道を歩いていた。一日の仕事が終わり、真冬のニューヨークはすでに日が暮れていた。忘れもしない2021年1月31日の夜のことだ。この日のニューヨークは午後から雲が広がり、気温は氷点下5度を下回っていた。厚手のアウターを着込んでいても顔には冷たく乾いた真冬の空気が突き刺さる。

そこで、思わず足が止まる。

塚越が毎日歩くルートに含まれていたのが、エンパイアステートビルを間近に見上げる34丁目店だった。8つの大きなウインドーが特徴的なデザインとなっている。通りに面する1階のウインドーからは店の中が見渡せる。

そこには、足元から天井まで積み上げられた「圧倒的な陳列」はなく、ガランとした空間が広がっていた。

初めての海外勤務に胸を躍らせてニューヨークにやって来たのが、この日から10年前のこと。手塩にかけて育てたはずの34丁目店を、自らの手で閉めた。後片付けがほぼ終わったその店を通りから眺めて、塚越は決意を新たにしたという。

「あの時、オープンの日に何百人というお客さんが並んでくれたことを思い出しました。でも、ノスタルジーに浸るヒマはない。残された店にどうやって集客するか」

「決意しました。やっぱり店を出したら閉めてはいけないということを。そこには働く人たちがいる。これは未来に二度とやってはいけないことだと」

そのために残された店でどう勝負していくか――。そう考えを切り替えることでしか、前には進めない。こんな作業を続ける一方で、塚越は残る43店舗のすべてに足を運び、マーケティング戦略を再構築していった。店ごとに出す広告バナーはどこに打つのが最適なのか、ひとつずつ地図に落とし込んでいく。

パンデミックの終焉はすぐ目の前に近づいている――。柳井もポストコロナのタイミングで羽ばたけるかどうかが、ZARAやH&Mと競う世界の頂上決戦に直結するとハッパをかけ始めていた。

反撃宣言

そしてパンデミックが去った2022年8月通期決算で、アメリカ事業を初めて黒字に転換させた。その勢いを定着させるべく、塚越は「5つの成長戦略」を打ち出した。

毎年30店を新規にオープンさせ、カナダを含めて5年で200店舗体制を築く。ネットとリアル店舗の融合を進める。少数精鋭のチームを築く、サステナビリティー活動を推進する。グローバル機能の一翼を担う――。この5つだ。

「ピンチはチャンスだと、全員が未来に向かって取り組んできました」

初めて決算記者会見の場に登壇した塚越は、記者やアナリストたちにこんなことを語りかけた。それは挫折続きだったアメリカ事業で、ついに反撃に打って出るという宣言だった。

ここまで述べてきた通り、ユニクロのグローバル展開にとって最大の難関だったアメリカ事業は、何度も失敗を繰り返し、撤退の瀬戸際まで追い込まれながらようやく成長軌道を描き始めた。

柳井にとって重要なのはかつて銀天街のペンシルビルで描いた世界一への構想が現実味を帯びてきたということだけではないだろう。

あの日から30年――。ようやく世界で戦える人材がユニクロの中で育ち、彼らがその最前線を揺り動かし、ユニクロを進化させるまでになってきたのだ。

おぼろげでしかなかった世界の頂点が、はっきりと見えてきた。ただ、これでユニクロの進化が終わったわけではない。柳井は経営者人生の最後の挑戦へと打って出た。

それは広島の裏通りで始めた「カジュアルウエアの倉庫」から、香港で出会ったＳＰＡの国際分業へと進化し、時代を経るごとに姿を変えてきたユニクロにとっても過去最大の挑戦と言えるかもしれない。

柳井が唐突に宣言したのが、「情報製造小売業」への転換だった。

第11章

進化

情報製造小売業への
破壊と創造

有明プロジェクト

ニューヨークで塚越大介とともに北米事業の再建に奔走していた日下正信に帰国が告げられたのは2015年春のことだった。

日下が任された5番街の巨大店は軌道に乗り、悲願の北米黒字化に向け、そして5番街などマンハッタンの旗艦店だけに縮小してしまった店舗網の再攻勢に向け、「さあ、これから」というタイミングでの内示だった。

日本の店舗を渡り歩き、ユニクロ大学で学ぶ中国の若者たちの姿に刺激を受けてロンドンに渡ってから、すでに10年以上が過ぎていた。TOEICが320点でほとんどしゃべれなかった英語もずいぶんと上達した。苦戦が続いてきたユニクロの海外展開で多くのことを学び、貢献してきた自負もある。

(なのに、なぜ今?)

志半ばというのが正直なところだった。

「電話で帰国してくれと言われた時はショックでしたね。後ろ髪を引かれる思いです。やり残したことがいっぱいあるなと思っていたので」

では、会社は日本に帰ってなにをやれというのか。日下に告げられたのが「有明プロジエクトをやって欲しい」だった。

「え、有明っすか？」

日下にとってはいまいち要領を得ない話だった。

「有明って、あの新しく作る倉庫のことですよね」

ユニクロはこの半年ほど前の２０１４年10月に、大和ハウス工業と共同で有明に巨大倉庫を作ると公表していた。その延べ床面積は11万平米を超える。東京ドームに換算すれば2・4個分に相当する広さになる。この倉庫ひとつで首都圏の店の服を一手にまかなえるほどの超巨大倉庫だ。

まだ全容は明らかにされていないが、単に大きいだけでなく自動化技術をふんだんに取り込んでユニクロが描く次世代物流システムの中核的な拠点にしようという狙いは、社内からも伝わってきていた。

実際にニューヨークから帰国した日下がその建設現場に立つと、従来とはまるで規模が違う「お化け」レベルの規模の倉庫を建てようとしていることが理解できた。

東京湾に面した海辺の場所にあり、橋を一本渡ると当時は築地から移転が計画中だった豊洲市場の建設予定地が広がっている。すぐ目の前にはレインボーブリッジが見える。

そこにあるのはそれだけだ。海辺のだだっ広い土地の周囲にはこれといった施設もない。東京湾の海を挟んだ対岸には都心の高層ビルが連なっている。なるほど、巨大倉庫を作るには申し分のない場所なのだろう。

会社が本気で物流改革に取り組もうとしていることは理解できた。でも、店舗一筋で歩んできた自分がなぜ、その担当なのか。そもそも本社には物流部という部署だってあるのに……。

そんなモヤモヤに答えたのが柳井だった。

「日下君、君は有明の店長だ。有明は世界最大の店になるんだ」

これには面食らった。

(え、店長？　有明の？　どういうこと？　そもそも有明って店じゃないでしょ、倉庫でしょ)

すると、さらに謎な言葉が柳井から飛んできた。

「いいですか、有明プロジェクトというのは全社の働き方の改革なんです」

なぜ倉庫が働き方改革なのか……。巨大倉庫が店になってそれが働き方を変えるって、どういうこと？

日下は「まったく意味が分からなかった」と振り返るが、その場で柳井に真意を聞くことはなかった。自分の中で単語のひとつずつが結びつかず、まったく整理がつかなかったからだ。

柳井に代わって当時の上司が日下にその意図を説明してくれた。

「言っておくけど、物流部に入ってくれという意味じゃないからな」

その上司が言うには、有明プロジェクトは確かに倉庫が起点だが、その全貌はEコマースやリアル店舗から得られる膨大な情報をもとに会社の仕組みを「まるごと作り替える」という壮大な取り組みをイメージしているのだという。そうなると社員の働き方も変わってくるだろう。だから、有明プロジェクトは働き方改革なんだ、という。

「それを実行するためには商売や店のリアルな部分がないと完成しない。そうじゃなきゃ血が通わないということだ。だから、お前なんだよ。だから有明の〝店長〟なんだ」

そう言われて、柳井とユニクロがこれからどんなことに挑もうとしているのかが、ようやくうっすらと理解できてきた。

モバイル・インターネットの衝撃

どうやら有明プロジェクトのキーワードは「倉庫」や「物流」ではなく「情報」らしい。ユニクロが持つ服に関する膨大な情報。それを日々の商売と直結させるのだ。そう考えると、日下には思うところがあった。ニューヨーク5番街の店長として奮闘していた頃のことだ。2010年代も半ばに差し掛かると、マンハッタンの風景が変わりつつあることに気づかされた。

通りからは書店や家電ショップが次々と姿を消していき、いつ見ても大量のイエローキャブが走るマンハッタンでさえ青いシェアバイクが行き交うようになっていた。ニューヨークは昔からのタクシー天国だったはずが、ウーバーのようなライドシェアも幅を利かせるようになっていた。

「それまで見たことも聞いたこともなかった新しいプレーヤーが現れたと思ったら、あっという間にゲームをひっくり返し始めたということです。それって、アパレルで起きない保証なんてないよなと考えるようになりました」

私も同じ時期にニューヨークに駐在し、日経新聞のオフィスは5番街店から2ブロックの場所にあるため、まったく同じ風景を目にしていた。家電のラジオシャックは経営破綻しベストバイも規模を縮小していた。シェアバイクは瞬く間にニューヨーカーの足となり、私もほぼ毎日利用するようになっていた。

インターネットが我々の生活に浸透し始めたのは1993年のことだ。この年、スイスの欧州合同原子核研究機関（CERN）がワールドワイドウエブを無償で解放し、アメリカでは世界初の商業ブラウザである「モザイク」が誕生した。そして、2007年にアップルがiPhoneを発売するとインターネットはモバイルへと進化し、手のひらに収まるものになったのだ。

破壊的イノベーションというものはイノベーションの連鎖を生むことを意味する。それまでは存在しなかったアプリの経済圏が爆発的に広がり、その結果、スマホを指先で操作するだけで人もモノもカネも簡単に動く時代が到来した。そんな時代の夜明けがちょうど日下が5番街をオープンさせた時期と重なっていた。

スティーブ・ジョブズは「電話を再発明する」と言ってこの小さなデバイスを世に送り込んだのだが、そのインパクトは巨大なものだった。モバイル・インターネット時代の誕生を告げるｉＰｈｏｎｅというマシーンは、電話どころか世界中のありとあらゆる産業を再定義していったのだ。

「戦う相手が変わった」

日下はふと、5番街で過ごしたある日のことを思い出した。

「なあノブ、このままいくと俺の仕事って将来どうなると思う？」

日下にそう聞いてきたのは現地でＶＭＤを担当する現地の幹部だった。ＶＭＤとはヴィジュアル・マーチャンダイジングのことで、店舗のデザインの責任者のことだ。店作りの中核を担う重要なポジションである。

「うーん……、悪いけどなくなるよね」

「じゃ、ノブの仕事は？」

日下がしばらく考えて答えた。

「……なくなるな」

ない。

「じゃ、俺たちどうするよ?」

「さあ、どうすればいいかなぁ……」

思わず失笑したが、しばらくすると会話がなくなった。どうすると言われても、答えは

その日も5番街店にはひっきりなしにお客が入ってくる。中二階に併設したスターバックスの席もいつものように埋まっていた。平日だろうが休日だろうが、この店からは客の姿が途切れることがない。

目の前の風景だけを見ると、ユニクロの旗艦店から仕事がなくなる未来予想図にはいまいち現実味がないように思える。だが、店の外に一歩踏み出した時に見える風景は確実に変わりつつある。そう考えると、やはり不都合な未来が妙に現実味を帯びてくる。

「俺たちの戦う相手が変わったんだ」

そう思わざるを得ない。これまでは同じ目抜き通りに並ぶZARAやH&Mの背中を追いかけ続けてきた。もちろん今でも彼らが巨大なライバルであることに違いはない。だが、世界は思いのほか急速に変わりつつある。

新しいライバルが今、目の前にある風景に存在するという保証はどこにもない。むしろ今は存在しない可能性のほうが高い。

ゲームチェンジャーというものは予想もしない場所で誰の目にもつかずに産声を上げるものだ。かつて宇部の銀天街の紳士服店がユニクロを生み出し、アパレル産業の景色を変

えていったように。

あの日の何げない会話が急に日下の脳裏に浮かんだのは、「その時」がいよいよ迫っていることを思い起こさせられたからだ。実際、その後に中国のＳＨＥＩＮ《シーイン》のような新たなライバルが登場することになる。


重要なのは運命の選択だろう。会社を主語にすれば、イノベーションの波に呑み込まれるのか、それともイノベーションを先導していく側になるのか、そのどちらかという選択になる。なすべきことはもちろん後者だ。

日下にはジレンマがあった。ユニクロで世界最大の規模を誇るニューヨーク5番街店でさえ在庫には限りがある。高い賃料を払っているにもかかわらず営業時間も限られる。もっと言えば、リアル店舗ではお客には店に来て買ってもらうしかないのだが、そのお客の本当の姿というものが見えてこない。どんな人がどんな商品を何時ごろにどれだけ買ってくれているのか、その時の気温や天気はどうか。その実態がリアル店舗では見えてこない。

ところが、Ｅコマースになった途端に、このジレンマはすべて解消することになる。

「商売というのは毎日変わっていくんです。同じ商品でも時期や場所によって売れ方がガラッと変わる。でも、お店で得られる断片的な情報からでは『なぜ』が分からない。仮説を立てて売るというのは商売人の腕の見せ所だけど、それはこちらのエゴかもしれない。お客様に満足していただくということが一番大事なので。そのための『なぜ』が分かれば打ち手が見えてくる。打ち手が違ってくるんです」
それを実現するためのツールがデータという新たな武器というわけだ。

情報製造小売業への進化

では、世界を覆う情報産業というイノベーションと、古くから人類が手掛ける「衣」をどう結びつけるのか。その究極の形をひと言で表現すれば、次の言葉になる。

「つくったものを売るのではなく、売れるものをつくる」

服の商売を時系列で並べると、新しい服の企画やデザインから始まり、それを支えるサプライチェーンを築き、ユニクロの場合は海外の協力工場に作ってもらい、自社の店で売っていく。そんなサイクルをこれまでに何度も何度も回し続けてきた。

情報との融合が意味するのは、このサイクルの流れを根本的に変えるということだ。お客のニーズをリアルタイムで吸い上げることから始まり、それを即座に服づくりに生かし、必要とされる服だけをデザインし、必要とされる分だけを生産していく。つまり、服の商売の時系列を「お客様」から始まるように作り替えるのだ。

これが実現できればお客が本当に必要とする服だけを常に提供することができ、無駄な服を作らずに済む。環境にやさしく、工場や売り場にかける負荷も最小化することができる。当然、売り時を逃す機会損失が減り売り上げと利益の増大にもつながるだろう。

もちろん、これは理想の話だ。現実にはなかなか「必要な服を必要なだけ」とはいかないものだ。だが、理想に近づけることは可能なはずだ。

こんな理想に基づいたビジネスモデルを、柳井は「情報製造小売業」と呼ぶことにした。SPAに「情報」という概念を融合させることで生まれる新しいアパレルの形だ。

ユニクロはここまでいくつもの進化を経験してきた。本書では何度か触れているが、もう一度簡単に振り返ろう。

第1形態は1984年に広島のうらぶくろで生まれた「カジュアルウエアの倉庫」だった。世界中のアパレルからカジュアルウエアをかき集めた倉庫のような店がユニクロの原点だ。

第2形態はロードサイド店の誕生だろう。それまでは駅前の一等地に競って出店していたアパレル店というものの常識を覆すものだった。

そして第3形態は香港で「発見」したSPA(製造小売業)への進化だ。香港や中国本土、そして東南アジアで出会った華僑たちとの絆をもとに、柳井は服の国際分業サプライチェーン網を築いていった。

ユニクロは短い時間で進化を繰り返してきたわけだが、すべてが順調だったわけではない。ハロルド・ジェニーンの著書『プロフェッショナルマネジャー』に触発されて世界一という「終わり」から逆算する野望を抱いたものの、メインバンクの広島銀行からは一笑に付された。

東京に進出した直後に見たフリースブームの天国と地獄。そして海外の主要国に出るたびに経験してきた数々の挫折。「ユニクロとはなにか」という根源的な問いに立ち戻ることによって突破口を開き、ついにはグローバルブランドへと駆け上がってきた。

その先に柳井が目指したのが、これまでに築き上げてきたすべての商売のサイクルを見直すような情報製造小売業という新しい形態への進化だった。ＳＰＡはアメリカのＧＡＰが１９８６年に掲げた言葉であり、柳井はその成功モデルを踏襲したわけだ。

だが、この先は違う。

情報製造小売業というユニクロ発の新しいビジネスモデルを世に問うのだ。従って、その呼び名にもこだわりを込めた。ＳＰＡは「Specialty store retailer of Private label Apparel」の略だが、情報製造小売業は「Digital Consumer Retail Company」と自ら定義した。

ただし、全く新しいアイデアかといえば、実はそうではない。情報製造小売業によって目指す場所は、実は以前から視野の中にあったものなのだ。

「つくったものを売る商売から、売れるものをつくる商売へ」

この言葉を本書で最初に引用したのは第５章だ。１９９８年に柳井が始めたＡＢＣ改革の狙いが、それだ。この当時、柳井はオール・ベター・チェンジつまり「すべてをより良く変える」を掲げてようやくできあがりつつあった「SPAによるユニクロ」を全面的に見直そうとしていた。

その時に掲げたABC改革の究極形が、この「つくったものを売る商売から、売れるものをつくる商売へ」という理想像だった。

この事実が意味するのは情報製造小売業への転換でも、その狙いは全く同じだということだ。あの時に本当の意味で果たしきれなかったユニクロの完成形を、デジタル革命という産業革命以来のイノベーションの力を取り入れることによって成し遂げようというのが、柳井が掲げる情報製造小売業への転換の本質なのである。

私はこの見方をストレートに柳井にぶつけた。すると次のような言葉が返ってきた。

「その通り。（ふたつの改革の狙いは）ほぼ同じです。それはつまり、ビジネスの本質がほぼ同じだということです。そのツールがハードからソフトやデジタルになったということ。でも、経営の基本原則というのは古今東西、変わらないものなんです。そこを正面突破していく。（情報製造小売業への転換とは）そういうことですよ」

あのちっぽけな銀天街の片隅のペンシルビルで「服を通じて世界を変えてやろう」と思い描いた野望は、その当時は誰にも理解してもらえなかった。ABC改革で目指した「売れるものをつくる」という理想も、東京へ世界へと戦線を拡大する中でいつしか社員からも忘れられていった。

だが、数々の失敗を成功へと塗り替えることによって、ようやくユニクロはあの時に描いた理想を追求できる力を得たのだ。柳井自身が「最後の改革」と呼ぶ大勝負である。
ただし、ここでも失敗と直面することになるのだった。

戦友・孫正義

ところで、柳井がＡＢＣ改革で掲げた「つくったものを売る商売から、売れるものをつくる商売へ」の転換を成し遂げるためのツールが現れたと確信したきっかけは、ｉＰｈｏｎｅとの出会いだった。

ここで大きな意味を持ったのが、柳井が「戦友」と呼ぶ孫正義との接点だった。ソフトバンクは２００６年に英ボーダフォンの日本法人を買収して携帯電話に参入した。総額２兆円にも及んだ買収劇には、当初ソフトバンクの社内でも反対論が相次いだというが、社外取締役として強烈に後押ししたのが柳井だった。

「これは最後のチャンスです。むしろ買収できなかった場合のリスクを考えるべきだ」

柳井はソフトバンクでの取締役会の席でこう主張した。とはいえ、２兆円もの買収資金をどう工面すればよいのか。仮に資金が集まったとしてもリスクが大きすぎるのではないか。そんな慎重論が相次いだが、柳井はこう言って押し切った。

「ファンドにでも買われようものなら、もう終わりですよ。もう二度とチャンスはない。

これを逃したらもう二度と、孫さんが言うようなチャンスはなくなる」

柳井は孫から請われて2001年にソフトバンクの社外取締役に就任した。それ以来、孫が掲げるM&Aに関しては、ほとんど反対に回ってきたという。その理由を柳井に聞くと、こう返ってきた。

「だいたい孫さんは気が多すぎてワキが甘いんですよ。あれを買いたい、これも買いたいとね。だから僕の役割は、孫さんの耳に痛いことを言うことだと思ったんですよ」

まさに戦友ならではの役割だが、柳井はそう言いながら携帯参入に関しては強烈に孫の背中を後押しした。孫が常々語る情報産業の「胴元」のポジションを手にする意味を理解していたからだ。


孫はこれより5年前の2001年に当時はブロードバンドと呼ばれたADSL回線を全国に展開するとぶち上げた。巨艦NTTを敵に回して「ヤフーBB」の名で捨て身の無料作戦を仕掛けた結果、インターネット回線という「胴元」を押さえた。ただし、その代償は大きく、ソフトバンクは4年連続の赤字に沈んだ。

後に孫が「あれは我々にとっての桶狭間の戦いだった」と振り返る存亡を懸けた戦い。その勝負のタイミングで孫に請われて取締役となったのが柳井だった。

だが、情報産業の転変は早い。孫が仕掛けたブロードバンド戦争がようやく落ち着き、赤字解消のメドがたった頃に始まったのがモバイル・インターネットという次なる戦いだった。

実は、孫は柳井にもヤフーBBを始めた頃から「いずれモバイル・インターネットの時代が来ます」と何度も語ってきた。戦友としてそのビジョンに共感してきた。だからこそ、柳井はボーダフォンが売りに出されたこのタイミングを逃してはならないと、リスクを承知で主張したのだ。

結果、孫は博打のような大型買収を成功させて念願のモバイル・インターネットの胴元の座に近づいた。ただし、当時のボーダフォンはNTTドコモ、KDDI（au）の2強とは歴然とした差を付けられていた。ソフトバンクは「沈みゆく泥船をつかんだ」とも揶《や》揄《ゆ》された。

実際、当時はユーザーが携帯会社を乗り換えても番号を変えなくて済む「番号ポータビリティー制度」が始まる直前だった。ソフトバンクが買収したボーダフォンは、他社がシェアを奪いに来る際に格好の草刈り場になると目されていた。

いきなり訪れたピンチ――。孫が打開のための手掛かりを求めたのが、海の向こうの盟友だった。孫は旧知のスティーブ・ジョブズに直談判してモバイル・インターネット時代の幕を開いたiPhoneを手に入れた。日本での独占販売にこぎ着けて先を行く携帯2強の背中を猛追し始めたのだった。

ヒントを求める旅

日本にやって来た初代iPhoneを、柳井もソフトバンク取締役としていち早く手に入れることになった。ソフトバンクの関係者が目の前で初期設定を済ませると、すぐに起動した。少し触ってみると柳井は痛感したという。

「ああ、世界はこういうことになるんだな」

孫が常々口にしてきた新しいインターネットの時代の入り口が、いま手の中にある。柳井はその出来栄えに感動した。例えば、操作の仕方が分からなくなるとホームボタンを押せばスタートに戻る。日本のケータイに一心同体のように付いてきた分厚い取扱説明書など存在しない。触っているうちに誰でも操作の仕方が分かるような工夫がなされているからだ。

柳井の場合は、そもそも普段はケータイというものを使っていなかった分だけ、その完成度の高さをすんなりと理解できたのだろう。この時に直感したのが、この小さなデバイスがやがて世界の産業の形を変えるディスラプター（破壊者）になる近未来だった。その破壊の波が及ぶのは、ユニクロが存在するアパレル業界も例外ではないだろう。

「ああ、これは電話じゃない。これは世界を変えるなと思いました。これがお店になるんじゃないかなということです。すべてがここにつながっていく」
この時に受けた衝撃が、情報製造小売業への転換を志す原点だったという。

ここまでに何度も触れてきた通り、柳井正という経営者は貪欲にヒントを「外」に求め続ける人だ。紳士服店を切り盛りしていた時代には年長のルートセールスたちを自宅に招いてマージャンをしながらヒントを聞き出そうとした。

銀天街の社長室や自宅にうず高く積み上げた書籍から、広く古今東西の知恵を学ぼうとしてきた。マクドナルド創業者のレイ・クロック、『プロフェッショナルマネジャー』のハロルド・ジェニーン、松下幸之助、本田宗一郎、経営学者のピーター・ドラッカー……。影響を受けた人物を数え上げればキリがない。読むだけでなく自分なりに解釈して実践に移してきた。

成功のヒントはなにも、書籍の中だけに存在したわけではない。

ユニクロのヒントもアメリカの大学で見た大学生協のような店だし、SPAの発見は香港の小さな店だった。たまたま手に取った一枚1500円ほどのポロシャツを作ったジョルダーノという現地企業の創業者に直当たりして、SPAというビジネスモデルを学んだ。

それからもことあるごとに「外」にヒントを求めてきた。その姿勢は貪欲そのものだ。世界展開で苦戦が続いていた頃に旗艦店戦略の着想を得たのは、柳井が尊敬する商売人と言う米リミテッドの創業者からだった。

柳井が成長の糧としてきた「外の知恵」はアパレル業界に限ったことではない。早くから関心を持ち続けてきたのが、シリコンバレーで勃興するデジタル革命だった。まだ銀天街のペンシルビルにいた頃からコンピューター関連の本や雑誌をむさぼり読み、「これは」と思う人物を訪ねて回っていた。ちなみに最も影響を受けたのが、日本では1994年に発売された『コンピュータ帝国の興亡』という本だった。

パソコンの「デルモデル」で一世を風靡《ふうび》したマイケル・デル、マイクロソフト創業者のビル・ゲイツ、スティーブ・ジョブズの後を受けてアップルを成長に導いたティム・クック、グーグルを傘下に持つアルファベットを率いるスンダー・ピチャイ、ツイッター創業者のジャック・ドーシー……。まだ見ぬ知恵を求めて会いに行った起業家は数知れない。

孫との出会いもその中で巡ってきた。

ファーストリテイリングとソフトバンクは同じ時期に上場を果たしている。上場企業に与えられる証券コードはファーストリテイリングが9983で、ソフトバンクが9984だ。連番になったのも何かの縁と、柳井は野村証券に仲介をお願いして孫に会いに行った。

柳井が関心を持っていたのが、当時ソフトバンクが掲げていた日次決算システムという管理手法だった。日々の売り上げはもちろん経費や在庫、人件費、社員一人当たりの利益率などを毎日計算してははじき出していく。孫は当時よくジェット機がオートパイロットで空を飛ぶ様子を経営にたとえていた。計器類を見ていれば安全に飛ぶことができるように、日次決算で上がってくる数値を見ていれば経営を間違えることはない、と。

このシステムを可能にしたのが社内LANとパソコンによる管理システムということで、孫は初対面の柳井にも「すぐにできますよ」と豪語したが、柳井によると「聞くのと実際にやってみるのとではかなりの違いだった」。結局は1年ほどをかけて取り入れたのだという。

化学反応

話を有明プロジェクト、いや、情報製造小売業への進化を託された日下に戻そう。日下には有明プロジェクト推進室部長という肩書が与えられたが、それは実質的にたった二人の部署だった。

日下の相棒となったのが田中大《だい》という男だった。年齢は日下より8歳下で、P&G(プロクター・アンド・ギャンブル)を経てファーストリテイリングに入ったのだが、まだ入社して2年ほどだという。出店開発部という部署でグローバルの店舗展開をサポートしていたところ上司にあたるCFOの岡崎健から「今度、有明に倉庫を作ることになったから」と言われて有明プロジェクトを担当することになったという。

当初は「Eコマース用に新しい倉庫を作るのか」という程度の認識だったが、情報製造小売業への転換という柳井が描く有明プロジェクトの全容を徐々に理解していくことになる。「つくったものを売るから売れるものをつくる」への改革。それを実現するためには、柳井の言葉を借りれば会社の仕組みを「リレーからサッカーに変える」必要がある。

これまで服の企画からデザイン、生産、物流、販売とリレー方式でつないでいた働き方を刷新するのだ。お客が思う『こんな服が欲しい』というゴールが膨大なデータからはじき出されると、そこに向かうために全社が連動して動くサッカーのようなチームプレーが求められるという意味だ。その司令塔に、なぜか入社したばかりの田中が指名された。理由は田中自身にもよく分からない。

それは日下も同じだ。二人はニューヨーク5番街店の店長と東京本社の出店開発部の社員という関係で薄い接点はあったものの、それほど互いをよく知っているわけでもない。そして二人ともデジタルの専門家でもない。

なぜ柳井が情報製造小売業への転換というユニクロが始まって以来最大ともいえる改革の司令塔にこの二人を起用したのか。柳井に聞くと、こんな答えが返ってきた。

「まず若いということ。面白い組み合わせでしょ。やっぱりイノベーションを起こそうとしたら『こいつらを一緒にしたらケンカするんじゃないか』という人たちを一緒にしないとうまくいかないよね。あえて矛盾をぶつける。そうやって何度かに一度は昇華する。イノベーションとはそういうものです」

「僕は見ていますからね。誰がなにをやっていてどういう人かということを。そういうことを常時見て考えているんですよ」

田中については理路整然とものごとを順序立てる力に優れるのに加え、「ソフトウエアのことを概念としてよく分かっている」と評する。一方の日下に関してはやはりロンドンやニューヨークでの働きを評価していたようだ。「彼はニューヨークのど真ん中にある世界最大の店の店長をやってきた。（有明プロジェクトは）それと同じこと。その精神を守ってやってくれということですよ」と言う。

これには海外展開で辛酸をなめてきた経験が大きな意味を持っているのだろう。ロンドン、上海、ニューヨークで連戦連敗となったのは、海外に「ユニクロのようなもの」を作ってしまったことが最大の原因だった。形だけユニクロにしても、仏作って魂入れずではなにも変わらないことを嫌というほど経験してきた。

そもそもユニクロのすべてを詰め込んだ売り場には、商売のすべてが存在するというのが柳井の哲学だ。

「売場とは小売業にとっての唯一の収益実現場所」
「売場とは社員全員の鏡。自分と自社の真の姿が映る」
「売場とは成績表」
「売場の基準とは一番厳しいお客様の基準」
「売場には『あなた』という人の姿勢が表れる」

柳井は日ごろから、こんな言葉でユニクロの販売現場のあるべき姿を社員たちにも伝えてきた。そのDNAを現場でたたき込まれ、海外に伝えてきた経験のある日下と、売り場で汗を流した経験がなくまっさらな目でユニクロを見ることができる田中。この二人の化学反応に柳井にとって最後の改革を託したのだが、そのもくろみは当初から大きくつまずくことになった。有明プロジェクトの第一歩であるはずの物流が破綻したのだ。

これまでユニクロは進化を遂げようとするたびに、必ずと言っていいほど「引き算」に直面してきた。この時もそんな経験則をそのまま踏襲してしまった。

物流崩壊

「なんでこんなに現物欠品が出てくるんだ」

2016年春に有明の倉庫が動き始めてしばらくたつと、異常事態が頻発するようになっていた。有明が全面稼働するのは1年後の2017年2月になるが、それに先立ち慣らし運転的に徐々に稼働したのだが、問題はそのさなかで起きた。

インターネット経由でお客が服を注文すると、サイトの上では在庫があるはずなのに実際の倉庫には存在しない。すると自動でキャンセルが通知されてしまう。毎年秋に行う感謝祭というユニクロにとって一年間のうちで最大の商戦を迎えると、この現物欠品問題が急増し、カスタマーセンターに苦情の電話が殺到するようになってしまった。

どれだけ在庫データを擦り合わせても実際に倉庫に存在する服の数字と一致しない。出荷バースの数、入庫のキャパシティー、棚からの引き出し数、出庫バースに入る服の数……。本来は一本の線のようにきれいにつながっていないければならないはずのデータが、どこかで狂ってしまっている。せっかく有明で巨大倉庫を稼働させたにもかかわらず、余分に倉庫を確保するという本末転倒な事態に追い込まれた。

「ＩＴ部門とＥコマース、倉庫の３つで毎日データを擦り合わせるけど、『なにかがどこかでずれている』の繰り返しです。色々なところにバンドエイドを貼り付けるような。それでも在庫の数字が合わない。その結果、お客様に迷惑をかけてしまう。もう、最悪ですね」

日下によると、原因は有明倉庫の稼働と同時期に掲げた「Ｅコマース本業化宣言」に間に合わせるための突貫工事にあったという。

ユニクロがインターネット販売を始めたのはフリースブームのただ中だった２０００年に遡る。日本の小売業としては早くから着手しながら依然として５％ほどにとどまっていた売上高におけるＥコマースの比率を、早々に30％に高めようという目標を掲げたのが、この頃だった。そのために必要なシステムの構築をインドのＩＴ会社に外注してしまっていた。

ただし、本当の原因はこのインドの会社の技術力にあるわけではない。ここも日下の反省の弁を引用しよう。

「そもそもベンダーに丸投げするところがダメなんです。運営する側の我々がどういう指標を持ち、どんなことを実現したいのか。それを具現化しないとシステムを作る方も作れないということです」

要は「仏作って魂入れず」、である。現物欠品問題の原因はユニクロの姿勢そのものにあるというのが日下の結論だった。それに、問題はシステムだけではなかった。急ごしらえで有明倉庫のオペレーションを自動化したものの、ここでもやはり突貫工事の域を出なかったことも事実だ。

例えば、配送に使う服を詰める箱。いくつかの大きさの箱があるのだが、一番大きな箱だけが自動化されていなかった。感謝祭で秋冬物の発注が急増するとどうしてもかさばるアウターの取扱量が多くなるため、この一番大きなサイズの箱を使う頻度が跳ね上がる。すると、ここの作業が全体のモノの流れを滞らせるボトルネックとなってしまう。こんなところにも目配りが足りていないのが、この当時のユニクロの情報改革の現状だった。

「もう一度ぶち壊す」

柳井にとってもショックは大きかった。折しも、有明倉庫が稼働する直前の2015～16年の秋冬物商戦では暖冬の影響もあって業績の下方修正に追い込まれたばかりだった。柳井は当時の記者会見で「点数をつけるとしたら不合格。30点です。会社の規模が大きくなって成長ではなく膨張している。組織のあり方や仕事のやり方を変えます」と宣言したばかりだった。そのための秘策として水面下で進めていた情報改革が、出足からつまずいたのだ。

「あの時、(物流が)混乱し始めた時に報告と実際に起きていることが違うと気づいたんですよ」

柳井の目に、病巣は単なる物流の問題とは映らなかった。そこにはユニクロが抱えるもっと大きな病が見え隠れしていたという。

「このままでは報告の文化になってしまう。大企業になるとだんだんそうなってしまう。それをぶち壊して(もう一度)実行の文化に治していかないといけない。そのためにはもう一度ぶち壊して、新しいものを作っていく。それをこの時に痛感しました」

つまり、情報製造小売業への転換という大改革がいきなりコケた本当の原因はシステム開発や倉庫の設計といった些末な問題ではなく、大企業病というもっと大きな問題だと捉えたのだ。

柳井はあわてて旧知のNTTデータ社長に電話を入れてシステムを一から作り直していったが、この時に「これが最後の改革になる」といよいよ腹を固めたのだという。

ただし、その危機感がピークに達したのは、実は2016年にユニクロを襲った物流の混乱ではなかった。その翌年の2017年11月の感謝祭でてこ入れしたはずのシステムが停止する事態に追い込まれてしまった。1年間で最も大切な時期に丸一日、ネット販売が停止してしまったのだ。

有明プロジェクトが始動し最初に物流が混乱してから1年ほど。その間に自社の物流部を解体してしまい、物流大手ダイフクの力を借りていわゆる倉庫のマテハン（運搬作業）を全面的に見直していた。ようやく倉庫の問題を乗り越えたと思っていた頃に再び、ユニクロはつまずいたのだ。

すると柳井は日下たちにこんなことを命じた。

「アリババに行って教えを請うてこい」

ジャック・マーへの疑念

中国で最大のEコマース企業にのし上がったアリババ集団創業者のジャック・マー（馬雲）とは、ソフトバンクの社外取締役として旧知の仲だった。孫正義は１９９９年にアリババを創業したばかりのマーと初めて出会い、５分で出資を即決した。その後も大株主としてマーとは深いつながりを持ち、２００７年にマーをソフトバンクの社外取締役に招いていた。

マーは中国のみならず世界的に見ても立志伝中の人と言っていいだろう。幼い頃に生まれ育った杭州の名勝・西湖を訪れる欧米からの観光客に片っ端から話しかけてガイドを買って出て英語の腕を磨いた逸話は、中国では広く知られている。大学や夜間学校で英語講師をしながら貯めた資金で起業したマーは、アリババを中国を代表する巨大企業へと育て上げていった。

ユニクロも2009年からアリババを通じて中国でネット販売を展開してきた。2015年には新興勢力の京東集団《ジンドン》（ＪＤ）への出店を決めながら、柳井の鶴の一声によってわずか3カ月で京東から撤退してアリババ一本に絞り直したこともあった。このことから当時はユニクロとアリババの蜜月関係がさかんに報じられた。

ただし、ソフトバンクの取締役会を通じてマーの言動を間近で見てきた柳井は実は、マーのことを経営者としてまったくと言っていいほど評価していなかった。孫にも「ジャック・マーとは縁を切るべきだ」と何度も助言したという。マーへの疑念は柳井が私の取材で、初めて明らかにしたことだ。

「彼は自分の都合しか言わない。ソフトバンクの取締役会でもほとんど（意味のある）発言をしない。そんなのないよね」

マーへの疑念を深めたのが、2014年に設立されたアリババのフィンテック子会社、アントフィナンシャルの経営権を巡る問題だったという。アントはアリババの金融部門として瞬く間に巨大フィンテック企業へと成長していったが、その株式の過半を握るのはマー個人だった。「個人の会社として自分の利益にしようとしたことに、僕は腹が立った」と柳井は振り返る。

実は京東集団への出品は中国事業を預かる潘寧が決めたのだが、柳井はそれでは先に商売を始めていたアリババに対して筋が通らないと言って撤回させたのだという。たとえ認められない相手が率いる会社であっても、パートナーとしての筋を通さなければ商売人としての信義にもとると判断したのだ。

アリババが世界有数のEコマース企業として君臨していることは厳然とした事実だ。事実には真正面から向き合う必要がある。だから、個人的に認めない相手に対しても教えを請うたのだった。

アリババの教え

アリババの本社がある杭州に飛んだ日下は、ユニクロのEコマースの現状を率直に伝えた。日下は私の取材に対しては「社外秘なので詳しくは言えないですが」と言い、詳細は明らかにしなかったが、中国の消費がピークに達することで知られる11月11日の「独身の日」に向けてどんな準備をしているのかを子細に学んだという。

「今、自分たちがシステムのどこにボトルネックを抱えているのか。それを11月11日に向けてどう改善していくのか。その可視化が徹底していました」

その学びをユニクロの現状と照らし合わせるとひとつの答えに達した。「やはりプラットフォームは自分たちで作らないといけないということです。誰かに任せてしまうとブラックボックスができてしまう」。こうしてユニクロはデジタル・プラットフォームを内製化するところから情報製造小売業の仕切り直しに着手した。

プラットフォームを内製化することに決めたユニクロだが、情報革命というものは1社では成り立たない。数多くの仲間を募りエコシステム（生態系）を築き上げることがデジタルという新しいフィールドで勝ち残る条件となる。

これはユニクロの情報革命のきっかけとなったｉＰｈｏｎｅを例に取るのが最適だろう。スティーブ・ジョブズが「電話を再発明する」と言って披露したｉＰｈｏｎｅを初めて見たとき、多くの人々がマシーンとしての完成度の高さに目を奪われた。パソコンで広まっていたインターネットの世界を手のひらに収めてみせたのだから、当然だろう。

だが、ｉＰｈｏｎｅの本当のすごみは機械そのものではなく、ｉＰｈｏｎｅという機械を中心にソフトウエアのエコシステムを意図して築き上げた点にある。あたかもｉＴｕｎｅｓという強烈な引力を発するブラックホールに吸い込まれるかのように、世界中のソフトウエア会社が競ってｉＰｈｏｎｅの上で動くアプリを作り、供給し始めたのだ。

ジョブズがその美しさにとことんこだわって完成させたｉＰｈｏｎｅというマシーンは、最初からこのエコシステムを築く目的で世界にばらまかれたデバイスだと言っても過言ではないだろう。つまり、ジョブズはｉＰｈｏｎｅを中心とするアプリのエコシステムを築くための仕組みを作り上げたのだ。そのためにｉＰｈｏｎｅに先立ち、音楽デバイスのｉＰｏｄからアプリ経済圏を創り上げていった。

つまり、ｉＰｈｏｎｅの本質はハードではなくソフトのエコシステムにあるということだ。今となっては広く認知されていることだろうが、これをｉＰｏｄの時代から何年もかけて周到に準備して築きあげていった過程こそが、ジョブズによる最大の発明だったと言えるだろう。すさまじいビジョンの力と実行力である。

ｉＰｈｏｎｅの話が長くなってしまったが、ユニクロも情報革命のパートナーを「外」に求めていった。例えば、情報製造小売業の起点となる「売れる服」を占う需要予測の技術では、この分野のＡＩでは世界の先端を走るグーグルと手を組んだ。

ソフトバンクというレンズを通じて情報産業を見つめていた柳井はグーグルが持つ「世界中の情報を扱おうという目標の高さ」を高く評価していたという。「やっぱりこの会社と真っ先に組むべきだと思いました」。シリコンバレーにあるグーグルの本社を訪れて自ら提携を持ちかけた。

紀州のエジソン

これまではアジアの協力工場に委ねてきたものづくりでも新機軸を求めていった。その代表例が、編み機をつくる和歌山の島精機製作所との協業だろう。

和歌山市内に広大な敷地を持つ島精機は、創業者の島正博が一代で築き上げた世界的な編み機メーカーだ。数々の編み機を自ら開発し「紀州のエジソン」の異名を取る島はまさに裸一貫でその地位を築き上げてきた。

小学生の頃に和歌山を襲った空襲で焼け出され、近所の寺の墓地に立つ角塔婆を引っこ抜いて柱にして作ったバラック小屋で雨風をしのいだという。父は戦争で亡くなり、中学生の頃から生家の隣にあった編み機の修理工場で働きながら考案した軍手のパーツをつなげる「二重環かがりミシン」を皮切りに、次々と独創的なアイデアを編み機に落とし込んで立身出世を遂げていった。

ユニクロとも付き合いは古く、柳井がＳＰＡに進出してしばらくたった頃に自社の機械を使う香港の新興企業を紹介したことが始まりだったという。

その島が１９８７年に世界を襲ったブラックマンデーを機に求め続けたのがニット製品の消費地生産だった。まだ世界のアパレルメーカーが安い労働力をアジアの工場に求めていた時代に、いずれ服を大量消費する先進国で服を作る時代が来ると予見したのだ。

これはアパレル産業の常識を疑う発想と言っていいだろう。18世紀半ばに英国で始まった産業革命は綿織物の技術革新が起点となったが、やがて社会全体の工業化が進むと服の生産は労働集約的な仕事と分類されるようになり、工場は安価な労働力を提供する発展途上国に置くのがアパレル産業の常識となっていた。ユニクロが築いてきたＳＰＡもそんな

「公式」の上に成り立ってきたビジネスモデルと言っていいだろう。

だが、そんな常識がこれからも通用するだろうか。株式市場の大暴落というブラックマンデーに端を発する世界的な経済システムの混乱を見つめながら島が疑問視したのがそんな常識だった。

いずれ服は消費地で作られるようになるのではないか——。その予感が現実になれば安いところで作り購買力がある消費地で売るというSPAの国際分業の前提が揺らぐことになる。そんな未来に適応するためには安い労働力を前提としない機械が求められる。

こんな発想のもとで島が創り出したのが、ホールガーメントという横編み機だった。糸から一着丸ごと自動で服を編み上げていく機械だ。パーツごとに布を縫い合わせる必要はない。これがあれば人の手で各パーツを縫い合わせる縫製工程などが不要になる。

この画期的な機械を、島は1995年に開発した。その後も改良を重ね、イタリアのベネトンなど世界の高級ブランドに採用されていった。

柳井もその実力を認めた。初めて島精機のホールガーメントで編み上げられたニットの服を目にしたとき、おもむろに虫眼鏡を取り出してまじまじと細部に目を通し、「これからは島精機の編み機を入れている工場としか取引しない」と宣言したほどだ。

ただし、島精機は直接の取引先ではなく、あくまでユニクロが服の生産を依頼するアジアの工場に機械を納めるメーカーというやや距離のある関係だった。柳井がその距離をぐっと縮めようとしたのが、情報製造小売業への転換を掲げて有明プロジェクトを水面下でスタートさせたばかりの2015年春のことだった。生産担当の役員を和歌山の島精機本社に送り込んで提携を打診すると、柳井も和歌山に足を運んだ。

「うちは東レさんと素材でイノベーションを起こしましたが、ニットで島精機さんと新たなイノベーションを起こしたい」

こう言ってこの機械メーカーに提携を持ちかけた。こうして両社が立ち上げたのが、島精機が誇るホールガーメントを駆使する合弁会社「イノベーションファクトリー」だ。

ユニクロの販売店から入ってくるニット製品のデータをリアルタイムで分析し、お客が求めるニットの服の形を割り出していく。それをホールガーメントで即座に作って製品にしていく。まさに柳井が掲げる「売れる服をつくる」という商売への転換である。

イノベーションファクトリーは当初、和歌山市にある島精機の敷地内に工場を作ったが、消費地生産を突き詰めるためユニクロの有明に近い東京・東雲に移すことにした。

究極の選択

イノベーションの種を外部に求める一方で、有明プロジェクトが第一歩からつまずく原因ともなった物流の改革に全力をそそいだことは言うまでもない。先述のダイフクをはじめとして数々のパートナーの協力を仰いだが、その中の1社であるＭｕｊｉｎという産業ロボットスタートアップとのエピソードも、ここで紹介しておきたい。

Ｍｕｊｉｎはアメリカの大学を出てイスカルという世界的な超硬切削工具メーカーに勤めていた滝野一征《いっせい》と、アメリカ人学者のデアンコウ・ロセンが２０１１年に立ち上げた会社だ。コンピューターサイエンスとＡＩ、ロボティクスを専攻してきたロセンが構築した技術をもとに物流倉庫の無人化を実現するシステムを展開しようとしていた。

柳井との出会いは２０１８年秋のことだ。有明倉庫で破綻した物流の立て直しのためのテクノロジーを求めていた柳井に、滝野とロセンはある知人を介してプレゼンする機会を得ることができた。

滝野たちの持ち時間は30分。すでにＭｕｊｉｎが手掛けていた中国・京東集団（ＪＤ）の倉庫を改善したビデオからスタートするプレゼンを始めてから5分ほどが過ぎたあたりで、それまで黙って聞いていた柳井がぶっきらぼうにこう言って遮《さえぎ》ってきた。

「滝野さん。君はせっかくここまで会社を育ててきたのに、なぜその会社を売ってしまうんですか」

実はこの時、滝野はソフトバンクが運営する巨大ファンドからの出資を受け入れる交渉を進めていた。どうやら柳井はその事実を知っているようだった。

「それでいくら株を売るんですか」

「既存株主の譲渡分も含めて４割です」

それを聞くと柳井は間髪入れずに詰めてきた。

「だいたい君は株の大事さというのを理解しているんですか」

敬語の丁寧な口調だが、ぶっきらぼうな物言いには独特の迫力が漂う。柳井はこう吐き捨てた。

「そんなのダメだろ」

滝野がＭｕｊｉｎのビジネスを加速させるためにはどうしても必要な資金だと説明すると、柳井は思いもしなかったことを提案してきた。

「じゃ、同じ金額を僕が貸すというならどうしますか。出資じゃなく融資です」

柳井は株を取らずに個人で資金を提供するという。

「あの……、何百億という話なんですが……」

ざっと３００億円に相当するはずだ。ただ、柳井は「そんなことは分かっていますよ」とつっけんどんに返した。よくよく考えれば柳井にとって３００億円などポケットマネーに過ぎないのかもしれない。ただ、滝野にとっては唐突に突きつけられた選択だ。

日本の起業家にとってはある意味、究極の選択と言えるのではないだろうか。言ってみれば、この国を代表する二人の経営者から「どちらを取るのだ」という選択を迫られているのである。

気づけば持ち時間の30分はとっくに超えている。その日は答えを出せないままに終わったが、それからしばらくして滝野の携帯が鳴った。電話をよこしてきたのは柳井の秘書だった。

「柳井がまたお会いしたいと申しています」

有明にある柳井のオフィスを訪問することになったのだが、なんとそこには孫正義の姿もあった。日本を代表する二人の経営者に挟まれる格好となった滝野。時間の流れが止まりそうな錯覚を覚えるが、ここで結論を出さなければならない。

「で、君の気持ちはどうなの」

孫がこう聞いかけてきた。

滝野はその問いを「あれは人生で一番きつい質問でした」と振り返る。無理もない。滝野はこの時、34歳。起業家としてはまだまだこれからの身なのに、二人の巨頭の目の前で「今この場で踏み絵を踏め」と迫られているのだ。滝野は意を決してこう答えた。

「正直に言って、柳井さんからいただいたオファーはすごくうれしいです。でも、先に僕らのことを見つけてくれて高いバリュエーションで認めてくれたのは孫さんでした。それなのに後からもっと良いオファーをいただいたからといって柳井さんに『お願いします』というのは違うと思います。正直に言います。それはないです。僕は孫さんの側です」

こう言ったとき、柳井との縁は切れたと思った。

だが、目の前の二人の様子はやや違って見えた。踏み絵を踏む思いだった滝野は気づかなかったのだが、どうやら二人の間ですでに話が付いていたようだ。その証拠に、孫が真逆のことを滝野に語りかけた。

「投資家としては残念だけどね。僕も駆け出しの頃にこんな話があったらなぁ、と思うよ。だから僕は一個人として認めることができるから」

どうやら二人の間ではソフトバンクからの出資案を撤回して柳井から個人融資するということですでに話がついているようだ。滝野にも徐々に状況が理解できてきた。同時に、全身から力が抜けていった。

起業家に問う志

結局、滝野とロセンに50億円ずつ柳井が融資した上で、残る200億円に関しては銀行から借りることになったのだが、その一部の目先の資金として75億円の借り入れにも、柳井が個人で保証してくれた。こうして滝野らは合計300億円の資金を手にすることができた。

滝野らはこの資金で当時筆頭株主だった会社からMujinの株を買い戻すことになった。いわゆるMBO(経営者による買収)だ。こうして滝野はMujinの経営権を確立していった。

滝野にとって一連のやり取りを思い返してみてもキツネにつままれたような感覚であることは否めない。「いったい、柳井さんになんのメリットがあったのだろうか」、と。

もちろんユニクロの物流立て直しを担う自動化技術を他社であるソフトバンクではなく手の届くところに置いておきたいという意図はあったのだろう。ただ、それならソフトバンクに代わってユニクロが出資すればいいはずだ。資本の論理で言えば、柳井になんの得もない。

知られざるこの騒動の意図を、私は柳井に聞いた。するとこんな答えが返ってきた。

「彼の起業家としての精神にほれ込んだということです。だからもっと当事者意識を持って経営してもらわないといけない。彼には技術者で終わってもらいたくなかったんです。滝野君には情熱がある。『Mujinインサイド（Mujin入ってる）』を世界に広める理想がある。それを最後までやりきる気力がある。だから、『お前、そんなことでいいのか』ということですよ」

柳井にはほろ苦い過去がある。あの銀天街のペンシルビルで「世界一」というゴールを決めた時、その野望は誰にも理解されなかった。メインバンクの広島銀行からは取引停止をちらつかされながら薄氷を踏む思いで資金をつないできた。

柳井が語る未来図をかたくなに認めなかった広島銀行の支店長に対しては今も思うところはあるが、その一方で後にこう考えるようになったのも事実だ。

「あの時、僕には銀行から融資を受けるという選択肢しかなかったが、今のようにベンチャーキャピタルが存在していたらどうだっただろうか」

おそらく株を差し出すのと引き換えに資金を得ていただろう。だが、それは経営権の一部を売り渡すことと同義だ。それで果たしてあの時に描いた未来図を追い求めることができただろうか……。

柳井は常々、日本のスタートアップ起業家たちに対する苦言を口にする。

「他の者と同じ目線でモノを見るんじゃない」

「広く世界にヒントを求めて視野を広げろ」

「上場やバイアウトがゴール？　そんな引退興行みたいなことで満足していていいのか」

人と比べて特に優れたものを持っていたとは思えない自分がなし得たことが、なぜ優秀なはずの若者たちにできないのか。

ダメ人間だった自分にさえできたことが、なぜ君たちにできない。

起業家は、若者は、もっと世界に目を向けろ。

もっと志を高く持て。

それは、誰にでもできるはずだ。

私が柳井正という経営者に接していていつもひしひしと感じるのは、こんな思いだ。滝野にも同じような感情をぶつけたということだろう。

そして今、Ｍｕｊｉｎの自動化技術は世界のユニクロの倉庫で動いている。

柳井が「最後の改革」と位置づける情報製造小売業への転換。その野望はまだまだ未完のままだ。「つくった服を売る商売から売れる服をつくる商売へ」の進化はまだ成し遂げられていない。

テクノロジーの世界は常に予想を上回るような速度で動き続けている。ＡＩが社会全体を覆いつつある今、スマートフォンの全盛時代も過ぎようとしている。インターネットの情報を手のひらに集めるスマホが「集中」の時代の象徴なら、これから始まるＡＩビッグバンは情報を駆使するデバイスが我々の身の回りに散らばる「分散」の時代を創り上げることだろう。

ユニクロが掲げる情報製造小売業も、そんな時代にあわせて進化しなければならない。これからもその道中に「引き算」はついて回るだろう。ユニクロが本当の意味で柳井正が追い求めつづけてきた世界一の座に向かうのなら、そんな引き算の数々を「足し算」に変えていかなければならない。

これまでもそうであったように、これからも。

エピローグ――世界はつながっていた

柳井正には、大切にしている本がある。

『The Last Whole Earth Catalog』

その名の通り、カタログだ。1971年にアメリカでまとめられた「地球上のすべてのカタログ」である。

柳井が「世界を見てみたい」と世界一周旅行に出た1968年に初版が刊行され、1971年にまとめられたこの『The Last……』は、その総集編にあたる。かつてアメリカのヒッピー世代に絶大な影響を与えたと言われている伝説の一冊だ。その名の通り地球上にあるすべてのものを網羅しようと編さんされたものだ。

かつてヒッピーだったスティーブ・ジョブズが後年、スタンフォード大学の卒業式でのスピーチで語った「Stay Hungry, Stay Foolish.（ハングリーであれ、愚か者であれ）」の名言もこの本から生まれたとされる。1998年にラリー・ペイジとセルゲイ・ブリンが創業したグーグルは、まさにこの本の思想をインターネットという巨大なテクノロジーによって実現しようとしたものだ。

それは次男の柳井康治からの贈り物だった。

「お父さんは多分、これが欲しいんでしょ」

世界のすべてを知り尽くしてやろうというなんとも大それた野望を体現したような一冊の本。それを息子は、父が求め続けていたものだろうと言った。

柳井はこの本を今も執務室に大切に保管している。それを受け取ったときにどう思ったのか。親子のやり取りに立ち入るようで申し訳ないと思いつつ聞くと、こう返ってきた。

「あらゆることには過去があって現在があるということ。それは偶然だし、やっぱり必然でもある。点が線になるということ。そういうことじゃないですか。素晴らしいプレゼントですよね」

私との取材ではいつも秘書や広報担当者は同席せず一対一だ。私からすれば常に厳格な経営者としての柳井正という人の顔を見てきたつもりだ。だが、この本の話になったときに、ほんの一瞬だけ父親の素顔を見た気がした。人間・柳井正がそこにいた、と言えばいいだろうか。

この本が生まれた1971年。柳井正はまだ、何者でもなかった。早稲田大学を卒業し、無為なままに過ごした東京・諏訪町での下宿生活を切り上げて、なかば嫌々ながら父に言われるがままに四日市のジャスコに就職したものの、9カ月しか続かずに会社を辞め、東京の同級生のアパートに居候を決め込んでいた。

とりわけ未来への夢や希望などがあるわけではなかった。ただ、そんな無気力な寝太郎の胸の中にも宿るものがあった。

もっと世界のことを知りたい、と。

そんな思いを父にぶつけて世界を一周する道中のスペインの駅舎で偶然に出会ったのが、生涯の伴侶である照代だった。二人は結ばれ二人の子に恵まれたが、それからも柳井は鳴かず飛ばずだった。次第に人の波が薄れていく宇部の銀天街にあって暗黒ともいえる10年間を過ごした。

早くから世界に目を向けて英国に留学していた照代は、そんな生活のはけぐちを見つけられないでいた。縁もゆかりもない宇部で直面したのは、昔ながらの徒弟制のような硬直的な人間関係がまかり通る紳士服店の常識だった。

「私の青春を返してよ」

そう言って夫に詰め寄ったこともある。15歳年の離れた姉に相談すると、「お嫁に行くというのはそういうことやで。悔しいことや悲しいことがあったら山に石を投げつけなさい」と言われ、柳井家の2世帯が並ぶ田舎町で本当に石を手にして草むらに投げつけたこともあった。

この当時、二人の前に「世界」など存在しなかった。目の前にあるのは炭鉱の町の商店街の日常だけだ。

そこから抜け出すためにはなにをすればいいのか――。

仕事から帰宅した夫がノートに向かいながら特徴的な筆跡の字を書き連ねるノートをし

ばしば目にすることがあった照代は、気づけば石を握ることはなくなっていた。そこから伝わってくるのは、夫のむき出しの情熱だったからだ。

二人の息子が幼稚園や小学校に進む頃には、家でくつろぐ夫が「お父さんは東京に店を出したい。もしお父さんができなかったら、お前たちがやってくれよな」と語りかけていたことも覚えている。ユニクロで「金の鉱脈を探り当てた」と社員たちを前にした時には言ってはいるものの、その野望を果たせる自信は、実はまだなかったのだろう。そんな等身大の柳井正を間近で見てきた。

あの暗黒の日々から半世紀――。ユニクロは若き柳井正が語ったように世界の頂点を目指して上り詰めつつある。あの頃には見えなかった未来図が、今は目の前に広がっている。そこに至る数々の引き算を、足し算に変える旅をともにしながら。

遠い日に父が語る野望を幼い記憶に持っているはずの息子たちに、父は会社を継がせないと言う。1994年に上場した時に決めたのだという。実はそれまでは継いでもらいたいと思っていたが、上場して「パブリック・カンパニー」となった時点で、柳井は息子たちに会社を託すという選択肢を自ら断ち切っていた。

二人の息子にはファーストリテイリングの株式を相続し、大株主として経営を監督する立場についてもらおうと考えている。同業で言えば、ウォルマート創業者のサム・ウォルトンが家族による経営の監督と、経営の執行を分けたように。

二人の息子に関して、社内外から聞こえてくる評価は決して悪くない。むしろ評価は非常に高い。

「でも、そういう運命だと思って引き受けてもらわないと。まあ、難しいですよね」

柳井は今、こう話す。カリスマ経営者の後を引き継ぐ立場の者は、親族であってもそうでなくとも創業の第1世代とはまた違った重圧にさらされるのだろう。今やグローバル企業に成長したユニクロなら、その重圧はいかほどのものだろうか。そもそも上場をへてパブリック・カンパニーとなったユニクロを親族にだけ委ねるというのはフェアではない。

いくつもの引き算を乗り越えてきたユニクロが今、提唱するのが「ＬｉｆｅＷｅａｒ《ライフウエア》」という新しい産業革命である。老若男女も国も人種も問わずに、誰もが着ることができて環境や社会にも配慮した服。それがユニクロの目指す形だという。

柳井はライフウエアが問う価値を「真善美」と表現する。そこには、まだ到達していない。そこに至るには3つの問いに答えなければならないと言う。

「あなたは何者か」

「あなたは世界中で、どんな良いことをしてきたのか」

「あなたはこの国に、どんな良いことをしてきたのか」

世界は広い。どこまでも広がっている。そこでなにをなすべきか。無気力青年だったあの頃には見えなかった未来が今、目の前に広がり、追い求めている。

ただ、その原点にあったのは、なにも見えないなかでなにかを見てやろうと思い描くひとりの青年の情念だった。

息子が父に贈った本の背表紙には暗闇に浮かぶ地球とともに、こんな一文が添えられている。

「We can’t put it together. It is together」

この言葉にどんな翻訳がふさわしいだろうか。450ページほどの冊子にこの世界のすべてを詰め込んでやろうという野心に満ちたこの本を閉じて、考えた。

「世界を一緒くたになんてできない。もともとそうなのだから」

ここでは、こうさせてもらおう。

銀天街の片隅にある小さな映画館の銀幕に映し出された世界。それをこの目で見てやろうと、若者は旅に出た。

世界はやはり広かった。

廃れゆく石炭の町の商店街に戻り紳士服店を継いだ柳井正は、壮大な夢を描いた。どこまでも続くこの世界に、いつか自分が生きた証を残そうと。世界一という頂点を目指す旅も、ライフウエアによる産業革命を起こそうという野望も、そんな無名の青年が描いた物語の一ページである。

そして、世界はやはりつながっていた。

まだ見ぬ世界のどこかに成功のヒントを求めて歩くことを、柳井正はやめることはなかった。今もそうだ。寝太郎と呼ばれた大学生の頃に、初めて世界に飛び出したあの日のように。

自分よりはるかに賢く、自分よりはるかに先を行く人々の知恵を貪欲に求め、それを実行に移し、何度も転びながらそのたびに這い上がってきた。そうやって仲間たちとともに一歩ずつ階段を登ってきたのが、ユニクロの物語だ。

ユニクロという物語はこれからも続いていく。あの日の青年の夢は、まだ成し遂げられていないので。だから、ユニクロの服は今日も世界のどこかで誰かに届けられていく。

おわり

参考文献

文中で直接引用したものに加え、取材の事前準備・参考のために参照したものも含めました。
＊は非売品。

〈書籍〉

・柳井正『一勝九敗』2003年、新潮社
・柳井正『成功は一日で捨て去れ』2009年、新潮社
・柳井正『柳井正の希望を持とう』2011年、朝日新聞出版
・柳井正『現実を視よ』2012年、PHP研究所
・柳井正『経営者になるためのノート』2015年、PHP研究所
・柳井正（監修）『ユニクロ思考術』2009年、新潮社
・柳井正『FRの精神と実行』2020年、ファーストリテイリング＊
・柳井正、糸井重里『ほぼ日ブックス#001　個人的なユニクロ主義』2001年、朝日出版社
・柳井正、大前研一『この国を出よ』2010年、小学館
・ファーストリテイリング『新株式発行届目論見書』1994年、ファーストリテイリング＊
・ファーストリテイリング『FRは何を変えたのか―「挑戦・行動・変革」の歩み―』2023年、ファーストリテイリング＊
・アレクサンドラ・ハーニー（漆嶋稔訳）『中国貧困絶望工場　「世界の工場」のカラクリ』2008年、日経BP
・上阪徹『職業、挑戦者　澤田貴司が初めて語る「ファミマ改革」』2020年、東洋経済新報社
・NHK「仕事学のすすめ」制作班『柳井正　わがドラッカー流経営論』2009年、NHK出版
・大下英治『世の中にないものをつくれ！　島精機製作所フィロソフィー』2021年、エムディエヌコーポレーション
・片山修『柳井正の見方・考え方』2009年、PHP研究所
・河合拓『生きるアパレル　死ぬアパレル』2020年、ダイヤモンド社
・川嶋幸太郎『なぜユニクロだけが売れるのか　世界を制するプロモーション戦略と店舗オペレーション』2008年、ぱる出版

・川嶋幸太郎『ユニクロ・柳井正　仕掛けて売り切るヒット力』2009年、ぱる出版
・小島健輔『ユニクロ症候群　退化する消費文明』2010年、東洋経済新報社
・齊藤孝浩『ユニクロ対ZARA』2014年、日本経済新聞出版社
・杉原淳一、染原睦美『誰がアパレルを殺すのか』2017年、日経BP
・杉本貴司『孫正義300年王国への野望』2017年、日本経済新聞出版
・スチュワート・ブランド『The Last Whole Earth Catalog access to tools』1971年、Random House
・繊研新聞社『ユニクロ　異端からの出発』2000年、繊研新聞社
・月泉博『ユニクロ　世界一をつかむ経営』2012年、日本経済新聞出版社
・東海友和『イオンを創った女　評伝　小嶋千鶴子』2018年、プレジデント社
・ハロルド・ジェニーン、アルヴィン・モスコー（田中融二訳）『プロフェッショナルマネジャー　わが実績の経営』1985年、早川書房
・ピーター・ドラッカー（上田惇生訳）『現代の経営』2006年、ダイヤモンド社
・藤田田『ユダヤの商法　世界経済を動かす』1972年、ベストセラーズ
・藤田田『勝てば官軍　成功の法則』1996年、ベストセラーズ
・本田宗一郎『俺の考え』1996年、新潮社（オリジナルは1963年）
・マッキンゼー・アンド・カンパニー責任編集『日本の未来について話そう―日本再生への提言―』2011年、小学館
・松下久美『ユニクロ進化論　誰も書かない「創造的破壊」の舞台裏』2010年、ビジネス社
・安本隆晴『ユニクロ！監査役実録―知られざる増収増益の幕開け―』1999年、ダイヤモンド社
・安本隆晴『ユニクロ監査役が書いた　強い会社をつくる会計の教科書』2012年、ダイヤモンド社
・安本隆晴『ユニクロ監査役が書いた　伸びる会社をつくる起業の教科書』2013年、ダイヤモンド社
・矢作敏行『コマースの興亡史　商業倫理・流通革命・デジタル破壊』2021年、日本経済新聞出版
・横田増生『ユニクロ帝国の光と影』2011年、文藝春秋
・横田増生『ユニクロ潜入一年』2017年、文藝春秋
・レイ・クロック（野崎稚恵訳）『成功はゴミ箱の中に　レイ・クロック自伝―世界一、億万長者を生んだ男　マクドナル

ド創業者』２００７年、プレジデント社

〈新聞、雑誌、インターネットメディアなど〉

・日本経済新聞（地方経済面・広島）『ファーストリテイリング広証上場初日　買い殺到、取引成立せず』1994.7.15
・日本経済新聞『公募価格の倍以上の初値、広証上場2日目のファーストリテイリング』1994.7.16
・日本経済新聞『景気回復　私の処方せん』1995.8.31
・日本経済新聞『(リーダーの研究)ファーストリテイリング社長柳井正氏』1997.5.19
・日本経済新聞『(私の履歴書)岡田卓也』2004.3.1より連載
・日本経済新聞『(こころの玉手箱)ファーストリテイリング会長柳井正氏』2006.10.16より連載
・日本経済新聞『バングラ工場崩壊、欧州アパレル40社安全協定、ファストリも検討』2013.5.31
・日本経済新聞『(ビッグＢｉｚ解剖)ファストリ』2020.2.19より連載
・日本経済新聞『(私の履歴書)島正博』2021.3.1より連載
・日本経済新聞『(私のリーダー論)ジーユー（ＧＵ）社長柚木治氏』2021.11.18より連載
・日経新聞電子版『「泳げない者は沈め」ユニクロ柳井氏の業と情』2012.9.3
・日経新聞電子版『ユニクロ社長に「10倍返しだ！」と言われた男』2013.9.27
・日経新聞電子版『(アジアひと未来)潘寧氏「柳井さんの情熱、一生懸命まねてきた』2016.1.7
・日経新聞電子版『「転職活動したことない」ローソン退任する玉塚氏―ローソン会長の玉塚元一氏が語るリーダー論』2017.4.18
・日経新聞電子版『ユニクロが描く「製造小売業」の次のモデル』2017.7.5
・日経新聞電子版『ファストリは「デス・バイ・アマゾン」に挑む』2017.10.12
・日経新聞電子版『ユニクロに学ぶアジアの情報開示』2018.6.14
・日経新聞電子版『(ラグビーと私)玉塚元一氏「努力は不可能を可能に　経営でも」』2019.8.22
・日経新聞電子版『「燃える男」ファミマ澤田貴司氏、４度目の不完全燃焼』2021.1.31
・日経新聞電子版『ユニクロ、東京産ニット発売　初の自社工場で変革に挑む』2021.7.1
・日経産業新聞『「ユニクロ」突然の社長交代―受けた人、誇示した人』2002.5.8

・日経産業新聞『ユニクロで学んだこと、今後の展望―前社長・元副社長語る』2005.11.9
・日経産業新聞『(仕事人秘録)リヴァンプ社長、沢田貴司氏』2014.2.10より連載
・日経産業新聞『(仕事人秘録)島精機製作所会長、島正博氏』2018.2.7より連載
・日経流通新聞『(人物概要)ファーストリテイリング社長柳井正氏』1994.8.16
・日経ＭＪ(流通新聞)『ユニクロ、求心力に危うさ―変質を求めたワンマン会社』2002.5.9
・日経ＭＪ『ユニクロ、海外も転換期、店舗戦略見直し』2003.3.25
・日経ＭＪ『玉塚ユニクロの3年　「フリース後」描けず、商品開発・流行反映・海外』2005.7.18
・日経ＭＪ『ＧＵ、試練の衣替え、ガウチョ大当たり、売上高３０００億円めざす、規模もトレンドも追う』2015.7.20
・日経ＭＪ『柚木社長インタビュー、ＧＵ＝低価格、生命線に、「理想はユニクロの半額」、東南アジア生産に』2018.5.30
・日経金融新聞『(ルーキー診断)ファーストリテイリング、7月14日広証上場　衣料品を低価格販売』1994.6.24
・日経ヴェリタス『安本隆晴　私が見たユニクロ青春時代』2010.9.26より連載
・朝日新聞『(限界にっぽん)ユニクロ　世界で賃金統一　柳井会長表明　人材確保狙い』2013.4.23
・朝日新聞『(フロントランナー)クリエイティブディレクター、ジョン・C・ジェイさん　世界を駆ける現代の思想家』
2019.11.9
・東京読売新聞『(七転八起)ジーユー社長柚木治　26億円の「授業料」』2013.6.3
・産経新聞『(話の肖像画)ファーストリテイリング会長兼社長・柳井正』2019.8.11より連載
・毎日新聞『(ストーリー)ユニクロ率いる柳井社長』2013.1.6
・THE WALL STREET JOURNAL『バングラデシュの安全基準協定に参加せず　ファーストリテイリング』2013.5.28
・坑道1960.9.20
・繊研新聞『ふたつのいす』1995.9.27
・繊研新聞『ファーストリテイリング執行役員・日下正信氏に聞く　ＥＣを物作りの軸にする』2018.6.5
・日経ビジネス『躍動するシリコンバレー』1994.5.30
・日経ビジネス『(編集長インタビュー)前田勝之助氏　東レ社長』1997.3.17
・日経ビジネス『(有訓無訓)辛抱強く、わかりやすく　前田勝之助　東レ会長』1998.3.16

・日経ビジネス『“閉塞日本”の殻を破った5人』2001.1.1
・日経ビジネス『（時流超流・トレンド）ユニクロ次期社長は玉塚氏、本命沢田氏に何が起きたのか　経営スタイルの違い埋めきれず』2002.5.20
・日経ビジネス『（ひと烈伝）人物―玉塚元一氏［ファーストリテイリング社長］脱カリスマに挑む40歳』2003.1.6
・日経ビジネス『（編集長インタビュー）玉塚元一氏［ファーストリテイリング社長兼ＣＯＯ］』2004.4.5
・日経ビジネス『（新春特別対談）挑戦者を育てよう　神戸製鋼所ラグビー部ゼネラルマネージャー平尾誠二氏　ファーストリテイリング社長玉塚元一氏』2005.1.3
・日経ビジネス『（特集）ユニクロ作り直し』2005.9.26
・日経ビジネス『脱カリスマの研究』2006.9.18
・日経ビジネス『それをやったら「ブラック企業」』2013.4.15
・日経ビジネス『（不屈の路程）柚木治ジーユー社長　経営者は二度立ち上がる』2020.6.1
・日経ビジネス『（特集）ファストリは正しい会社か』2021.1.18
・日経コンピュータ『（特集）デジタル化するユニクロ』2016.1.7
・日経クロステック『（ニュース解説）「情報製造小売業」目指すファストリ、業務改革で３つのクラウド活用』2021.6.21
・ＡＥＲＡ『ユニクロ中国の秘密』2001.4.30/5.7
・ＡＥＲＡ『（現代の肖像）ファーストリテイリング代表取締役会長兼社長　柳井正』2008.5.19
・週刊ダイヤモンド『苦あれば楽あり　Ups And Downs』2004.11.6
・週刊ダイヤモンド『世界企業か“柳井商店”か　ユニクロ新布陣の向かう先』2005.7.23
・週刊ダイヤモンド『（Close Up）ユニクロ玉塚社長離脱に見る“柳井商店”の本質的な課題』2005.8.20
・週刊ダイヤモンド『（特集）ユニクロ　柳井正最後の破壊』2017.7.8
・ダイヤモンド・チェーンストア・オンライン『年商１兆円をめざし、ユニクロの２倍のスピードで成長する！　ジーユー代表取締役社長柚木治』2012.11.15
・週刊東洋経済『（特集）不思議の国の「ユニクロ」』2000.7.15
・週刊東洋経済『（新千年紀の日本人）ファーストリテイリング社長　柳井正』2000.12.9

・週刊東洋経済『(特集)「ユニクロ」神話は崩壊したのか?』2001.11.3
・週刊東洋経済『(News&Forecast)飛耳長目／KeyPerson』2002.5.25
・週刊東洋経済『(The Headline)ユニクロ　玉塚氏を「更迭」へ―柳井氏、孤独な社長復帰―有力後継者が次々と去る事情』2005.7.30
・週刊東洋経済『(トップの肖像)ファーストリテイリング会長兼社長　柳井正』2010.10.9
・週刊東洋経済『(特別リポート)ユニクロ　疲弊する職場』2013.3.9
・週刊東洋経済『(巻頭特集)ローソン』2014.11.22
・週刊東洋経済『(ニュース最前線)ローソン玉塚会長「電撃退任」の全内幕』2017.4.29
・東洋経済オンライン『日本発のファストファッションGUの野望　ジーユー・柚木治社長に上海で直撃』2013.10.8
・東洋経済オンライン『玉塚社長、「挫折から再起」の全てを語る！　ユニクロでの挫折、再起誓うローソン』2014.11.18
・東洋経済オンライン『ユニクロが挑む野菜、靴に続く「3度目の正直」／〝GU〟で静かに進む新規ビジネスの実験』2015.2.17
・東洋経済オンライン『ユニクロ顔負け、急成長するジーユーの秘訣／日本発ファストファッションは化けるのか?』2016.10.18
・東洋経済オンライン『ローソンの玉塚元一会長が電撃引退する事情　「新たなチャレンジをしたい」との本音も告白』2017.4.13
・東洋経済Ｔｈｉｎｋ！『楠木教授の経営者「好き嫌い」対談―玉塚元一×楠木建』2015.7.27
・週刊エコノミスト『メード・イン・チャイナの衝撃』2004.2.24
・週刊現代『ユニクロ王国の秘密』2009.8.8
・週刊現代『親族が初めて語った！　ユニクロ・柳井が封印した「一族」の物語』2014.8.30
・週刊文春『「独裁者」柳井正とユニクロ帝国「一人勝ち」企業の光と影』2009.12.31/2010.1.7
・週刊文春『ユニクロ『秘密工場』に潜入した！　初めて明かされる「勝ち組のタブー」』2010.5.6/5.13
・文藝春秋『ユニクロ柳井社長の「黒い論理」』２０１３年７月号
・週刊ポスト『ユニクロ・柳井正が説く「全員経営の思想」』2010.5.21

・企業家倶楽部『（創刊から25年間を振り返る）グローバルNo.1ブランドを目指し加速する』2021.11.1
・企業家倶楽部『トップに聞く』2003.2.27
・企業家倶楽部『ビッグ対談　ソフトバンク孫正義社長×ファーストリテイリング柳井正社長』2007.2.27
・プレジデント『ローソン社長・玉塚元一　常にチーム力重視で「景従雲集」』2015.1.12
・ニューズウィーク日本版『（対談）柳井正×佐藤可士和、「UT」「＋J」「ビックロ」……2人の対話が生み出してきたもの』2021.2.13
・月刊販売革新『特集　流通トップの決意　ファーストリテイリング　柳井正　代表取締役会長兼社長「お客を中心に動く新しい小売業が活躍する時代がやって来た」』2019.2.1
・GOETHE『柳井正×佐藤可士和　対談　世界一を目指すユニクロのクリエイティブの裏側』2021.2.14
・Forbes JAPAN『ユニクロを変えたクリエイターは誰だ？　柳井正が「才能」に投資する理由』2019.3.15
・考える人『柳井正氏に聞く』2010夏号
・月刊経理ウーマン『「ユニクロ創業者・柳井正」に学ぶ一勝九敗の経営哲学』2012.9
・pen『対談：柳井正×佐藤可士和、ニッポンを動かすふたりが語ったこと。』2021.2.9
・Impress『「情報製造小売業」を目指すファーストリテイリング、Googleやダイフクなど協業拡大に動く』2018.10.12
・ビジネス＋IT『佐藤可士和氏：イノベーションをもたらすグローバルブランド戦略、日本企業はなぜ自社製品をうまくアピールできないのか』2012.8.9
・BUSINESS INSIDER『ユニクロ物流大混乱からのリベンジ、37歳幹部が語るほぼ無人化倉庫の全貌』2018.10.29
・NewsPicks『（イノベーターズライフ）玉塚元一』2016.12.24より連載
・NewsPicks『完全図解　ユニクロは「世界一」になれるのか？』2020.9.14
・NewsPicks『【ユニクロ×東レ】モノづくりの、その先へ。LifeWearで世界を変える「共創力」』2021.3.29
・NHK『（大学ラグビー名勝負）同志社　史上初の3連覇』2021.1.2
・一橋大学HQウェブマガジン『失敗が教える、自らの足りなさと、自分が本当にやりたいこと』2018.10.22
・アレクサンドラ・チャンほか、SACOM（協力・ヒューマンライツ・ナウ、Labour Action China）『中国国内ユニクロ下請け工場における労働環境調査報告書』2015.1

・ローランド・ベルガー『テクノロジーはアパレル産業をどう変えるか』2017.11
・パナソニックホールディングス公式ホームページ『社史』
・伊藤忠商事『星の商人』2022.9
・山口県宇部市・石炭記念館の各種資料

（追記）

本来なら取材に応じていただいた方々のお名前をすべて明記すべきですが、実名を挙げることができない方もいるため取材者リストはカットしました。

ファーストリテイリングでは柳井正社長秘書の武藤泰子さん、社長室の古川啓滋さん、コーポレート広報の坂口由紀恵さんには取材設定に加え日々、細かい質問に応じていただきました。

また、日本経済新聞が誇る流通業のエキスパートである田中陽編集委員には取材開始当初から何度も相談に乗っていただき、そのたびに的確なアドバイスをいただきました。後輩の大西綾記者からも第一読者として数々の鋭い指摘をいただき、その多くを本書に反映しました。編集担当の日経ＢＰ赤木裕介さんには本書の構想段階から伴走してもらいました。

いずれも本書を書き上げるにあたって欠かせないご協力であり、この場を借りて皆さんに感謝の気持ちをお伝えします。

そしてなにより、この長い本とここまでお付き合いいただいた読者の皆さんに、心から御礼を申し上げたいと思います。

ありがとうございました

２０２４年２月29日　千葉県柏市の自宅にて　杉本貴司

杉本貴司　TAKASHI SUGIMOTO

日本経済新聞編集委員

1975年生まれ、大阪府出身。

京都大学経済学部卒、同大学院経済学研究科修士課程修了。

日米で産業分野を取材。2020年より現職。

著書に『ホンダジェット誕生物語』（日経ビジネス人文庫）、『ネット興亡記』（同）、

『孫正義300年王国への野望』（日本経済新聞出版）。

共著に『ものづくり興亡記』（同）。

ユニクロ

2024年4月3日　第1版第1刷発行

著者 ―――― 杉本貴司

発行者 ―――― 中川ヒロミ
発行 ―――― 株式会社日経BP
発売 ―――― 株式会社日経BPマーケティング
〒105-8308　東京都港区虎ノ門4-3-12
https://bookplus.nikkei.com

装丁 ―――― 佐藤可士和・石川耕
本文デザイン ―――― 野網雄太（野網デザイン事務所）
本文DTP ―――― 朝日メディアインターナショナル
印刷・製本 ―――― 中央精版印刷株式会社
編集担当 ―――― 赤木裕介

ISBN978-4-296-00186-6　Printed in Japan